Marc Emery

INNOVATIONS DURABLES

une autre architecture française

APPROPRIATE SUSTAINABILITIES

New Ways in French Architecture

ante prima

Consultants · Paris

Birkhäuser

Éditions d'architecture / Publishers for Architecture

Basel · Boston · Berlin

Production et réalisation /
Production:
Ante Prima Consultants
Direction de l'ouvrage /
Project manager:
Luciana Ravanel
Auteur / Author:
Marc Emery
Coordination générale et révision
des textes / General co-ordination
and editing of the texts:
Marie-Ange Bisseuil
Assistante / Assistant:
Sabine Krafft

Design graphique / Graphic design:
Franck Tallon
Assistante / Assistant:
Emmanuelle March

Traduction du français en anglais /
Translation from French into English:
Gerald B. Binding

Crédits photographiques /
Illustration credits
Philippe Ruault (pp. 40, 41, 115, 116,
117, 118, 119)
Jean-Marie Monthiers (pp. 69, 71)
Marc Jauneaud (pp. 97, 99, 101)
Khalfi (pp. 103, 105, 106, 107)
Georges Fessy (p. 61)
Eric Saillet (p. 78)
Speeg & Michel (pp. 109, 110, 111,
113)

L'ensemble des dessins, maquettes
et images infographiques
appartiennent respectivement à
chaque agence.

All the plans, models and computer
graphics images are the property,
respectively, of the individual
agencies.

Gratitude est exprimée à tous ceux
qui ont œuvré, de près ou de loin,
sur les recherches, les projets
et les réalisations des agences
d'architecture, et qui ont contribué
à la réalisation de cet ouvrage :

We are grateful to all those who
have worked, directly or indirectly,
on the research, projects and
buildings undertaken by the
architectural offices, and who have
thereby contributed to this book:

Jacques Aillaud, Xavier Arrighi,
Marie-Sylvie Barlatier, Valérie Barry,
Amandine Batsele, Laurent Baudelot,
Marie-Alix Beaugier, Laurent Becker,
Aldric Beckman, Leïla Belmouaz,
Léa Bonilla, Géraldine Bosly,
Alexandre Boulin, Jean-Luc Calligaro,
Christophe Camfrancq,
Nicole Champion, Alain Chiffoleau,
Gilles Delalex, François Doignon,
Vincent Dominguez, Jean-Philippe
Doré, Radu Dragan, François
Éhouarn, Christian Fares, Denis
Favret, Christian Félix, Dominique
Fournier, Frédéric Gams, Fabrizio
Gernei, Didier Ghislain, Gary Glaser,
Dominique Gonthier, Cécile
Graindorge, Louis-Antoine Grego,
Benoît Imbert, Vincent Jacob, Marc
Jeaunaud, Jérome Lauth, Donghoon
Lee, Olivier Legrand, Nicolas Marchi,
Antoine Miallon, Delphine Migeon,
Géraldine Monnier, Dario Osli,
Agnès Plumet, Bertrand Potel,
Laurence Ravoux, Bertrand Renault,
Pascale Robert, Guillaume Saunier,
Philippe Solignac, Frédéric Terreaux,
Yves Tougard, Élodie Valdepied,
Francisco Valiente, Daniel Vaniche,
Laurence Weiner, Taehoon Yoon.

A CIP catalogue record for this book is
available from the Library of
Congress, Washington D.C., USA.

Deutsche Bibliothek Cataloging-in-
Publication Data

Appropriate sustainabilities :
new ways in French architecture =
Innovations durables / Marc Emery ;
Luciana Ravanel. [Transl. from French
into Engl.: Gerald B. Binding]. -
Basel ; Boston ; Berlin : Birkhäuser,
2002
ISBN 3-7643-6738-5

© 2002 Birkhäuser – Publishers for
Architecture, P.O. Box 133,
CH-4010 Basel, Switzerland.
Member of the BertelsmannSpringer
Publishing Group
Printed on acid-free paper produced
from chlorine-free pulp. TCF ∞
Printed in Spain
ISBN 3-7643-6738-5

9 8 7 6 5 4 3 2 1

http://www.birkhauser.ch

"The History of Architecture must not be confined to masterpieces. The subject is much bigger and comprises all that man has done to shape the environment."

Bruce Allsop, *The Study of Architectural History*, Praeger Publishers, New York, 1970.

"We will learn that many audacious 'primitive' solutions anticipate our cumbersome technology; that many a feature invented in recent years is old hat in vernacular…"

Bernard Rudovsky, *Architecture without Architects*, Doubleday & Company, New York, 1964.
Traduction de Dominique Lebourg pour / translation by Dominique Lebourg
for Les éditions du Chêne, Paris, 1977.

"Progress in the physical sphere does not come about so much through the successive control of materials… as through the successive control of nature's sources of energy."

Frederick Soddy in *Wealth, Virtual Wealth and Debt* cité par / quoted by Luis Fernández-Galiano
in *El fuego y la memoria. Sobrearquitectura y energia*, Alianza editorial SA, Madrid, 1991.

Luciana Ravanel et Marc Emery remercient toutes les personnes qui ont participé à la création de cet ouvrage.
En tout premier lieu Jean-Pol Machet, délégué au Partenariat à la direction du marketing du groupe EDF, sans lequel ce livre n'aurait pas vu le jour et qui, depuis quatre ans, a contribué au lancement des programmes de recherches entre les chercheurs de la division Recherche et Développement du groupe EDF et les architectes dont les projets paraissent dans ce livre. Une œuvre qui a pu être entreprise et menée à terme grâce à l'intérêt de Jacques Oddou, directeur des programmes à la division Recherche et Développement du groupe EDF, d'Éric Peltier, attaché au cabinet du directeur général délégué d'EDF, de Michel Pays, division Recherche et Développement, et d'Annick Sabourin-Rescourio, ingénieur commercial chargé des collectivités locales.

Luciana Ravanel and Marc Emery wish to thank all those who have made this book possible.
First of all Jean-Pol Machet, assistant to the Partnership, the Marketing Department of the Électricité de France Group, without whom the book would never have appeared, and who for the last four years has contributed to the launching of research programmes undertaken jointly by the Research and Development Division of the EDF Group and the architects whose projects feature in the book.

The project was undertaken and completed thanks to the interest of Jacques Oddou, Programmes Director of Research and Development Division of the EDF Group, Éric Peltier, of the office of the Managing Director of EDF, Michel Pays, of the Research and Development Division, and Annick Sabourin, sales engineer responsible for local authorities.

Notre reconnaissance s'adresse aussi à tous ceux qui ont facilité la réalisation de cet ouvrage :
We are also grateful to all those who have made it possible to produce the book:

Les agences d'architecture :
The architectural offices:
• Jean-Yves Barrier
• Pierre du Besset & Dominique Lyon
• Gilles Bouchez
• François Chochon, Frédérique Paoletti & Catherine Rouland
• Emmanuel Combarel & Dominique Marrec
• Adrien Fainsilber & Speeg & Michel
• Jacques Ferrier
• Manuelle Gautrand
• Christian Hauvette
• Marc Mimram
• R&Sie… François Roche & Stéphanie Lavaux
• Francis Soler
• François Seigneur & Sylvie de la Dure
• Myrto Vitart & Jean-Marc Ibos

Les chercheurs EDF :
The EDF researchers:
• Alain Marti, chef délégué du département Services Énergies, Espaces de vie de la direction Recherche et Développement du Groupe EDF / Head of Department, Services Énergies, Espaces de vie of the Research and Development Division of the EDF Group.
• Didier Binesti, chef de Groupe au département Services Énergies, Espaces de vie de la direction Recherche et Développement / Group Head of the Services Énergies Espaces de vie Department of the Research and Development Division.
• Christelle Franzetti, ingénieur, expert en éclairage / Engineer, lighting expert.
• Régis Lachiver, ingénieur, chargé de recherches à la direction Recherche et Développement / Engineer, Research and Development Division.
• Marie-Hélène Laurent, ingénieur senior chargé du développement du projet « bâtiments résidentiels et tertiaires du futur », à la direction Recherche et Développement / Senior engineer in charge of development of the project "Residential and service-sector buildings of the future", of the Research and Development Division.
• Luc Tabary, ingénieur chercheur à la mission « Action locale et Environnement » / Research engineer to the initiative "Local Action and the Environment".

Ante Prima Consultants remercie plus particulièrement : Robert Steiger, Senior Editor au département architecture de Birkhäuser - Éditions d'architecture, ainsi que Nicole Liniger et Véronique Hilfiker qui ont accompagné avec efficacité la coordination de cet ouvrage.

Ante Prima Consultants especially thanks: Robert Steiger, Senior Editor at the architecture department of Birkhäuser - Publishers for Architecture, and Nicole Liniger and Véronique Hilfiker who have worked so efficiently to bring the book together.

Sommaire
Contents

Jean-Pol Machet

Introduction

Introduction

Les Fondements d'un partenariat

La cause est entendue : le « développement durable » a désormais quitté la sphère de l'institutionnel et de la communication dans laquelle il était jusqu'alors cantonné. Équilibre harmonieux et maîtrisé entre le développement économique et ses conséquences en matière d'équité sociale et de respect de l'environnement, le développement durable est aujourd'hui une des tendances fortes de notre société dont la volonté en faveur de l'amélioration de la qualité de la vie, résultat de la prise de conscience individuelle et collective face à de tels enjeux, suscite réflexions, recherches et innovations.

Sur une planète où les ressources sont limitées il faudra, en 2020, couvrir les besoins d'une humanité passée de six à huit milliards d'hommes dont l'accès à l'énergie représentera pour grand nombre d'entre eux l'espoir d'un mieux-être économique, social et culturel. C'est dire combien ces valeurs de vie relevant de l'énergie, profondément ancrées dans l'histoire de l'homme – le feu, l'eau, le vent, la houille, l'électricité – dépassent « l'univers marchand » et devront guider notre réflexion à long terme. En effet, quelle que soit cette énergie, son utilisation mal maîtrisée, donc mal pensée, aura un impact déterminant sur l'environnement, notamment sur le climat, avec un enchaînement de conséquences aussi imprévisibles que néfastes.

Pour Électricité de France, conscient de ses responsabilités en France et désormais à l'échelle internationale, loin de se réduire à une mode ou de se limiter à un discours, le développement durable est devenu une exigence impérative, une urgence. Si nous l'abordons avec modestie, volonté et détermination, nous avons surtout la ferme conviction que les solutions énergétiques constitutives du développement durable dans les bâtiments ne pourront se concevoir ni dans les laboratoires des énergéticiens, ni dans les ateliers d'architecture, sans confrontation d'idées, mieux,

The Foundations of a Partnership

The case has been heard, and "sustainable development" has now emerged from the worlds of the academy and the media to which it has been confined until recently. Sustainable development, a harmonious and controlled balance between economic development and its consequences for social justice and the environment, is a major trend in a society where an increasing individual and collective awareness of what is at stake has created the desire to improve the quality of life; and it is giving rise to much thought, research and innovation.

By the year 2020, our planet with its limited resources must provide for the needs of a population that will have grown from six to eight billion. For many, access to energy will mean the hope of an improved economic, social and cultural life. Putting it like this stresses the extent to which the life values related to energy and deeply imbedded in human history – water, fire, wind, coal, electricity – go beyond the "global market" and must guide our long-term thinking. Indeed, whatever the form of energy, its uncontrolled or misconceived use will have an important impact on the environment, especially climate, and will set off a chain of consequences both unforeseeable and disastrous.

For Électricité de France, aware of its responsibilities in France and, increasingly, at the international level, sustainable development is no longer seen as a popular fad or item for discussion, but as an imperative, a matter of urgency. Although we are approaching the subject prudently and with determination, we are firmly convinced that energy solutions leading to sustainable development in buildings cannot be designed in the engineering laboratories or the architects' offices alone, without the exchange of ideas or, even better, experiments, between those who create the energy and those who build.

d'expérimentations entre les acteurs de l'énergie et ceux de l'acte de construire.

C'est dans ce contexte que s'est affirmée et concrétisée l'idée, née il y a trois ans, de développer un programme de travail entre ingénieurs-chercheurs et architectes et portant sur la manière la plus pertinente de combiner les nouveaux modes de production d'énergie électrique, leur efficacité d'utilisation et les architectures du futur.

En effet, l'architecte ne peut plus, aujourd'hui, concevoir un bâtiment sans avoir au préalable, et très en amont, réfléchi à une stratégie d'optimisation énergétique, intégrant notamment l'incidence des nouveaux modes de production de l'électricité fondés sur le vent, le soleil, la géothermie, etc., sur les formes et l'économie du bâtiment.

C'est ainsi que des architectes français, parmi les plus innovants, ont mené en collaboration avec des ingénieurs d'EDF une démarche scientifique, créant un terrain d'enrichissement mutuel, de synergie de compétences et de complémentarité de méthodes de travail, dont les projets et expérimentations présentés dans cet ouvrage portent le témoignage.

Les traits dominants en sont la plus grande liberté de ton, l'intelligence, guidée par le souci de l'économie, grâce à de nouveaux matériaux et à de nouvelles formes ainsi que la mise en valeur de l'environnement en jouant au mieux avec ses ressources végétales, climatiques et ses spécificités géographiques. Loin de considérer comme des contraintes les impératifs de la réglementation thermique, les cibles de la démarche « Haute Qualité Environnementale » et la réduction draconienne des consommations d'énergie, les architectes les ont prises en compte comme autant de prétextes à prolonger la réflexion architecturale au-delà des limites de la création. Pour autant ces projets si novateurs soient-ils ne sacrifient aucunement la qualité et l'esthétique.

Ainsi en va-t-il des projets suivants : un bâtiment de bureaux « mutant » et autosuffisant, conçu par François Roche à La Défense, un champ d'éoliennes pour la base sous-marine de Kéroman à Lorient, là où Francis Soler se montre précurseur de l'utilisation de la force des vents pour alimenter en électricité non seulement les équipements de la base, mais aussi toute une partie de la ville. Jacques Ferrier, quant à lui, propose, face à la mer, une série de prises électriques solaires reliées à des cellules photovoltaïques, procédé qu'il est le premier à appliquer en France sur un bâtiment tertiaire construit pour le groupe Total. Les futurs bureaux d'Air France illustrent les recherches de ce même architecte sur la flexibilité des lieux de travail. Par ailleurs sur le thème de la lumière, François Chochon, Adrien Fainsilber et Marc Mimram ont engagé, avec les ingénieurs, des études approfondies afin de traiter le plus scientifiquement possible les apports de lumière sur des programmes de médiathèque, de musées et d'équipements sportifs, ludiques et polyvalents. Jean-Yves Barrier, Gilles Bouchez, Manuelle Gautrand, Christian Hauvette, Jean-Marc Ibos et Myrto Vitart ont, chacun avec leur sensibilité, exploré le domaine de la Haute Qualité Environnementale. Le bâtiment du futur a été

It is in this light that, three years ago, it was decided to develop a work programme involving both engineers/researchers and architects to discover the best way to combine the new methods of producing electricity, their efficient use and the architecture of the future.

In reality, the architect of today can no longer design a building without elaborating, in advance and at an early stage, a strategy that optimises energy use and that takes into account the effect of new means of electricity generation based on wind, sun, geothermics, on the forms and economy of the building.

As a result French architects, among the most innovative one's, have collaborated with EDF engineers in a scientific initiative that has enriched both sides and brought together skills and complementary working methods, as the projects and experiments presented in this book demonstrate.

The most distinctive features of this are the freedom of approach, and intelligence guided by the need for economy that is made possible by new materials and new forms, and a use of the environment that makes the most of its greenery, climate and geographical characteristics. Far from considering the demands for heat regulation, the aims of the "High Environmental Quality" targets, and the draconian reduction in energy consumption as constraints, the architects have taken the opportunity to extend their thinking about architecture beyond the limits of artistic creation. Nevertheless, however innovative these projects are, they do not sacrifice quality or aesthetic considerations.

And so we have the following projects: an "adaptable" and sustainable office building designed by François Roche at La Défense; a wind-farm for the submarine base of Kéroman in Lorient, where Francis Soler breaks new ground in the use of wind power to supply electricity to the base and part of the town. Jacques Ferrier proposes a series of electric plugs facing the sea linked to photovoltaic cells, a procedure that he was the first to use in France, on a service building constructed for the Total Group. The future buildings for Air France illustrate the research of the same architect on flexibility in the workplace. With regard to light, François Chochon, Adrien Fainsilber and Marc Mimram have joined engineers for in-depth studies to facilitate a scientific approach to the lighting in programmes for media centres, museums, and sports and multi-use facilities. Jean-Yves Barrier, Gilles Bouchez, Manuelle Gautrand, Christian Hauvette, Jean-Marc Ibos and Myrto Vitart have, each in their own way, explored High Environmental Quality. The building of the future has been studied by Dominique Marrec and by François Seigneur and Sylvie de la Dure, who analyse in detail and with rigour their concept of an apartment building with integral garages that will lay down the basis for a new style of living. The building of the future aims to provide a new framework for the integration of technical research into domestic housing by taking into consideration sociological changes and new life styles. All the characteristics of modernity – information, flexibility, safety, and temperature levels – are (or will be) brought to bear via a range of services that the energy producer hopes will create highly satisfied customers.

étudié par Emmanuel Combarel et Dominique Marrec ainsi que par François Seigneur et Sylvie de la Dure qui analysent avec précision et rigueur leur concept d'immeuble d'auto/logements posant les bases d'une nouvelle façon d'habiter. Le bâtiment du futur vise à redéfinir un cadre au développement des recherches techniques en matière de logement en y intégrant les mutations sociologiques et les évolutions des modes de vie. Tous les attributs de la modernité : intelligence, flexibilité, sécurité, qualité climatique sont – ou seront – au rendez-vous, au travers d'une gamme de services dont l'énergéticien souhaite faire un argument fort de satisfaction de ses clients.

Le renouveau du partenariat avec les architectes s'inscrit dans une longue et riche tradition datant des années soixante-dix faisant des architectes les prescripteurs efficaces de l'utilisation intelligente et maîtrisée de l'électricité. Par cette réflexion menée avec un énergéticien, les architectes cessent d'être seulement prescripteurs et deviennent les acteurs engagés du développement durable, engagement dont la réalité est fondée sur la qualité et la pérennité de leurs innovations.

Dans un proche avenir assistera-t-on peut-être au développement d'un métier de concepteur et de planificateur de stratégies énergétiques et environnementales, de services intelligents pour le bâtiment du futur, pour des lieux de vie, de travail et de loisirs. C'est à ce niveau de haute technologie qu'un partenariat réunissant chercheurs, architectes concepteurs, prescripteurs, pourra développer une offre concertée, enrichie de cette valeur ajoutée qu'est la réflexion élevée à un haut degré de créativité dans un domaine, si essentiel pour l'avenir, celui de l'innovation durable dans l'architecture contemporaine.

The renewed partnership with architects is the next stage in a long and rich tradition that goes back to the seventies, that made architects the effective givers of directives for the informed and controlled use of electricity. By joining their thinking to that of an energy producer, architects cease to be merely givers of directives and become agents engaged in sustainable development, and the undertaking is based on the quality and lasting character of their innovations.

In the near future we may see the development of a design and planning profession using energy and environmental strategies, of informed services for the building of the future, for living, work and recreational spaces. It is at this high technological level that a partnership bringing together researchers, design architects, and givers of directives, can develop joint bids that will contribute the added value of highly creative thought to sustainable innovation in contemporary architecture, an area that is so essential for the future.

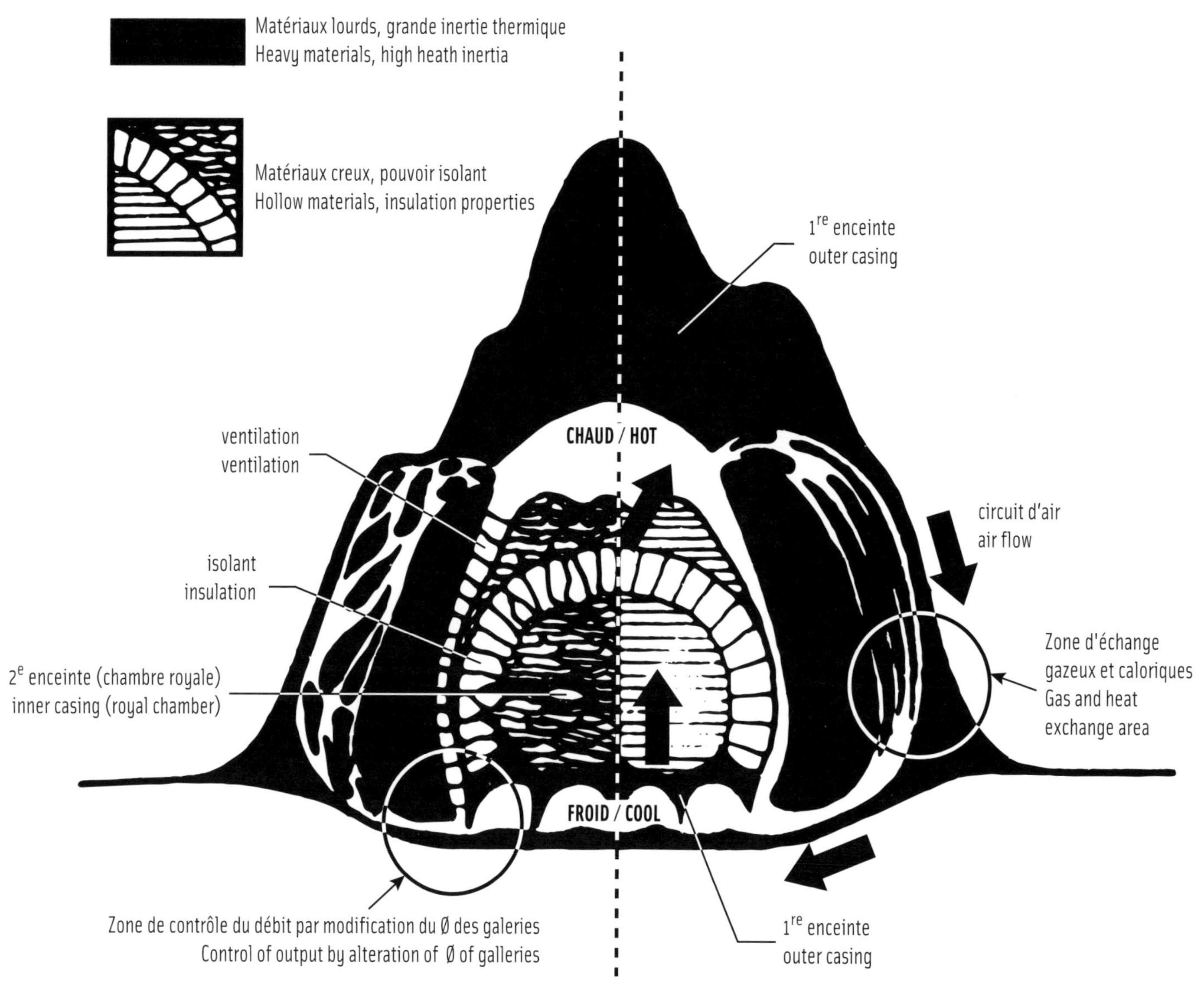

Coupe d'une termitière.
La termitière est un parfait exemple d'architecture bioclimatique naturelle : l'enveloppe protectrice, les échangeurs thermiques et le système d'aération y maintiennent une température intérieure de 31,5° et un taux d'humidité de 90 % malgré de très grands écarts thermiques à l'extérieur.

Section through a termite mound. The termite mound is a perfect example of natural bioclimatic architecture: the protective casing, heat exchangers and air-flow system maintain the interior temperature at 31.5° and the humidity level at 90 %, despite substantial external temperature variations.

Marc Emery

Innovations technologiques et nouvelles architectures

Technological Innovations and New Architecture

L'architecture est fondée dans la nature, et selon la nature ; elle est comme une seconde nature, plus solide, plus fidèle, mieux déterminée.

Alain [1]

...the idea that architecture has a material dimension and an energetic, invisible one, and these are inseparable.

Luis Fernández-Galiano [2]

Le biologiste écossais, Patrick Geddes, prévoyait dans son ouvrage *Cities in Evolution* publié en 1915, que les « gaspillages d'énergies et les dégradations consécutifs aux conditions de vie » de l'ère paléotechnique étaient d'un autre âge et seraient remplacés par les « systèmes de conservation énergétique et leurs corrélatifs, les environnements viables » d'une prochaine ère néotechnique. Cette prédiction ne s'est certes pas réalisée ; elle exprime cependant l'une des premières prises de conscience des nuisances dues aux utilisations aléatoires du charbon par l'industrie ; Galiani, Jevons et Buckland, parmi d'autres, l'avaient auparavant signalé [3]. S'opposant au libéralisme des physiocrates, ils remarquaient que les énergies fossiles étant tarissables, elles devaient être comptabilisées. Jevons avait alors tenté d'établir les fondements d'une économie de l'énergie, une économie alternative que Soddy formalisera un siècle plus tard sans grand succès [4]. Ses idées, contraires à celles du libéralisme sauvage, sont aujourd'hui oubliées. Les découvertes ultérieures d'autres sources d'énergies et les développements économiques et technologiques qu'elles ont provoqués ont, en effet, radicalement modifié l'appréhension même de l'énergie, dès lors perçue comme une force indispensable, partout disponible et surtout intarissable.

Sous-produit de la Révolution industrielle, la première architecture moderne en véhicule les mythes, ceux notamment d'un meilleur des mondes possibles, des infinis bienfaits de la production industrielle et leur corrélative,

The foundations of architecture are in nature and accord with nature; it is a sort of second nature, sturdier, more reliable, better defined.

Alain [1]

...the idea that architecture has a material dimension and an energetic, invisible one, and these are inseparables.

Luis Fernández-Galiano [2]

In his book *Cities in Evolution*, published in 1915, the Scottish biologist Patrick Geddes predicted that the "dissipation of energy and the resulting deterioration of life" of the early technical period, and belonging to a past age, would be replaced by "a new neotechnic order centred on conserving energy and organizing environment toward the maintenance and evolution of life" of a subsequent neo-technical period. This prediction was certainly not fulfilled, but it is nevertheless among the first expressions of an awareness of the harm caused by industry's indiscriminate use of coal; a subject that Galiani, Jevons and Buckland had commented on earlier [3]. In opposing the free enterprise doctrine of the physiocrats, they had noted that since the sources of fossil energy were not renewable an account had to be kept of them. Jevons then attempted to establish the basis of an economy of energy, an alternative economy that Soddy was to formulate a century later without much success [4]. His ideas, unlike those of unplanned liberalism, are today forgotten. The later discovery of other energy sources, and the economic and technological developments they brought about, radically changed how energy was seen, and from then on it was considered as an indispensable power that was available everywhere and, above all, inexhaustible.

A by-product of the Industrial Revolution, early modern architecture incorporates its myths, especially those of the best of possible worlds, the unlimited benefits of industrial production, and the associated idea of a machine for living in [5]. The idea fits the spirit of a time when the supposed or

Serre hollandaise du XVIIIe siècle.
(Extrait de *Glasshouses and Winter Garden of the Nineteenth Century*, S. Koppelmann, Granada Publishing Ltd, Londres, 1981.)

18th-century Dutch greenhouse.
(Taken from *Glasshouses and Winter Garden of the Nineteenth Century*, S. Koppelmann, Granada Publishing Ltd, London, 1981.)

la machine à habiter [5]. L'idée est dans l'esprit d'un temps où – mythique ou réelle – l'omnipuissance des technologies incite les architectes à concevoir des milieux de vie pratiquement isolés de leurs contextes climatiques ; l'air exact, le chauffage central, les murs neutralisants et autres dispositifs mécaniques y furent en effet prévus pour maintenir des conditionnements étales. Les seules relations avec l'extérieur se résumaient alors aux tailles et aux dispositions des ouvertures et à leur protection ou exposition au soleil. Ces concepts sans lendemain – ils ne furent appliqués que dans les habitats d'environnements extrêmes – ont, par défaut, provoqué la fiction d'une industrialisation du bâtiment et l'idée fallacieuse que les logiques et les moyens des grandes productions mécaniques seraient bientôt appliqués aux secteurs du bâtiments. L'illusion dura peu mais révélait les attitudes modernistes : l'insouciance quant aux consommations énergétiques et leur coût, une appréhension primaire et quelque peu désinvolte de la nature et, par enchaînement, une magistrale méconnaissance des architectures vernaculaires et de leurs technologies préindustrielles. Elle esquissait à contrario celles des tenants de développements durables.

Les questions d'énergie n'avaient pas dans les années vingt et trente l'importance qu'elles prirent depuis ; aucun écrit théorique des mouvements modernes ne les mentionne. L'accent y est certes essentiellement rationaliste, mais d'un rationalisme comprenant au besoin ceux relevant de la nature : le cycle solaire de 24 heures que Le Corbusier considère comme « l'évènement fondamental qui rythme la vie des hommes » [6], un soleil régulateur dont la lumière sublime les architectures ; un astre bénéfique dont les trop fortes luminosités sont à l'intérieur des bâtiments tempérées par les « brise-soleil » de façade. Le soleil de Wright est tout autre, plus chaleur que lumière ; ses lois cosmiques sont moins celles des trajectoires que celles du changement ; un soleil qui non seulement serait à l'origine de toute vie, mais aussi l'instigateur des croissances et le principal facteur de mutations. « La terre est un utérus que travaillent les passions du maître-soleil » [7] proclamait Wright, exprimant indirectement sa conception d'un soleil déifié, d'une puissance solaire de nature divine. Différemment exprimée, la vision du Corbusier est cependant assez proche. Tous deux conceptualisaient un dieu-soleil vers lequel s'orientaient rituellement leurs projets, le brise-soleil étant alors la transgression par laquelle tout rite peut s'affirmer. Quels sont d'ailleurs les taux de protection des brise-soleil comparés à ceux des vérandas ou des portiques anciens ?

Les dispositifs de protection et de solarisation des serres des XVIIIe et XIXe siècles et leur grande souplesse de manipulation montrent que le captage et la

real omnipotence of technology led architects to design living environments practically cut off from their climatic context; specified aeration, central heating, neutralising walls and other mechanical devices were provided to maintain constant conditions. The only relationships with the outside world were the dressing and the arrangement of openings and their protection from or exposure to the sun. These short-lived ideas, which were only ever applied to buildings in extreme environments, gave rise by default to the fiction of an industrialisation of building and the mistaken notion that the procedures and methods of mass mechanical production should be directly applied to the building sector. The illusion did not last long, but it revealed the modernist attitude: lack of concern about energy consumption and its costs, a simplistic and rather casual attitude to Nature, and a resulting lordly ignorance of vernacular architecture and its pre-industrial technologies. The very reverse, in fact, of the ideas of believers in sustainable development.

In the 1920s and 30s questions of energy did not have the importance they have since taken on; no theoretical writing of the modern movements mentions them. The accent is, indeed, essentially rationalist, but it is a rationalism that, when necessary, includes questions relating to nature: the 24-hour solar cycle that Le Corbusier considers to be "the fundamental event that gives rhythm to man's life" [6], a regulatory sun, the light of which heightens the effects of architecture; a beneficent star whose excessive brightness is tempered within buildings by the "sunbreakers" of the facade. Wright's sun is quite different, more heat than light; his cosmic laws are a matter more of change than of trajectory; a sun that is not only the origin of all life, but which promotes growth and is the main factor in change. "The earth is a womb quickened by the passion of the master sun" [7] Wright declares, expressing indirectly his idea of a deified sun, a solar power of divine character. Le Corbusier's vision is expressed differently but is nevertheless similar. Both think of the sun as a god towards whom their projects are religiously orientated, the sunbreaker being the transgression that any religion needs to confirm itself. But how much protection do sunbreakers give in comparison with verandas and ancient porticos?

Devices to provide protection and light to eighteenth and nineteenth century greenhouses, and their great flexibility of use, show that the trapping and management of natural energy are matters that have long been understood. A greenhouse is no more than a machine for living that uses simple mechanisms, as are many of the vernacular dwellings and pre-industrial buildings whose architectural logic reveals extraordinary sophistication of design and ingenious functional details. This is especially true for the farms of

Habitat collectif japonais.
Quand l'excès tourne à la caricature…
Japanese collective housing.
When excess becomes caricature…

gestion des énergies naturelles sont souvent des pratiques depuis longtemps maîtrisées. La serre n'est jamais qu'une machine habitable à simples mécanismes comme le sont beaucoup d'habitats vernaculaires et bâtiments préindustriels dont les logiques architecturales recèlent d'extraordinaires sophistications d'agencements, d'ingénieux détails fonctionnels. C'est notamment le cas des fermes savoyardes et de celles de la Forêt-Noire où les réserves de foin isolent thermiquement les pièces d'habitation que chauffe un poêle à bois, mais où l'étable placée juste en dessous fournit les compléments de chaleur. Les systèmes de chauffage intégrés sont autrement plus raffinés dans les maisons traditionnelles de la Chine du Nord et du Nord-Est : un petit foyer consommant peu de combustible approvisionne plusieurs conduits d'air chaud noyés dans la maçonnerie des lits-banquettes à vivre pour constamment y maintenir une chaleur douce. Le chauffage par le sol des villas romaines relevait des mêmes techniques appliquées à plus grande échelle. L'aération naturelle des maisons pakistanaises, syriennes et irakiennes en est assez proche bien qu'à d'autres fins : des pièges et des tours à vent, placés en toiture, captent l'air frais et, par divers conduits, le distribuent dans les pièces d'habitation et les caves. La climatisation des habitations traditionnelles du Maghreb et du Proche-Orient est plus complexe : des courants d'air chaud se refroidissent en passant sur des bassins d'eau avant de traverser les corps de bâtiments ; un mécanisme analogue à celui des conditionnements d'air actuels [8].

Ces techniques d'architecture autosuffisante furent quelquefois appliquées par des architectes contemporains ; le plus connu d'entre eux est aujourd'hui encore Hassan Fathy qui, au village de Gournah en Égypte désertique, reprenait des techniques plurimillénaires et faisait construire l'ensemble des équipements et habitations en briques crues séchées au soleil [9]. Ces bâtiments, tous couverts en voûtes et coupoles, sont naturellement climatisés par des systèmes de moucharabiehs. L'expérience fut probante, mais pour raisons diverses, n'eut guère de suite. De même, l'Arcosanti de Paolo Soleri, une amorce d'urbanisation romantique lancée en désert d'Arizona avec des techniques et des moyens locaux, montre que l'utilisation de seules ressources et technologies locales a été, en termes d'architecture autosuffisante, une voie économique mais sans issue. Il convenait donc de chercher d'autres voies, d'explorer les systèmes mixtes dans lesquels les technologies actuelles se combineraient aux technologies vernaculaires et aux traditionnelles ou celles plus radicales du tout technologie douce, de l'écodesign technologique. La première, ouverte dans les années soixante, se caractérisait par une floraison de projets ordinaires dotés de capteurs

Savoy and those of the Black Forest, where hay stores insulate living rooms that are heated by a stove, but where the stable, located just below, supplies supplementary heat. Integrated heating systems are even more sophisticated in the traditional houses of north and north-east China: a small room using little fuel supplies warm air ducts buried in the masonry of the beds and day-benches, and in this way maintains them at an even temperature. The underground heating of Roman villas shows the same techniques on a larger scale. The natural aeration of houses in Pakistan, Syria and Iraq is similar, but has a different purpose: traps and wind towers located on the roof catch fresh air and distribute it by various ducts to the living rooms and cellars. The air conditioning of traditional dwellings of North Africa and the Near East is more complex: warm air currents are cooled by passing over water basins before circulating in the body of the building – a mechanism that is analogous to the air conditioning of the present day [8].

These sustainable architectural techniques have sometimes been used by contemporary architects, the best known of whom is Hassan Fathy, who in the Egyptian desert village of Gournah used techniques thousands of years old to build all the facilities and dwellings with unfired, sun-dried bricks [9]. These buildings, covered with vaults and cupolas, are naturally air-conditioned by moucharaby systems. The experiment was convincing, but for various reasons had no sequel. Similarly, Paolo Soleri's Arcosanti, the start of a romantic planning project in the Arizona desert, shows that using solely local resources and techniques was, in terms of sustainable architecture, an economical path to go down, but nevertheless a cul-de-sac. So it was necessary to look for new directions, to explore mixed systems in which the technologies of today could be combined with the vernacular and traditional technologies, or with the more radical alternative technologies, technological ecodesign. Initially, in the 1960s, there was a flowering of ordinary projects equipped with solar collectors; the yoking was often clumsy, and all the more bizarre in that the geometrical relationship between the collectors and the design was never technically or formally worked out. It was a gestation period during which the discovery and use of new and renewable forms of energy seemed to be a matter of fashion, linked to a new awareness arising from a variety of socio-economic events, a new wave that fell back without leaving any architectural theory or reference project.

The alternative of "an entirely soft technology" is still poorly understood by the building sector and architects. It is the route that the sports industries, among others, have taken, the architecture of their products being a sophisticated combination of technologies to achieve the highest possible

Maison traditionnelle de la Chine
du Nord.
Les deux fourneaux de la pièce centrale
servent à la fois à cuire les aliments
et par un système de canaux à chicane,
à chauffer le Kang, un bat-flanc
maçonné utilisé comme lit.
(Extrait de L'*AA* n° 201, février 1979).

Traditional house in Northern China.
The two stoves in the central room serve
both to cook food and, via a system
of zigzag ducts, to heat the Kang,
a masonry ledge used as a bed.
(Taken from the *AA* n° 201,
February 1979).

solaires ; des accouplements souvent maladroits et d'autant plus bizarres que les rapports des géométries de capteurs à celles des projets n'y furent jamais techniquement ou formellement clarifiés. Ce fut une période de gestation pendant laquelle la découverte et l'utilisation des nouvelles énergies renouvelables semblaient avoir surtout été un phénomène de mode, corrélatif aux prises de conscience provoquées par divers évènements socio-économiques, une nouvelle vague qui retomba sans laisser d'écriture architecturale ou de projet de référence.

L'alternative du « tout technologie douce » est encore mal perçue par le secteur du bâtiment et les architectes. C'est la voie qu'ont, entre autres, empruntée les industries du sport dont les architectures de produits sont autant de sophistications technologiques conjuguées pour toujours atteindre de meilleures performances. La concurrence y est sévère qui conduit les entreprises à constamment innover en fonction d'objectifs précisément établis : la mise en œuvre des matériaux les plus appropriés pour constituer des artéfacts susceptibles de capter et d'exploiter au maximum les moindres forces naturelles ; des finalités clairement identiques à celles de l'écodesign technologique. Mais si ces deux secteurs distincts opèrent à de mêmes fins, leurs pratiques diffèrent amplement : les industries du sport les maîtrisent parfaitement quand celles de cet écodesign balbutient et cafouillent. Les principales technologies d'autosuffisance sont aujourd'hui globalement recensées et leurs performances appréciées, mais leurs modes et stratégies d'applications restent encore très incertaines, laissant ainsi ouvertes de nombreuses questions élémentaires. Comment par exemple et suivant quels critères, sélectionner les énergies renouvelables propres au projet ? Comment les combiner ? Les énergies solaires, celle du vent, de la géothermie et autres de moindre importance ont toutes leurs particularités techniques et spécificités morphologiques qui influent directement sur les formulations de projet. Leurs systèmes constituent, de fait, la matière première et le vocabulaire hybride d'une autre architecture, essentiellement composite.

Composite, cette autre architecture l'est aussi par ses origines et leurs incidences technologiques : l'incontestable nécessité d'économiser les énergies fossiles et de rentabiliser les naturelles, la sophistication des technologies d'autosuffisance et de leurs logistiques d'application. Elle est donc, comme l'architecture des mouvements modernes, l'effet second d'une révolution technologique et, comme elle, sans à priori signifiant. Sujette par définition aux aléas des lieux où elle s'implante et auxquels elle doit s'adapter, c'est donc une architecture relative, une architecture sans écriture ni style, que seuls ses attributs signalent. Les développements techniques,

performance. Competition is fierce and this forces companies to innovate continually, with precisely defined objectives: to use the most appropriate materials for artefacts that can trap and take advantage of the slightest natural forces. The objectives are clearly identical with those of technological ecodesign, but although the two distinct sectors operate to the same end their practice is very different: the sports industry is in perfect control, whereas ecodesign is still fumbling. The principal sustainable technologies are today universally known and their success recognised, but methods and strategies for their application are still unclear, leaving open a number of basic questions. For example, how and by what criteria can one choose the renewable energies suitable for a project? How can they be combined? Solar, wind, geothermal and other less significant energies all have their technical particularities and special morphologies, and these have a direct influence on the formulations of a project. Their systems are, in fact, the raw material and hybrid vocabulary of a new architecture that is essentially composite.

This new architecture is composite because of its origins and their technological effect: the unquestionable need to save fossil energy and make natural energy economical, the sophistication of sustainable technologies and the logistics of their application. It is, like the architecture of the modern movements, the secondary effect of a technological revolution, and, in the same way, has no preconceived signifier. By definition, it is subject to the chance elements of the place where it is built and to which must be adapted, and it is therefore a relative architecture, an architecture without theory or style, defined only by its attributes. The technical developments that will inevitably occur in the short and medium term will make its formulations more complex without altering their specificity; it will be able to integrate them all the better in that it has no memory and no canon of dogma, and probably never will have. Should we conclude, then, that this future architecture will never truly be an architecture? Its simple design logic, its economy-led aesthetic and its poverty of theory might mislead us into thinking so, were it not that, like all architecture, its modes of operation will be to design and plan, to organise the equipment and employ the materials of a habitable artefact. Sustainable architecture, as Bruno Zevi has said, is essentially an organic part of what it springs from, "human before it is humane"[10].

Any new architecture thus described clearly raises questions about its premises, its points of reference and its future icons. The three parts of this book reply to these questions, each treating one aspect of this evolution: the projects, the fundamental and occasional thinking, and the first works carried out. Dealing with various contractual and competition programmes, the first

Kitchen floor

Cooking pot

Living room floor: cement over stone slabs

Flow of → hot air

Wood or coal fire

Ash pit

Chauffage par le sol d'habitations rurales en Corée du Nord. (Extrait de *The Prodigious Builders*, B. Rudofsky, 1977).

Underfloor heating in rural houses in North Korea. (Taken from *The Prodigious Builders*, B. Rudofsky, 1977).

qui certainement se produiront à court et moyen termes, en complexifieront les formulations sans en modifier les spécificités ; elle les intégrera d'autant mieux qu'elle n'a ni mémoire, ni dogme canonique et n'en aura d'ailleurs probablement jamais. En déduit-on que cette architecture en devenir n'en sera jamais vraiment une ? Ses simples logiques conceptuelles, ses esthétiques conjoncturelles et ses carences théoriques le laisseraient accroire si ses modes opératoires n'étaient pas, à l'instar de toute autre architecture, de concevoir et planifier, d'orchestrer les dispositifs et de mettre en œuvre les matériaux d'un artéfact habitable. L'architecture autosuffisante est essentiellement – et comme le disait Bruno Zevi – de l'organique dont elle est issue, « humaine avant d'être humaniste » [10].

Toute nouvelle architecture ainsi décrite pose à l'évidence une question quant à ses prémices, ses références et ses icônes à venir. Les trois parties de cet ouvrage y répondent en traitant chacune l'un des aspects de cette genèse : les projets, les réflexions fondamentales ou occasionnelles et les premières réalisations. Abordant divers programmes contractuels ou de concours, les premiers donnent un aperçu des formulations de cette architecture protéiforme : des images surprenantes contrastant avec celles, plus froides, de projets apparemment classiques. Le champ d'éoliennes que Francis Soler propose d'implanter tant en mer que sur la base sous-marine de Lorient qu'il réaménage intérieurement pour capter l'énergie des vents est un projet à grande échelle susceptible de fournir à la ville une bonne part de son électricité. Les prospectives qu'établissent Emmanuel Combarel et Dominique Marrec sont d'un autre ordre : examinant, point par point, les incidences des développements technologiques actuels et probables sur les formes et structures du logement, ces deux architectes conçoivent plusieurs hypothèses d'habitats en évitant soigneusement les pièges des anticipations futuristes. François Roche évite ces mêmes écueils dans son projet d'immeuble tertiaire autosuffisant : un projet très réaliste dans lequel l'ensemble des moyens mis en œuvre pour capter et diffuser les énergies naturelles générées, suivant les jours et les saisons, des morphologies toujours différentes et, donc, une formulation aussi changeante que surprenante. Le siège d'une organisation internationale que Jean-Marc Ibos et Myrto Vitart proposent, relève du même esprit, autrement exprimé : deux cylindres qu'éclairent et climatisent divers systèmes statiques/dynamiques, discrètement incorporés aux structures porteuses, une écriture classique intégrant très élégamment les techniques d'autosuffisance. François Seigneur et Sylvie de la Dure expriment au contraire l'ensemble des agencements et des technologies qu'ils entendent appliquer

part gives an insight into the formulations of this multiform architecture: surprising images contrasting with the colder ones of apparently traditional projects. The wind farm that Francis Soler proposes to set up both in the sea and on the submarine base of Lorient, which he is refurbishing to harness tide energy, is a large-scale project that could supply the town with a large proportion of its electricity. The proposals of Emmanuel Combarel and Dominique Marrec are of a different order: by examining point by point the effects of present and potential technological developments on the forms and structure of dwellings, these two architects have imagined several proposals for domestic architecture, while studiously avoiding the trap of futuristic forecasting. François Roche avoids the same pitfall in his project for a sustainable service-sector building: a very realistic project in which the means used to capture and distribute natural energy generate, depending on the days and the time of year, continual variations in forms, making it a formulation at once changing and surprising. The head office of an international organisation that Jean-Marc Ibos and Myrto Vitart propose is in the same spirit, but differently expressed: two cylinders, lit and air-conditioned by various static and dynamic systems unobtrusively incorporated in the load-bearing structures, a classic style that elegantly integrates sustainable techniques. François Seigneur and Sylvie de la Dure, on the other hand, describe the layout and technologies they intend to use in a project for a domestic building designed in accordance with a programme they have imagined. Skilfully combining load-bearing structure with flexibility of internal arrangement, direct vehicle access to the dwelling, equipment for producing alternative energy, and various spaces for collective life, they have formulated a visionary design that could soon become fact.

The more theoretical second part of the book consists of four essays dealing not with what sustainable architecture is or should be, though this is still a question, but with ways of thinking and seeing what, logically, it leads to. No architecture can be reduced to its material and technical aspects; it must be understood in terms of spaces adapted, or adaptable, to cultural and social behaviour. Jacques Ferrier understands this well and, in the light of ever more prolific new technologies, he gives his general thoughts on what business premises located in sustainable and other buildings could be like. Buildings that Gilles Bouchez, as an experienced practitioner, believes should be assessed before they are projected, and then at every stage of their design and implementation. The system of evaluation he has invented is aimed at all those who, to various degrees, have to plan the relationship between the context and the project in order to work within it. So the assessment criteria are fairly

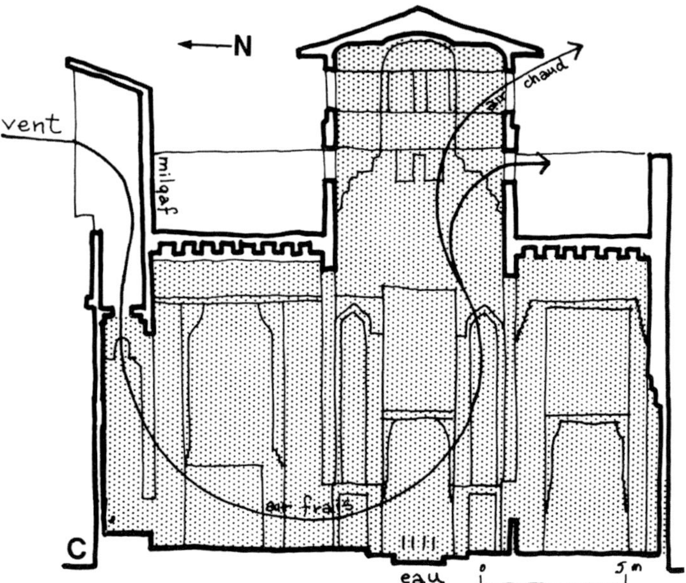

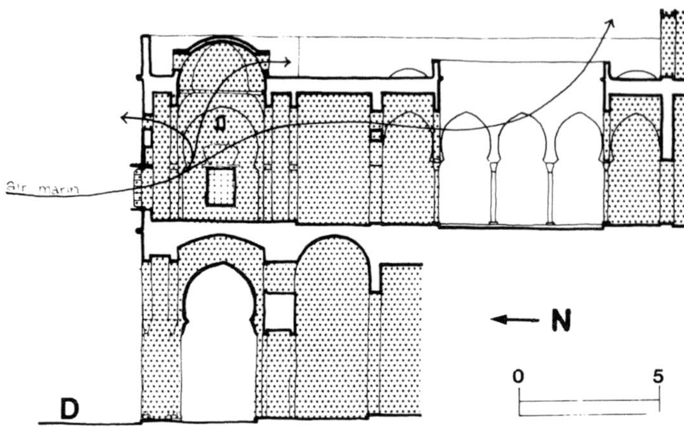

Système d'aération naturelle dans une habitation urbaine maghrébine.

Natural air-flow system in a North African urban dwelling.

dans un projet d'immeuble d'habitation conçu suivant un programme imaginé par eux. Conjuguant habilement les structures porteuses et les flexibilités d'aménagement, l'accès direct des voitures aux logements, les dispositifs producteurs d'énergies douces et divers lieux de vie collective, ils formulent un concept onirique qui, bientôt, pourrait se concrétiser.

Plus abstraite, la deuxième partie de l'ouvrage comprend quatre textes, quatre essais, traitant non de ce qu'est ou devrait être une architecture autosuffisante – il en est néanmoins question –, mais sur les manières de penser et de voir ce qu'elle induit logiquement. Aucune architecture ne peut, en effet, se résumer à ses seuls aspects matériels ou techniques, et toutes se comprennent en termes d'espaces adaptés, ou s'adaptant, à des comportements culturels et sociaux. Jacques Ferrier l'a bien compris qui, en fonction de nouvelles technologies toujours plus prolifiques, lance une réflexion générale sur ce que pourraient être des lieux de production inscrits dans les bâtiments autosuffisants et dans les autres. Des bâtiments qu'en praticien chevronné Gilles Bouchez entend évaluer dès avant leur mise en projet, puis à chaque étape de leurs conception et réalisation. Le système d'évaluation qu'il a imaginé s'adresse globalement à tous ceux qui, à divers degrés, doivent prévoir les relations du contexte au projet pour mieux y intervenir. Les critères d'évaluation y sont donc passablement diversifiés et peuvent, au besoin, se démultiplier et s'affiner. Bouchez les complète d'ailleurs en introduisant dans le programme informatique qu'il a tiré de son système les références nécessaires, les exemples types et les analyses de cas particuliers. Plus pragmatique, Marc Mimram réfléchit sur sa pratique professionnelle, sur la lumière ou les structures qu'il manipule constamment et dont les possibilités inexplorées l'étonnent toujours. Il en joue dans ses projets et en déduit de subtiles vérités premières qui sont autant d'adages à méditer. Mimram est un sage. François Chochon en est un autre que des recherches sur les consommations énergétiques des musées ont progressivement conduit à s'interroger sur les raisons d'être de ces institutions culturelles et leurs récentes mutations en pôles d'attractions. Se référant à l'originel des musées, il prône une relecture de leurs programmes en fonction de l'évolution des arts contemporains et des techniques muséales, de l'utilisation des systèmes d'économies énergétiques et, plus précisément, d'un emploi rationnel des lumières artificielles et naturelles.

Les réalisations publiées dans cette dernière partie de l'ouvrage illustrent les thèses avancées dans les deux premières et celle notamment d'une architecture en devenir, d'une discipline qui se cherche. La disparité de formulations, l'une de ses particularités majeures, y est clairement

varied and can, if necessary, be increased in number and refined. Moreover, Bouchez supplements them by introducing into the computer programme of his system necessary references, standard examples and analysis of individual cases. More pragmatic, Marc Mimram reflects on his professional practice, on the lighting or the structures that he constantly manipulates and whose unexplored possibilities continue to astonish him. Mimram is a wise man. So is François Chochon, whose research on the energy consumption of museums has gradually led him to question the raison d'être of these cultural institutions and their recent changes of focus. Looking at the origin of museums, he advocates a new look at their programmes in relation to the development of contemporary arts and museum techniques, the use of energy-saving systems, and especially the rational use of artificial and natural lighting.

The completed works described in the last part of this book illustrate the theses put forward in the first two parts, especially that of an evolving architecture, a discipline in search of itself. The diversity of formulations, one of its main characteristics, is clearly perceptible, though still contained in the collective domestic building project carried out by Jean-Yves Barrier in Rennes: a collection of dwellings whose simple architectonic sophistication marries an astonishing variety of ancient and modern materials, very intelligently used. In radical contrast to this project, the Usinor offices built by Christian Hauvette in Dunkirk confirm the disparities of this architecture: a building in which the principal material, steel, is used alone or in conjunction with others, but always optimally. Hauvette's accompanying article is an opportune reminder that, whatever the designs of the project and their implementation, in the final count only the architecture matters.

The natural and artificial light of the Media Centre in Marseille – one of the main elements of its architecture – confirms this proposition: making use of the transparency of the façades, the height of the central space and long internal perspectives, Fainsilber shows that good architectural design is in fact less a result of the means employed than of the successful projection of an idea. Manuelle Gautrand illustrates this perfectly in the project for collective domestic dwellings that he is at present carrying out in Rennes, in which he applies the so-called High Environmental Quality regulations with great finesse and imagination. Gautrand proves that sustainable architecture can forget its earlier puritanism and break free. Dominique Lyon and Pierre du Besset note that this emancipation may, if necessary, show in a single element of the project, which gives it its tone: as in the lighted ceiling of the Media Centre in Troyes, a thin pancake, placed under the roof, that covers and lights the whole building. It consists of a compact ensemble of light sources and a

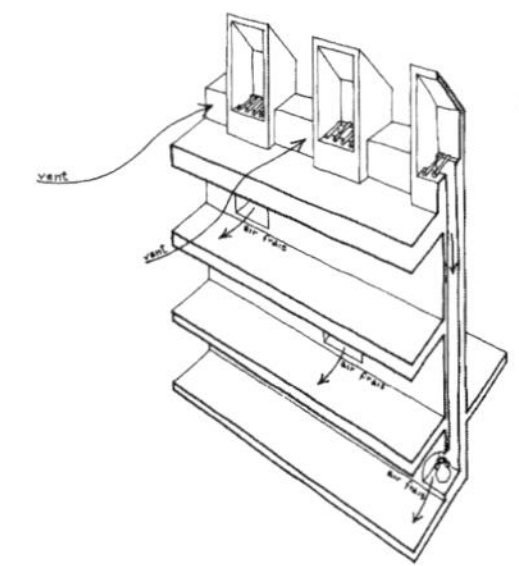

Piège à vent pakistanais.
Pakistani wind trap.

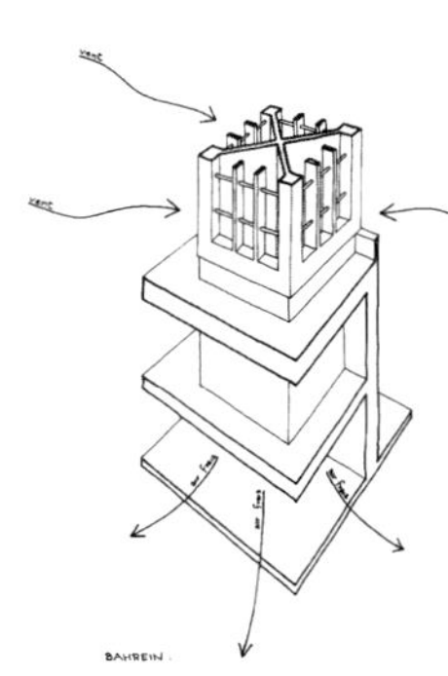

Tour à vent bengalaise.
Bengali wind tower.

system that allows natural light to filter through. Its regulation and maintenance add to the design problems, but this is not apparent. This architecture of the future, then, knows how to contain its complexities by expressing them unobtrusively. Could this, perhaps, be one of the early signs of an approaching maturity?

perceptible bien qu'encore contenue dans le projet d'habitat collectif réalisé par Jean-Yves Barrier à Rennes : un ensemble de logements dont la simple sophistication architectonique épouse une étonnante sélection de matériaux anciens et modernes, très intelligemment mis en œuvre. Contrastant radicalement avec ce projet, les bureaux d'Arcelor que Christian Hauvette a réalisé à Dunkerque confirment les disparités de cette architecture : un bâtiment dans lequel un matériau principal, l'acier, est utilisé seul ou accouplé à d'autres, mais toujours au mieux de ses possibilités. Le texte d'Hauvette accompagnant ce projet rappelle opportunément que quels que soient les concepts du projet et leurs mises en forme seule importe finalement son architecture.

Celle des lumières naturelles et artificielles de la médiathèque de Marseille – l'un des élément majeurs de son architecture – confirme ce propos : jouant du translucide des façades, du vertical d'un espace central et de longues perspectives internes, Fainsilber montre, en effet, qu'une bonne conception architecturale résulte moins des moyens employés que de la projection d'une pensée. Manuelle Gautrand le décrit parfaitement dans le projet d'habitat collectif qu'elle réalise actuellement à Rennes : un ensemble dans lequel les règles dites de Haute Qualité Environnementale sont appliquées avec beaucoup de finesse et d'imagination. Gautrand prouve ainsi que l'architecture autosuffisante peut oublier son puritanisme premier et s'émanciper. Dominique Lyon et Pierre du Besset remarquent que cette émancipation peut, à l'occasion, se manifester sur un seul élément du projet, celui qui en donne le ton : le plafond lumineux de la médiathèque de Troyes, une galette peu épaisse qui, placée sous le toit, couvre l'ensemble du projet et l'éclaire. Y sont inclus un ensemble compact de diverses sources lumineuses et un système laissant filtrer les lumières naturelles. Les réglages et l'entretien de l'objet ajoutent aux problématiques de conception sans qu'il y paraisse. Cette architecture à venir sait aussi, en effet, contenir ses complexités pour discrètement les exprimer. Ne serait-ce pas l'un des signes précurseurs d'une maturité prochaine ?

Notes

1. Cité par A. Hermant dans *Formes utiles*, éditions du Salon des Arts Ménagers, Paris, 1956.

2. Luis Fernández-Galiano in *Fire and Memory*, traduction anglaise de *El Fuego y la memoria. Sobre arquitectura y energía*, Alianza Editorial S.A., Madrid, 1991.

3. Fernandino Galiani, *Della moneta*, 1751. W. Stanley Jevons, *The Theory of Political Economy*, quatrième édition, Londres, 1924. William Buckland, « Bridgewater Treatises », 1836, cité dans le *Magazine of Popular Science and Journal of the Useful Arts*, Londres, 1837.

4. Frederick Soddy, *Wealth, Virtual Wealth and Debt*, Allen and Unwin, Londres, 1926. « If we go back to the origins of tires, we will discover which parts of its cost must be attributed to energy expenditure. These require a flux of a given climate's solar energy, physical work in rubber plantations, coal for the railways and ships which transport the raw material from the tropics, as well as for the factories which transform it into tires. The railways and ships, in turn, and all the buildings and implements necessary for their manufacture, as well as the material used – the iron and the metals, and the coal that must be extracted – are the result of the spending of physical energy. »
Lewis Mumford dans *Technics and Civilisation* (1934) confirme ce point de vue : « Progress in the physical sphere does not come about so much through the successive controls of materials… as through the successive control of nature's source of energy. »

5. Le Corbusier, *Almanach d'architecture moderne*, Crès, Paris, 1926. « La maison a deux fins. C'est d'abord une machine à habiter, c'est-à-dire une machine destinée à nous fournir une aide efficace pour la rapidité et l'exactitude dans le travail, une machine diligente et prévenante pour satisfaire les exigences du corps : confort. Mais c'est ensuite le lieu utile pour la méditation, et enfin le lieu où la beauté existe et apporte à l'esprit le calme qui lui est indispensable. »

6. In *Le Corbusier, Œuvres complètes, vol. 7, 1957-1965*, éditions d'Architecture, Zurich, 1966.

7. (The earth) « becomes more and more the creative creature of the sun. It is a womb quickened by the passion of the master sun », Frank Lloyd Wright, *Some Aspects of the Past and Present of Architecture* (1937), repris dans *The Future of Architecture*, Mentor, New York, 1963.

8. Voir Samir Abdulak et Pierre Pinon, in « Modèles d'architecture climatique », *L'Architecture d'Aujourd'hui*, n° 167, mai-juin 1973. Paris.

9. Hassan Fathy, *Construire avec le peuple*, éditions Sinbad, Paris, 1977.
J. Steele, Hassan Fathy, *Architectural Monographs*, n° 13, Londres, 1988.

10. « We can call architecture organic when it aims at being human before it is humanist », Bruno Zevi, in *Toward an Organic Architecture*, Londres, 1951.

Notes

1. Quoted by A. Hermant in *Formes utiles*, éditions du Salon des Arts Ménagers, Paris, 1956.

2. Luis Fernández-Galiano in *Fire and Memory*, the English translation of *El Fuego y la memoria. Sobre arquitectura y energía*, Alianza Editorial S.A. Madrid, 1991.

3. Fernandino Galiani, *Della moneta*, 1751. W. Stanley Jevons, *The Theory of Political Economy*, fourth edition, London, 1924. William Buckland, "Bridgewater Treatises", 1836, quoted in the *Magazine of Popular Science and Journal of the Useful Arts*, London, 1837.

4. Frederick Soddy, *Wealth, Virtual Wealth and Debt*, Allen and Unwin, London, 1926. "If we go back to the origins of tires, we will discover which parts of its cost must be attributed to energy expenditure. These require a flux of a given climate's solar energy, physical work in rubber plantations, coal for the railways and ships which transport the raw material from the tropics, as well as for he factories which transform it into tires. The railways and ships, in turn, and all the buildings and implements necessary for their manufacture, as well as the material used – the iron and the metals, and the coal that must be extracted – are the result of the spending of physical energy."
Lewis Mumford in *Technics and Civilisation* (1934) confirm this point of view: "Progress in the physical sphere does not come about so much through the successive controls of materials… as through the successive control of nature's source of energy."

5. Le Corbusier, *Almanach d'architecture moderne*, Crès, Paris, 1926. "The house has two purposes. It is in the first place a machine to be lived in, that is, a machine intended to supply us with effective help towards doing our work quickly and accurately, a diligent and considerate machine that satisfies the needs of the body: comfort. But it is also the place where we can meditate, and, lastly, where there is beauty that brings to the spirit the tranquillity that is indispensable to it." (translation by Gerald B. Binding).

6. In *Le Corbusier, Œuvres complètes, vol. 7, 1957-1965*, éditions d'Architecture, Zurich, 1966.

7. (The earth) "becomes more and more the creative creature of the sun. It is a womb quickened by the passion of the master sun", Frank Lloyd Wright, *Some Aspects of the Past and Present of Architecture* (1937), reprinted in *The Future of Architecture*, Mentor, New York, 1963.

8. Samir Abdulak and Pierre Pinon, "Modèles d'architecture climatique", in *L'Architecture d'Aujourd'hui*, n° 167, May-June 1973. Paris.

9. Hassan Fathy, *Construire avec le peuple*, éditions Sinbad, Paris, 1977.
J. Steele, Hassan Fathy, *Architectural Monographs*, n° 13, London, 1988.

10. "We can call architecture organic when it aims at being human before it is humanist", Bruno Zevi, *Toward an Organic Architecture*, London, 1951.

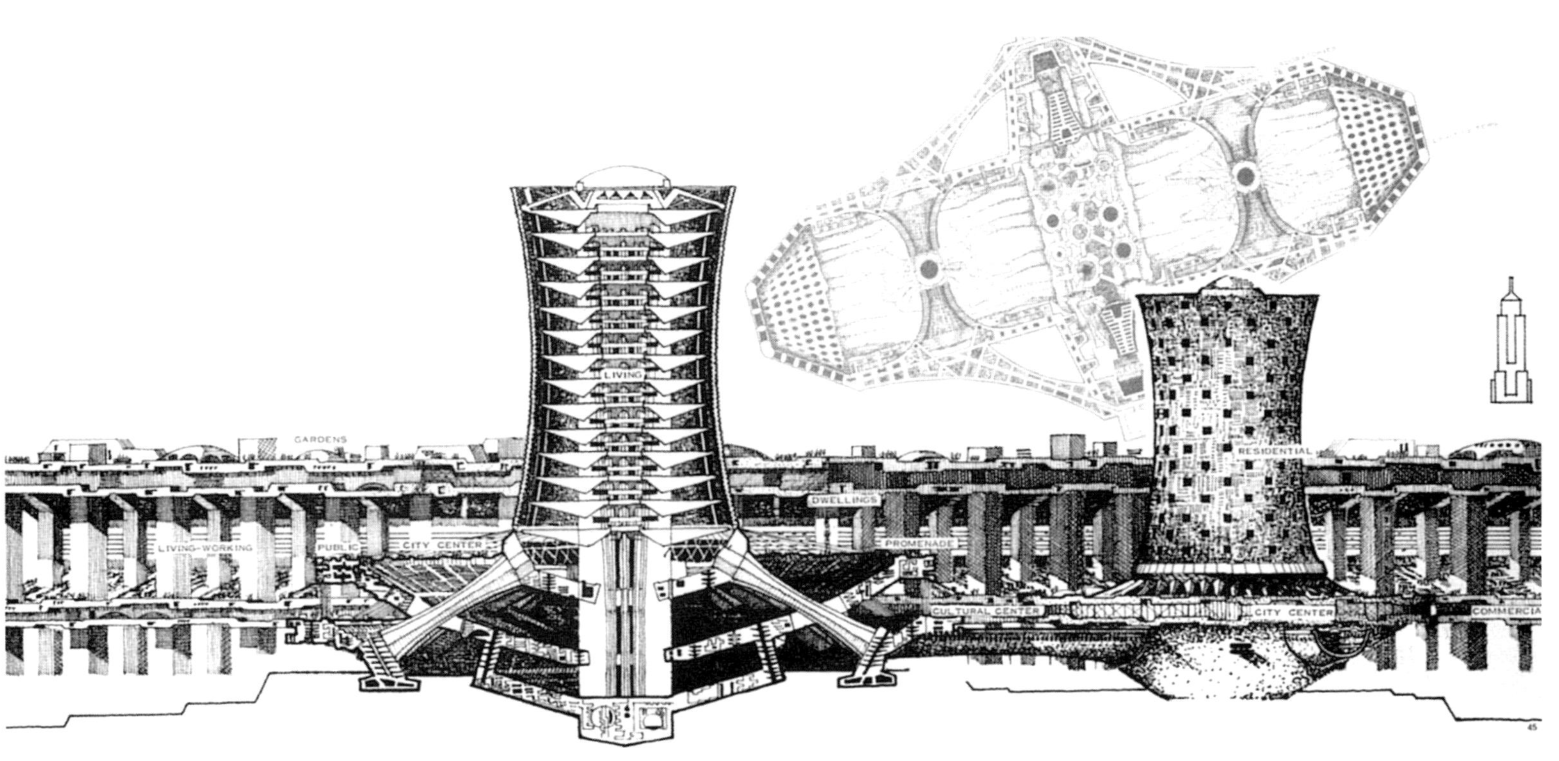

Paolo Soleri, Babelnoah,
projet de ville bioclimatique.
(Extrait de *Arcology, The City in the Image of Man*, 1969).

Paolo Soleri, Babelnoah,
bioclimatic town project.
(Taken from *Arcology, The City in the Image of Man*, 1969).

VERS UNE AUTRE ARCHITECTURE
TOWARDS A NEW ARCHITECTURE

Francis Soler   architecte/architect, Paris

Énergies des vents et marées
Wind and Tide Energy

Un concours d'idées international pour la reconversion de la base sous-marine de Kéroman est lancé par le district du pays de Lorient, avec le soutien du ministère de la Défense. La charge historique pesant sur cette base sous-marine lui confère un rôle patrimonial. Construite par les Allemands en 1941 pour y abriter leurs redoutables sous-marins U Boote, elle est l'origine de la destruction de la ville lors la seconde guerre mondiale. Ensuite, et tout au long du XXe siècle, elle sera le témoin du savoir-faire maritime de Lorient, jusqu'au déclin de son activité économique. Sa reconversion devra donc valoriser au mieux cet aspect lié à la mémoire des lieux et symboliser l'entrée du pays de Lorient dans une phase de redéveloppement économique, culturel et social. Elle devra ambitieusement intégrer tout à la fois des activités industrielles, de services, de formation et de recherche, ainsi qu'un domaine essentiel et stratégique : les loisirs et le tourisme, dont le thème central sera l'interaction de l'homme et de la mer ainsi que la mise en valeur des savoir-faire lorientais. Un budget de plus de 93 000 000 d'euros pour 72 000 m^2 à recomposer !

Les lieux de mémoire deviennent ce que nous en faisons : des espaces où la vie se recompose sur les traces du passé, jusqu'à parfois les travestir avec bonheur ! Nous proposons de transformer ces bunkers en îles et en « champs d'éoliennes graciles » captant la force imprévisible des vents et changeant les formes d'une énergie déferlante en force électronaturelle, pour construire un univers basé sur l'accumulation d'ouvrages utilitaires, développés en séries, tout en créant des champs de vision insolites et d'échelles différentes. Les brises ressemblent à la vie, construisent l'univers et l'esprit, organisent les résistances.

Décision est prise : les forteresses seront conservées en l'état, restaurées au minimum comme pour en garder le goût originel avec, toutefois, l'adoption de couleurs terre de sienne et carmin, recouvertes d'une résine transparente, et éclairées de jour comme de nuit. Puis, après qu'on les ait débarrassées d'une gangue de terre périphérique pour que l'eau de la rade les isole, elles seront flanquées, dedans, dehors, dans les bassins à flot, sur les terrasses, d'ouvrages utilitaires en verre transparent, lumineux à souhait, indépendants des murs et autonomes. Dans les bassins à flot : des parallélépipèdes de verre totalement étanches et submersibles pourront recevoir des activités diverses et publiques. Ils seront mécaniquement conçus pour monter et descendre dans l'espace du bassin au gré des marées. Sur les terrasses : les parallélépipèdes de verre abriteront des commerces et des activités de restauration et de détente. Tout ce dispositif étant rendu accessible par des norias de bateaux navettes, d'hélicoptères et de voitures qui emprunteront les liaisons terrestres déjà existantes.

Alors, devenues parfaitement autonomes, ces îles seront plantées, dehors, dedans, d'éoliennes qui feront tourner leurs pales comme autant de signes désignant sans confusion la rade de Lorient. Il ne s'agit pas là d'une idée conçue « à la légère », mais née d'une rencontre avec les chercheurs spécialisés en sites éoliens et en développement de ce type d'énergie en France. Elle est aussi née d'une approche économique et environnementale

The Region of Lorient, with the backing of the Ministry of Defence, launched an international competition for ideas for the conversion of the submarine base at Kéroman. The history of this submarine base is part of the national heritage. It was built by the Germans in 1941 to shelter their formidable fleet of U-boats and was the reason why the town was destroyed during the Second World War. Subsequently, until its economic decline, it was witness to the maritime skills of Lorient. Its conversion, then, must complement its past and mark the entry of Lorient into a period of economic, cultural and social redevelopment. It must, ambitiously, aim to bring together industrial, service-sector, training and research activities, and one essential and strategic area, leisure and tourism, the central theme of which will be the interaction between man and the sea and the development of Lorient's savoir-faire. Seventy-two thousand square metres to be reconstructed with a budget of more than 93,000,000 euros.

Places to which memories are attached become what we make of them: spaces where life is built on the remains of the past, and sometimes a happy spirit is restored! We are proposing to transform these bunkers into islands and wind farms of slender turbines, harnessing the unpredictable force of the winds and converting surges of energy into naturally obtained electricity, to build a world of mass-produced machines providing viewpoints that are unusual and varied in scale. The winds are like life; they build the world and its spirit, they organise its forces.

Decisions have been made: the fortresses will be kept as they are, minimally restored to retain their original character, but will be coloured sienna and crimson, covered with a transparent resin, and lit by day and night. Then, when a surrounding earthwork has been removed so that the sea water separates them, they will be covered, inside and out, in the closed docks and on the terraces, with wind turbines made of transparent glass that can be lit at will, independently of the walls. The docks will contain completely water-tight and submersible rectangular glass compartments that will be used for a variety of public activities. They will be mechanically designed so as to rise and fall with the tide within the area of the dock. On the terraces there will be further rectangular glass compartments housing shops, catering establishments and rest rooms. Access will be by relays of launches, helicopters, and cars that will use the existing links to land.

Each completely separate, these islands will be covered, within and without, with wind turbines, the vanes of which will turn like so many signs indicating unambiguously the roads of Lorient. This design was not "lightly" thought up, but grew out of a meeting with specialists in wind farms and the development of this kind of energy in France. It is also based on an economic and environmental approach founded on analysis of the site and the wind, and on the setting up and adoption of an energy development plan. Lorient, which is inland, is surrounded by built-up areas that break the wind speed and increase turbulence. A characteristic of the ocean climate is a strongly prevailing wind on a west/south-west and north-east axis. Weather statistics compiled over several years (1985/1995) by the WASP software programme

**Réaménagement de la base
sous-marine de Kéroman,**
Lorient.
Le champ d'éoliennes
vu de la côte et de l'extérieur.

**Conversion of the submarine
base of Kéroman,** Lorient.
The wind farm seen from the
coast and from the exterior.

**Réaménagement de la base
sous-marine de Kéroman,**
Lorient.
Le champ d'éoliennes
vu de la côte et de l'extérieur.

**Conversion of the submarine
base of Kéroman,** Lorient.
The wind farm seen from the
coast and from the exterior.

fondée sur l'analyse du site, la carte des vents, la découverte et l'appropriation d'un plan de développement énergétique. Lorient, située à l'intérieur des terres, se trouve entourée par des agglomérations qui freinent la vitesse du vent et en augmentent la turbulence. La rose des vents comporte une forte dominante suivant un axe ouest / sud-ouest et nord-est caractéristique du régime océanique. Les statistiques météorologiques calculées sur plusieurs années (1985 / 1995) par le logiciel WASP – standard européen pour l'analyse du potentiel éolien seront – bien sûr exploitées.

La nécessité de verticaliser le site à moindres frais pousse l'architecte vers une synthèse technique qui, s'appuyant sur la magie des vents, lui inspire sa dimension poétique. Là, les brises se transforment en messagers invisibles et les mâts, très hauts, s'installent dans le paysage sur les traces de l'ancien périmètre militaire. Ils font tourner leurs pales en permanence et dynamisent le projet par les simples effets du vent. Merveilleux manèges, chargés d'une énergie naturelle.

Le concept général est de « saturer » le site en éoliennes. Disposées sur l'emprise des terrains actuels, cinquante-huit éoliennes réparties selon une trame régulière, chacune produisant 300 kW pour distribuer ensemble jusqu'à 17 mW, en utilisant le potentiel éolien du site, constitueraient le plus grand parc éolien jamais construit en France. Cette énergie naturelle, non polluante, distribuée sur les réseaux actuels d'EDF serait susceptible d'alimenter la base de Kéroman et 50 000 Lorientais. Par ailleurs, les éoliennes répondent et satisfont l'exigence d'un bruit ambiant acceptable dont le calcul par simulation montre que la puissance, à 300 m du site, se place autour de 50 dB. Ce qui constitue un niveau sonore totalement admissible pour les habitations les plus proches du lieu. Toutefois, et afin d'améliorer encore la qualité acoustique de l'environnement, les machines seront équipées d'un système de double génératrice permettant, la nuit par exemple, de basculer le process énergétique sur les génératrices à faible puissance pour ramener le bruit ambiant autour de 40 dB. Les habitations et les lotissements voisins du site auront ainsi l'assurance que le champ d'éoliennes de Kéroman n'apportera aucune gêne complémentaire par rapport au plus fort niveau sonore environnant.

En matière de sécurité des personnes circulant sur le site en dessous des éoliennes, un dispositif particulier est installé au niveau supérieur des machines. Il empêche toute chute directe de pale qui se détacherait de son mât à cause d'un vent violent ou d'une rupture mécanique de l'engin. En effet, un système sophistiqué de câbles de sécurité pare à cette éventualité et les nouveaux matériaux mis en œuvre pour réaliser les pales d'éoliennes limitent totalement ce risque.

Ce « concept éolien » est né de l'intuition de l'architecte devant un site balayé par des vents exceptionnels et le ressac des marées. Certains projets sont issus de l'attitude que l'on adopte face à ce qui les constitue et ils s'inventent presque d'eux-mêmes tout en se prêtant au jeu de l'intérêt public. Au-delà de sa forme, de sa poésie, de son côté iconoclaste, celui-ci contribue, en développant une pensée architecturale autour d'un mode de production énergétique, à satisfaire une exigence de la Communauté européenne d'atteindre un niveau de 21 % en 2010 quant à la part des énergies renouvelables dans la production énergétique. Il ne reste plus qu'à le faire exister ! Alors se confondront sur un seul et même territoire prise en compte de l'environnement, création et architecture.

– the European standard for analysis of wind power – will be taken into account.

The need to build the site at the lowest possible cost has steered the architect to a technical solution that, since it depends on the magic of the winds, has something of a poetic dimension. The winds become invisible messengers and the great masts are planted on the remains of the former military site. The blades continually turn and the power of the wind brings the project to life: wonderful merry-go-rounds, powered by natural energy.

The general intention is to "saturate" the site with wind turbines. Laid out in a regular pattern on the land presently available, 58 turbines, each producing 330 kilowatts and together producing up to 17 megawatts, would be the largest wind farm ever built in France. This natural and non-polluting energy, distributed through the present EDF grid, would supply the Kéroman base and 50,000 inhabitants of Lorient with electricity. Furthermore, the turbines satisfy the requirement for an acceptable level of ambient noise, a simulated calculation for which has shown that 300 metres from the site the noise level would be about 50 decibels. This is perfectly acceptable for the houses nearest the site. However, to improve the acoustic quality of the environment, the machines will be equipped with a dual generating system that will make it possible to switch the energy processor on the generators to low power and reduce the noise level to about 40 decibels when required, at night for example. The houses and estates neighbouring the site can thus be assured that the wind farm of Kéroman will not create any noise nuisance above the highest currently existing level.

For the safety of people moving around the site under the turbines, a special device will be installed at the top of the machines. A sophisticated system of safety cables, and the new materials used for constructing wind turbine blades will ensure that a blade that detaches itself from the mast, either because of violent wind or a mechanical break, does not fall directly to the ground.

This "wind power design" grew out of the ideas provoked by a site that is swept by exceptional winds and washed by the tides. Some projects are born from their constituent elements and they almost design themselves, while having at the same time a public interest. In addition to its form, its poetry, and its iconoclastic aspect, this site, by developing architectural thinking about a mode of energy production, will help to satisfy the European Community requirement that by 2010, 21 per cent of energy production will be provided by renewable energy sources. All we have to do is bring it into being! Then, in the interests of the environment, production and architecture will come together on the same site.

Aménagements intérieurs
de la base.

Interior design of the
submarine base.

Implantation du champ
d'éoliennes
et aménagements
de la base sous-marine.

Wind farm installation
and fitting of the
submarine base.

Emmanuel Combarel & **Dominique Marrec**   architectes/architects, Paris

Autosuffisance, une hypothèse : un bâtiment du futur

Sustainability, a Proposal: a Building of the Future

Toute architecture exprime l'état de la société qui la produit, elle est la caisse de résonance des débats qui la traversent. Son récent intérêt pour les questions d'autosuffisance indiquent une prise de conscience des problèmes d'environnement, des inquiétudes qu'elle suscite et leurs retombées sur l'habitat et le logement. La problématique du logement ne se réduit d'ailleurs pas aux influences des mouvements sociaux sur ses structurations externes et organisation interne de l'habitat ou sur ses rapports avec le paysage urbain environnant, mais aussi peut-être aux préoccupations de santé qui, aujourd'hui, se dessinent et s'affirmeront très probablement dans un proche futur. Chacun, dans nos sociétés d'abondance où les besoins matériels sont globalement assurés, se préoccupe en effet de lui-même et de son corps. L'idée dominante d'être toujours jeune, beau et en bonne santé modifiera très probablement certaines dispositions gouvernementales, influant ainsi sur l'architecture. L'interdiction de l'utilisation d'amiante dans le bâtiment annonce déjà d'autres obligations techniques et de prochaines recherches sur le concept même du logement biotope.

Les spectaculaires évolutions des industries du vêtement, provoquées par toute une série d'innovations techniques, s'inscrivent dans un même courant hédoniste : prévenant des risques bientôt jugés inadmissibles, les textiles antibactériens, germicides et autres tissus de protection répondent aux mêmes inquiétudes que celles qui, actuellement, concernent la qualité de l'air, de l'eau ou de la nourriture. Les doutes seront forcément de moins en moins tolérés et les risques, réels ou supposés, difficilement acceptables ; les téléphones portables, aujourd'hui en vogue, seraient-ils déclarés cancérigènes que personne n'en voudrait, bien qu'à priori ils soient fort utiles. Justifiées ou non, ces craintes modifient radicalement nos perspectives d'architectes, notamment dans la conception du logement. S'y ajoutent les problèmes identitaires générés par les productions successives d'habitats similaires et leurs implantations en grands ensembles périphériques denses. La banalisation, les dégradations physiques et le manque de repères urbains y ont développé divers malaises urbains souvent traduits en insécurité, mais l'insécurité n'est-elle pas une question d'aménagement, un problème d'architecture ?

Il serait certes possible de mobiliser l'ensemble des technologies actuellement disponibles pour régler ces questions. Un doute subsiste cependant quant aux moyens mis – ou à mettre – en œuvre et leur efficience. Le captage, les consommations et rejets d'eau dans les réseaux publics sont,

All architecture is an expression of the state of the society that produces it and is the sounding board for the debates underway in society. The recent interest in questions of sustainability indicates an awareness of environmental problems, the concerns they raise, and their effect on housing and domestic building. The housing problem, moreover, is not simply a matter of the influence of social movements on the external structure and internal organisation of the building or its relationship with the surrounding urban landscape. It extends to the health concerns that are emerging today and that are likely to continue to arise in the near future. In our affluent societies, where material needs are fully provided for, everyone worries about themselves and their bodies. The prevailing desire to keep young, attractive and healthy may well bring about changes in legislation that will have an effect on architecture. The prohibition of the use of asbestos in building is a forerunner of other technical requirements and of future research into the concept of biotopic housing.

The spectacular developments in the clothing industry, the result of a series of technical innovations, are part of the same hedonistic current: as a way of avoiding risks that will become considered unacceptable, antibacterial and germicidal textiles and other protective textiles are a response to the same concern that we show about air, water and food quality. People will be less and less prepared to put up with doubts, and supposed or real risks will not be acceptable; if mobile phones, so fashionable today, were shown to be carcinogenic, nobody would want them, despite their usefulness. Whether justified or not, such fears radically change the outlook of those of us who are architects, especially in terms of housing design. Additionally there are problems of identity caused by the endless building of similar dwellings and their siting in huge and densely populated suburban masses. Urban spread, physical deterioration and the lack of urban focal points have created a malaise that is often expressed as insecurity. But is not insecurity a planning matter, an architectural problem?

In answering these questions it would certainly be possible to bring to bear all the technologies at present available. However, there remain doubts about the means used, or to be used, and their effectiveness. The public-system impounding, consumption and disposal of water is a case in point here, in that it usually requires large and expensive networks that are difficult to manage and maintain. Consumers are becoming more conscious of the price of water and of the fact that there could soon be a shortage of it, and they are dealing with the matter at a more local level. It is, then, only natural that we should

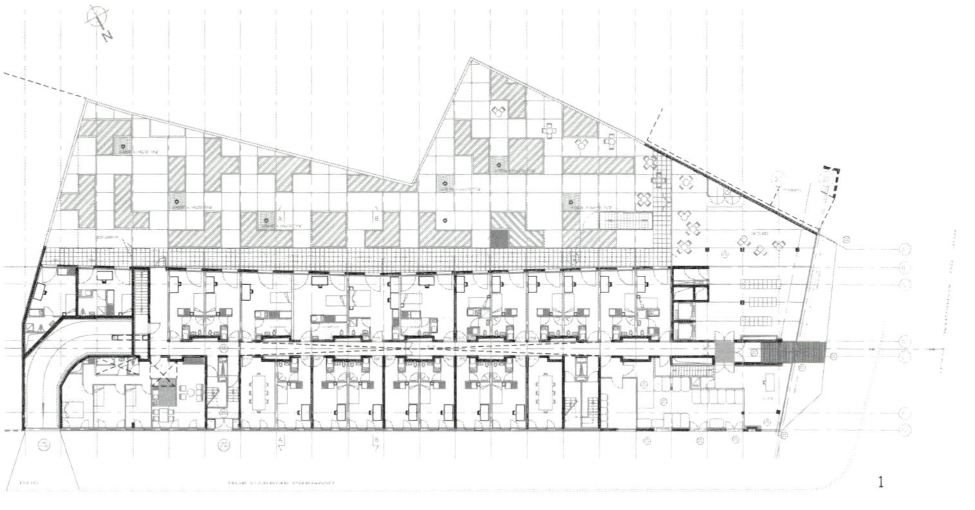

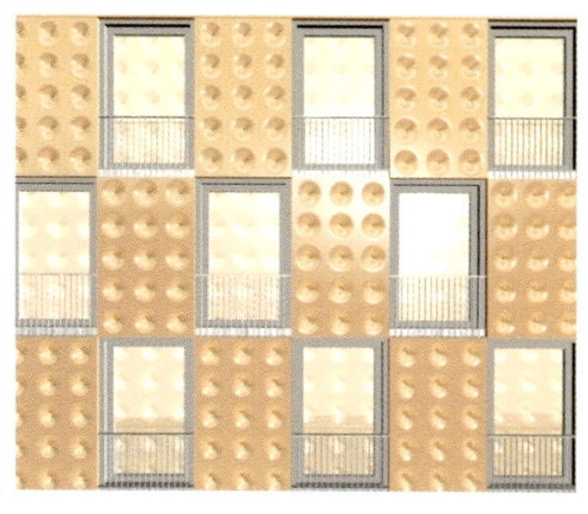

« Do not Disturb »,
résidence pour étudiants,
projet à Montreuil,
2001-2003.
1. Plan d'étage courant.
2. Détails de façade.

"Do Not Disturb",
student accommodation,
project in Montreuil,
2001-2003.
1. Standard floor plan.
2. Details of the façade.

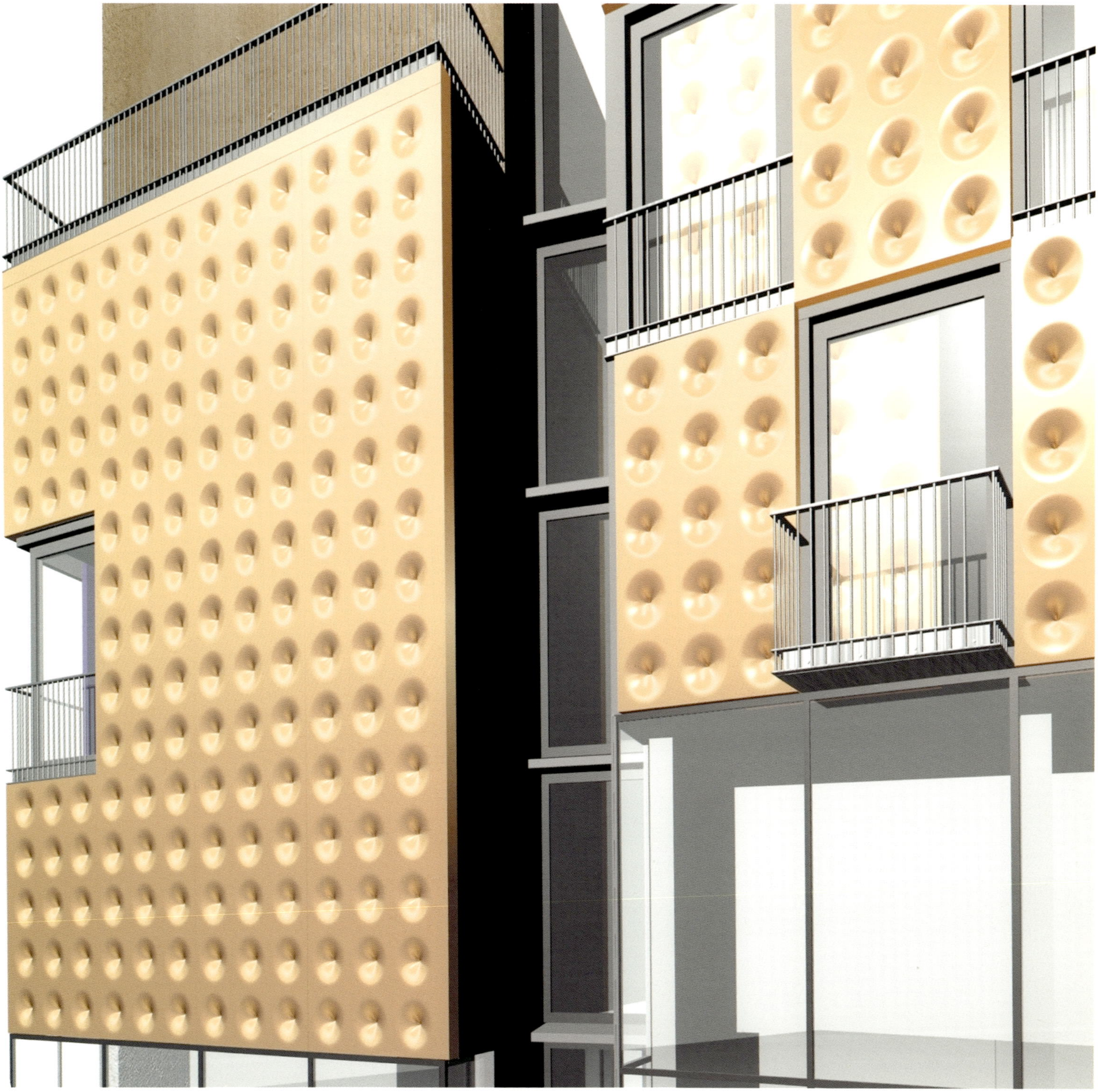

1

à ce sujet, significatifs : ils impliquent généralement de grands réseaux difficiles à gérer et à entretenir, des systèmes onéreux. Les usagers prennent de plus en plus conscience du prix de l'eau, du fait qu'elle risque bientôt de se raréfier ou de manquer, et se saisissent de la question à leur niveau. Il paraît donc normal de prévoir que les mégastructures actuelles soient, à terme, remplacées par des microstructures et que dans la question de l'eau, comme ailleurs, l'individuel prenne le pas sur le global. Le confirment, dans un autre secteur, les échecs des tris globaux de déchets auxquels se substituent actuellement les pratiques de tris individuels. Pourraient aussi le confirmer les piles à combustible qui, économiques et non polluantes, alimentent en raison même de leur taille et à peu de frais un ensemble de logements, voire un quartier.

Ces prospectives se réaliseront très certainement qui bouleverseront nos perspectives architecturales. Des prises de conscience et changements d'attitude modifieront les programmes et formulations du projet autant que les nouveaux facteurs technologiques et nouvelles donnes esthétiques. D'autres architectures sont à concevoir dont la finalité ne sera plus d'harmoniser les espaces et les volumes, mais de les réaliser et de les équiper, tant en fonction de nouvelles demandes sociales qu'en raison des techniques et des matériaux nouveaux, bien que depuis longtemps connus et maîtrisés.

make provision for the existing megastructures to be replaced in time by microstructures, and that in the matter of water, as in other areas, the individual should have preference over the global. There is confirmation of this trend in another sector, waste disposal, where individual sorting is replacing mass sorting. A further example is fuel cells, which are economical and non-polluting and which, because of their size and cheapness, can supply power to a group of dwellings, or even a district.

These developments are coming, and they will turn our present perception of architecture upside-down. The specifications and formulations of the project will be altered as much by new awareness and changes in attitude as by new technology and new aesthetic adjustments. New forms of architecture must be created, not with the purpose of harmonising spaces and volumes, but in relation both to new social demands and to new techniques and materials, even when the latter have long been known and mastered.

2

3

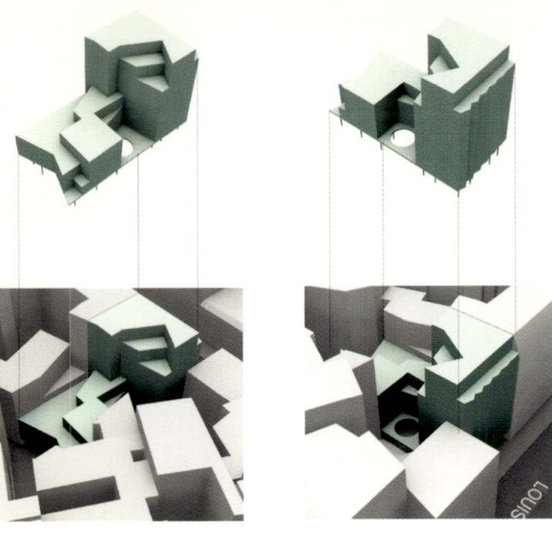

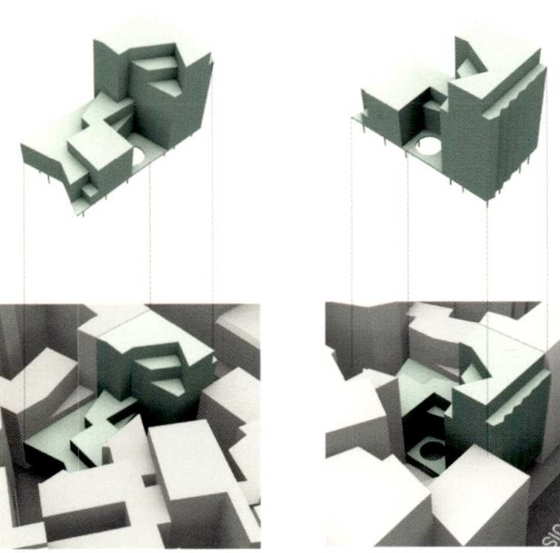

Logements collectifs
projet à Paris.
1. Vue de la maquette
d'étude.
2. Plan d'un étage
courant.
3. Coupe transversale.
4. Maquette d'étude.

Collective housing
project in Paris.
1. View of the design
model.
2. Standard floor plan.
3. Cross-section.
4. Design model.

2

3

1

4

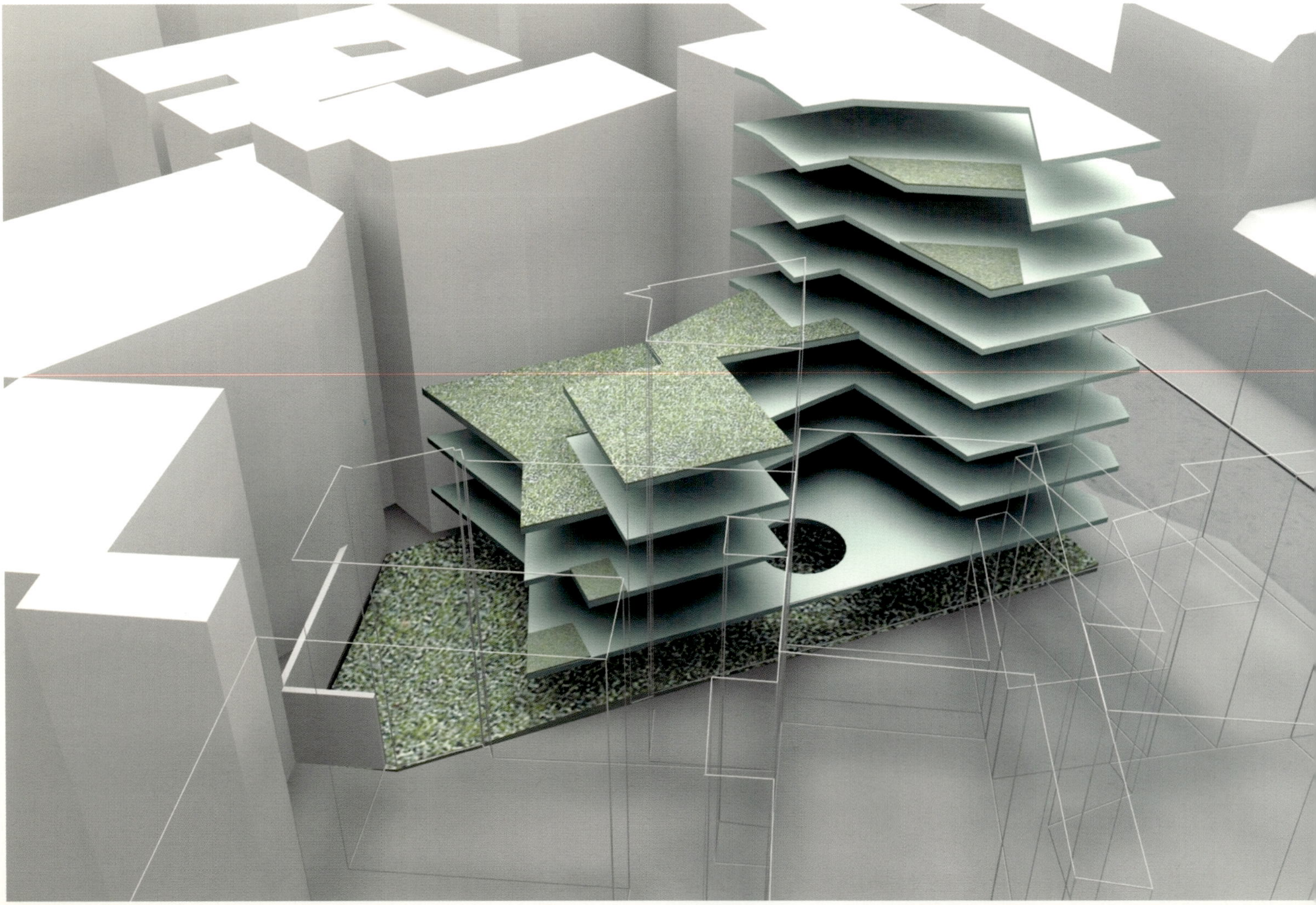

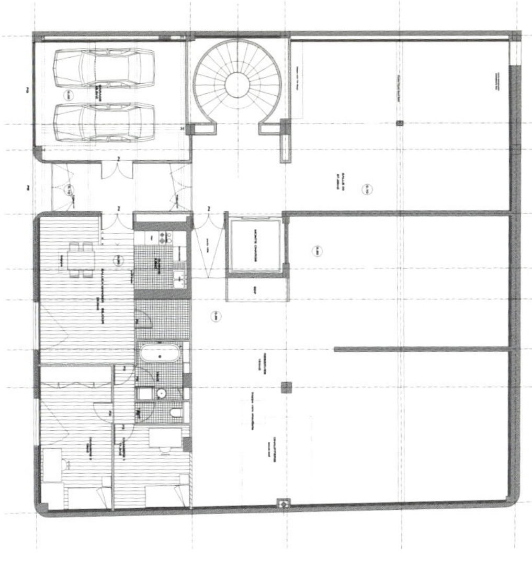

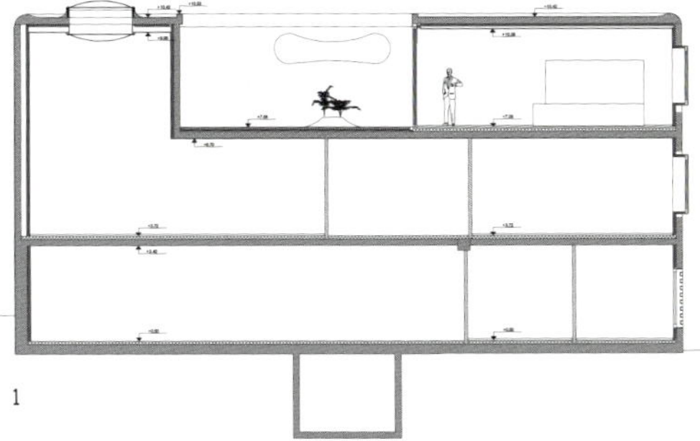

«Silicon Soul», fondation d'art contemporain, projet à Montreuil.
1. Plan et coupe d'une unité de stockage.
2. Les unités de stockage.
3. Coupe sur une unité.
4. Perspective d'ensemble du projet.

"Silicon Soul", contemporary art foundation, project in Montreuil.
1. Plan and section of a storage unit.
2. The storage units.
3. Section of a unit.
4. Overall view of the project.

R&Sie... François Roche & **Stéphanie Lavaux**
architectes/architects, Paris

[Un]plug building
[Un]plug Building

Tout comme les architectures modernes, les contemporaines ne reflètent, ni n'expriment, leur présent et notamment les découvertes majeures et les développements technologiques qui ont, ces dernières décennies, ouvert d'extraordinaires champs de connaissance et de potentialités. Elles les mésestiment globalement et ne s'intéressent finalement qu'aux plus opérationnels, à l'informatique pour ses processus de calcul, de communication et de simulation dont les plus brillantes performances n'ont jamais produit que des architectures virtuelles, des produits inconstructibles. Le projet ne résulte plus, en effet, de projections abstraites sur des écrans vides, mais de meilleure intelligence des technologies avancées, d'emprunts réfléchis à de nouveaux matériaux et leurs conjugaisons à des techniques de pointe. La finalité n'est plus désormais la production d'œuvres à dominante esthético-fonctionnelle, mais d'entités efficientes tant sur le plan de l'habitabilité, des logiques de construction et d'entretien que sur celui de l'autosuffisance.

Les questions d'autosuffisance, d'économies énergétiques sont en effet aujourd'hui l'essentiel de toute véritable problématique architecturale ; moins pour des raisons de mode que de conjonctures difficiles auxquelles la discipline se doit de répondre et sur lesquelles elle se découvre mal informée et donc démunie. Le vague des textes généralistes et le minutieux pointillisme des manuels écologiques ajoutent aux absences de réflexion élémentaire et à la vacuité corrélative des formulations simplistes actuellement appliquées, une impéritie critique, impensable ailleurs et notamment dans les architectures d'artefacts industriels qui toujours intègrent à leurs mécanismes, et donc dans leurs morphologies, les dispositifs technologiques les plus récents. Ce particularisme est d'autant plus absurde que, depuis une vingtaine d'années, les recherches sur l'autosuffisance s'imposent, leurs modes et moyens s'affinent et leurs résultats sont désormais accessibles à tous. Sommes-nous définitivement condamnés à les ignorer, à toujours coller d'incongrus héliotropes sur nos projets ou négliger les éoliennes parce que difficilement compatibles avec le construit ? Comment comprendre que les bâtiments préindustriels intègrent souvent à leur architecture d'astucieux moyens de capter et d'exploiter à leur profit les forces naturelles quand les nôtres y parviennent à peine, malgré leurs grandes sophistications techniques ? Un illogisme inadmissible que la prochaine architecture autosuffisante tend à corriger. C'est le sens du projet [un]plug building et sa véritable raison d'être.

L'ensemble des sphères productives, qu'elles soient médicales, scientifiques, artistiques et évidemment humaines, se trouve aujourd'hui confronté à des problèmes de transformation, d'hybridation. Les « intégrités » définies par la modernité ont implosé. Le corps est devenu un instrument programmable in vitro et reformatable à coup de collagène ! Le corps n'est pas nié pour autant, mais exacerbé, hypertrophié, et la peau n'est plus à percevoir comme élément de recouvrement, de protection mais comme une surface réactive à l'environnement. Et « l'humanité pourrait être, selon Houellebecq, la première espèce animale à organiser elle-même les conditions de sa propre mutation. »

Like Modern architecture itself, contemporary architects fail to reflect or express their time, especially when it comes to the major discoveries and the technological developments that in recent decades have opened up extraordinary fields of knowledge and potentialities. Generally they do not value them and are ultimately interested only in the most efficient ones, in electronic technologies for computing, calculation and communication, and in their simulation abilities, which have only ever produced virtual architecture and unbuildable buildings. The project is no longer the result of abstract projections on empty screens, but of the best information on advanced technologies, of thoughtful use of new materials and their combination with up-to-date techniques. The purpose is no longer the production of works that are primarily aesthetic and functional, but buildings that are efficient from the point of view of habitability, construction, upkeep requirements, and self-sufficiency.

Today, questions of sustainability and energy saving are at the heart of any real architectural problem; not just for reasons of fashion, but because of the difficult situations the architectural profession has to deal with and about which it finds itself poorly informed and for which, consequently, it lacks resources. The flood of general writing and the over-detailed ecological manuals reinforce the lack of basic understanding and to the associated vacuity of the simplistic formulas now being applied. This is a serious level of incompetence that would not be tolerated elsewhere, particulary not in the design of industrial artefacts, which always incorporate the latest technological advances into their mechanisms and thus in their forms. Such a situation is absurd; over the last twenty years research into sustainability has been transformed; its methods improved and its results made available to everyone. Are we to go on ignoring them, to continue sticking incongruous solar panels onto our projects, or neglecting wind turbines because they are incompatible with our structures? How is it that pre-industrial buildings often included in their architecture cunning devices for capturing and exploiting natural forces, while ours seem unable to do so, despite their great technical sophistication? There is an unacceptable illogicality here that the new architecture must correct. This is the purpose of the "[un]plug" project and its true raison d'être.

Today all spheres of productive activity, whether medical, scientific, artistic or, of course, human, face problems of change and hybridisation. The "wholes" defined by modernity have imploded. The body can now be created in vitro and be put together again by a shot of collagen! … The body, however, has not been repudiated, but given a heightened significance, and skin is no longer seen as a protective covering, but as a surface that interacts with the environment. According to Houellebecq "humanity may be the first animal species to organise the conditions of its own change".

In the light of such possibilities, which successively involve science fiction, reality and morality, and of such genetic and world-wide changes, how can architecture continue to be a matter of perfectly recognisable "wholes"? But to draw up strategies based on the process of changes in architecture, we have to settle on a mould, a core that can absorb "in the flesh" the successive

Immeuble tertiaire. Paris-La Défense.
Vue générale du projet dans son site.

Office building. Paris-La Défense.
General view of the project on its site.

Face à ces possibles qui alternent science-fiction, réalité et morale, face à ces mutations biogénétiques, planétaires, comment croire que l'architecture puisse encore être constituée de corps intègres, parfaitement identifiables. Mais pour élaborer des stratégies basées sur des processus de mutations en architecture, il nous faut déterminer une matrice, saisir un corps qui puisse absorber « dans sa chair » les diverses transformations successives. Or, celle-ci s'est toujours élaborée dans un isolement relatif, au travers du même miroir déformant, fait de rêves progressistes ou passéistes, conditionnés par une même volonté d'élaborer des processus dans l'abstraction du concept. Plus le projet urbain ou architectural est inerte dans sa transformation, plus il se laisse dominer par la situation préalable. A contrario plus le *morphing* se donne à lire dans son artifice, plus la projection semble se déterritorialiser. Le contexte cesse alors d'être conceptualisé, idéalisé pour devenir le substrat de sa propre transformation : il ne s'agit plus de la production de formes raisonnées et admises, issues d'une conception platonicienne du monde venant s'appliquer sur un territoire corvéable à merci par l'homme, mais d'une réponse exacerbée dans le prolongement de la complexité du site.

Depuis plusieurs années avec, R&Sie…, nous cherchons l'instrument qui nous permette d'explorer l'acte minimum, ce que nous appelons « faire avec pour en faire moins », qui s'imprégnerait des géographies préalables en exacerbant les problématiques de mutations et d'identités : nous avons alors repris l'idée du *concept car*, à l'image de ce que développe l'industrie automobile, pour inventer, modéliser un *concept building* ! J'ai proposé de réaliser un prototype qui en réagissant au contact des énergies renouvelables – énergies photovoltaïque, éolienne, solaire – fournirait des renseignements essentiels sur le chauffage, la climatisation, et permettrait de quantifier les besoins en électricité et les possibilités d'économies. Un immeuble virtuel localisé en zone tertiaire urbaine dense, à Paris-La-Défense, prévoit d'accueillir trois cent cinquante bureaux et leurs compléments, répartis sur dix-huit niveaux de 396 m², d'un volume total d'environ 27 324 m³.

Nous choisissons d'entourer le *concept building* d'une double peau souple, membrane à l'aspect à la fois « pileux » et « boursouflé », extrêmement « absorbante dans sa chair ». La « pilosité » qui parcourt la paroi est obtenue par la présence de 4500 m linéaires de tubes de capteurs solaires alimentant l'immeuble en chauffage et en eau. Les « boursouflures » répartissent leurs excroissances sur l'ensemble des façades ; elles incluent 400 m² de cellules photovoltaïques qui produisent de l'électricité en extrados et récupèrent de la chaleur en intrados. Les différentes salles de réunions semblent lovées dans ces multiples rondeurs. La souplesse de la peau, ses effets d'accordéon permettent de modifier les angles des éléments photovoltaïques suivant les heures et les saisons. Ceux d'été seront de 25°, ceux des intersaisons de 40° et ceux d'hiver de 55° à 65° suivant les cas. Les éléments photovoltaïques cristallins servent aussi de filtres pour la protection solaire.

Tout l'ensemble de ce dispositif doit donc assurer une production

changes. This, though, is always drawn up in relative isolation, through a distorting mirror of progressive or backward-looking dreams, influenced by the same desire to establish procedures in abstraction from the concept. The more inert the urban or architectural project is in its change, the more it is controlled by the previous situation. Conversely, the more the artifice of the *morphing* can be read, the more independent from its environment the project seems to become. The context then ceases to be conceptualised or idealised and becomes the substratum of its own change: it is no longer a question of the production of structured and accepted forms resulting from a platonic view of the world being applied to an area within which human beings can do what they like, but of a heightened response, an extension of the complexity of the site.

Over several years with R&Sie… we have been looking for an instrument that would enable us to explore the minimum action, what we call "doing in order to do less", which would be imbued with previous geographies and highlight the problems of change and identity: so we reworked the idea of the *concept car*, as developed by the motor industry, and designed and modelled a *concept building*!

I proposed making a prototype that, reacting to renewable energies – photovoltaic, wind, and solar – would provide essential information on heating and air conditioning, and make it possible to calculate electricity needs and possibilities in energy saving. A virtual building situated in a densely populated, urban, business area at La Défense, Paris, is to house 350 offices and their associated accommodation on 18 floors, each 396 square metres, the total volume being 27,324 cubic metres.

We choose to surround the *concept building* with a flexible skin, a membrane that looks at the same time "hairy" and "blistered", a very "absorbent" flesh. The surface "hairiness" is the result of 4,500 metres of solar collector tubes that provide the building with heat and hot water.

The "blisters" grow out of all the façades and carry 400 square metres of photovoltaic cells that produce electricity on the outside and recover heat on the inside. The various meeting rooms appear to be wrapped up in these multiple bulges.

The flexibility of the skin and its accordion effects make it possible to alter the angles of the photovoltaic elements in accordance with the time of day and the season of the year. These will be 25° in the summer, 40° in spring and autumn, and, depending on conditions, between 55° and 65° in the winter. The crystalline photovoltaic elements will also act as sun protection filters. Overall this arrangement will provide electricity and activate the heating and air-conditioning mechanisms by the recovery of radiated heat on the inside of the cells or by hot water circulation in the solar collectors.

Furthermore, within the building the top and bottom of the façades will open wide to create a vertical circulation of air, a movement that could generate energy while providing a degree of air conditioning.

The structure of these curtain façades, enclosing all the networks, both fluid and electrical, will make possible and multiply exchanges within the building on a closed circuit – proof that the architecture of

1

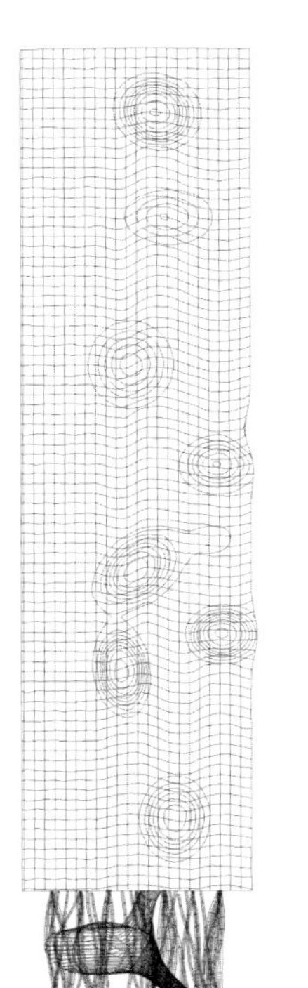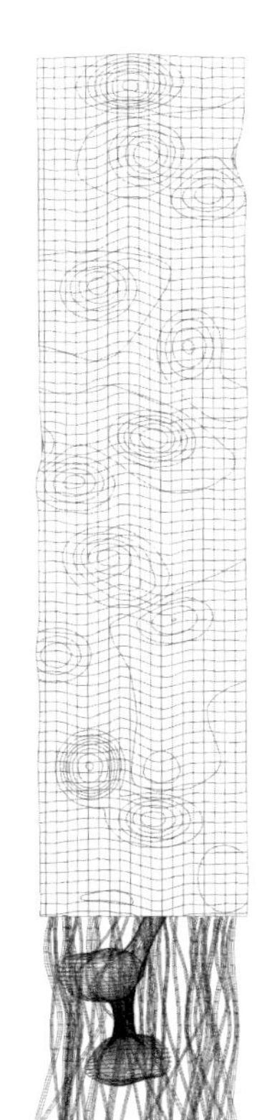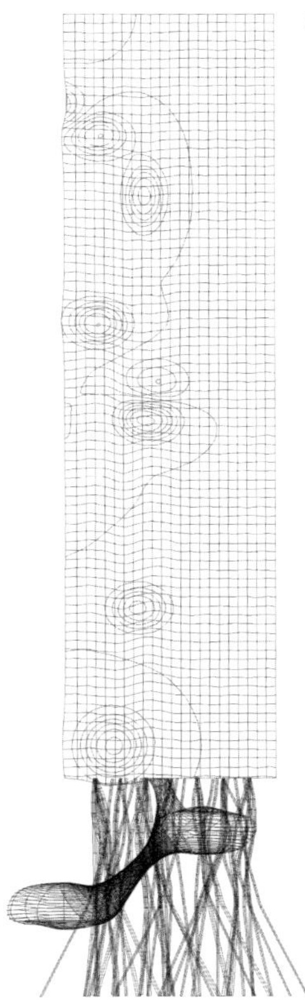

2

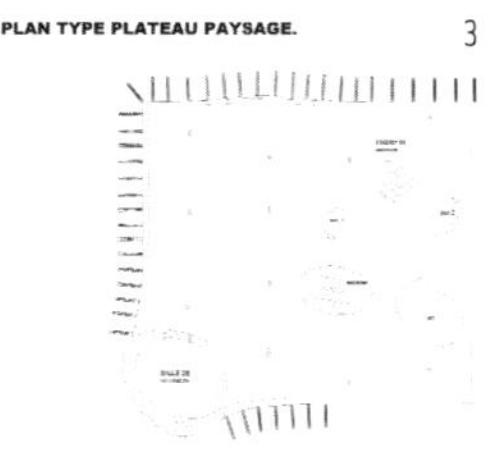

3

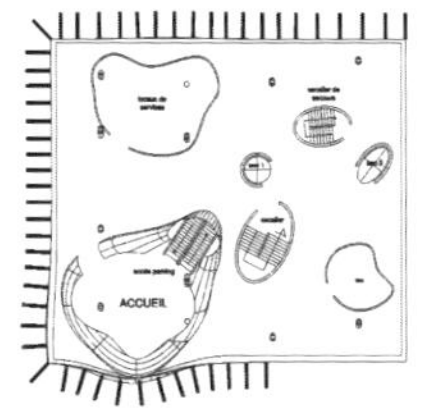

1. Évolutions progressives
de la façade.
2. Études de la façade.
3. Plan d'aménagements
des bureaux.
4. Études des évolutions
de façades.

1. Stages in the development
of the façade.
2. Façade designs.
3. Plan of office fittings.
4. Designs showing
development of the façades.

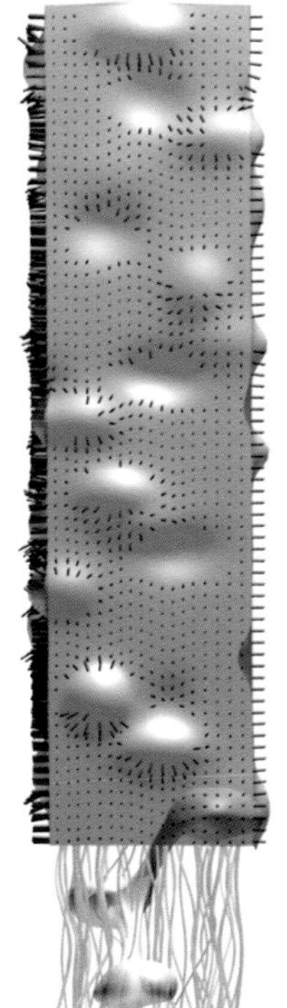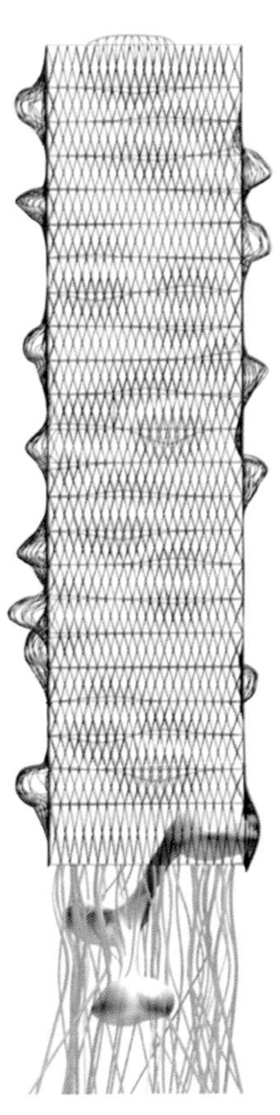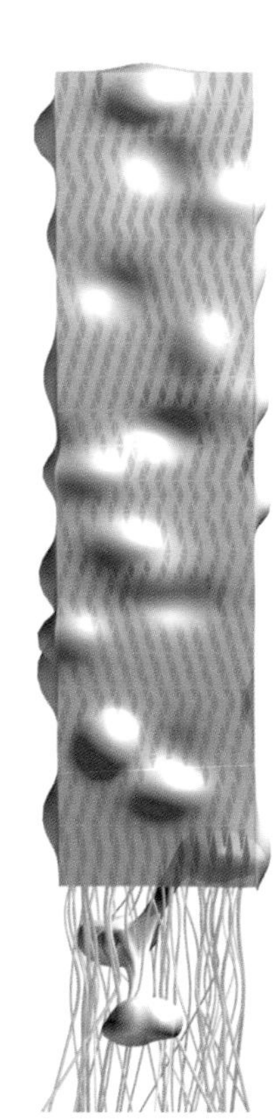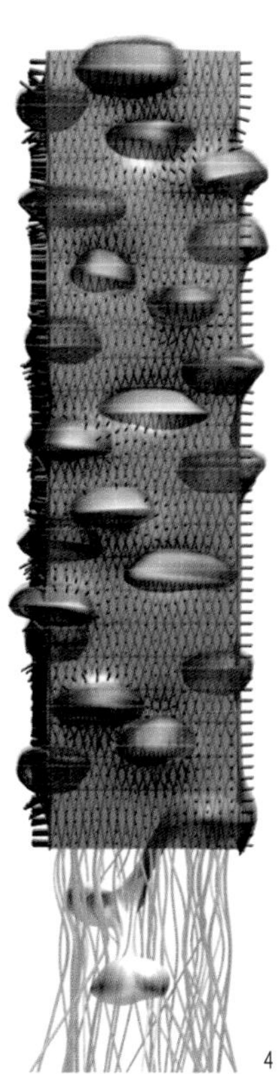

4

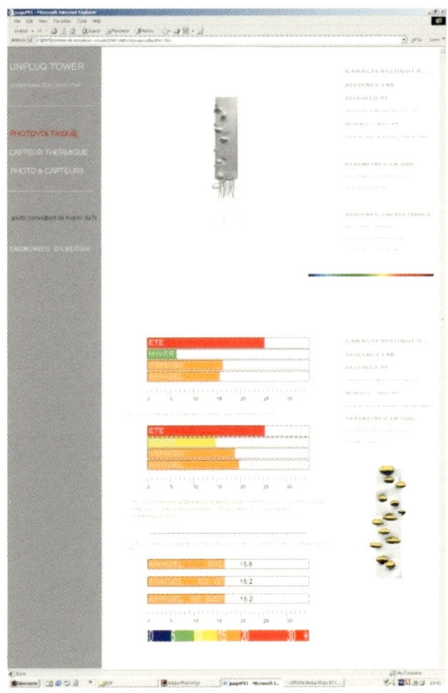

1

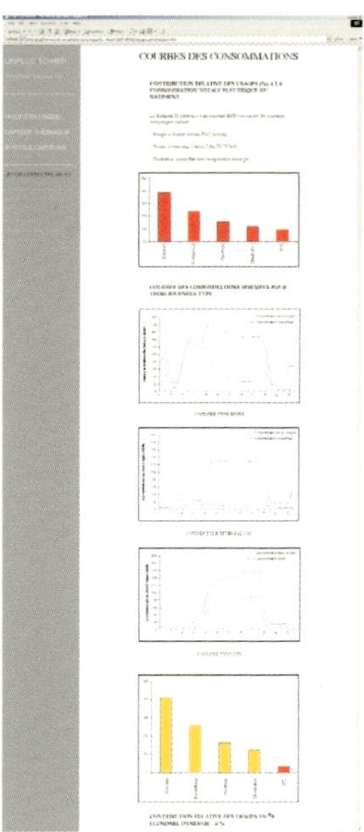

2

électrique, activer les mécanismes de chauffage et de climatisation
par récupération du rayonnement thermique sur les intrados des cellules
photovoltaïques ou par circulation d'eau chaude dans des capteurs.
De plus, à l'intérieur de l'immeuble, les parties hautes et basses des façades
sont largement ouvertes afin de créer une circulation verticale d'air,
mouvement susceptible de générer des énergies, tout en assurant
une certaine climatisation.

La structure de ces façades rideaux, en renfermant ainsi l'ensemble
des réseaux, fluides et électricité, permet et multiplie les échanges
dans le bâtiment en un circuit fermé où l'on peut vérifier que l'architecture
du *concept building* est, à la fois productrice et consommatrice d'énergie.
Enfin l'immeuble est déconnecté du sol de la ville afin d'illustrer et d'affirmer
sa relation (*plug* ou *unplug*) au réseau urbain.

Dans sa conception le *[un]plug building* cherche à introduire les nouvelles
organisations tertiaires liées à la domesticité. En effet, l'évolution de la société
et des technologies de communication (développement de l'informatique,
internet, téléphonie mobile) encouragent ces récentes années de nouvelles
attitudes : le travail délocalisé et le *Friday's wear*, l'un consistant à travailler
à domicile, l'autre proposant de « vivre » au bureau. Ce dernier s'étant
particulièrement répandu dans les *Start up*, (jeunes pousses) entreprises
de la « nouvelle économie », au développement rapide, gérées par de très
jeunes patrons, et dans leur grande majorité liées aux nouvelles technologies
et aux fluctuations des marchés boursiers.

S'agit-il d'un des derniers avatars du « capitalisme triomphant »
ou d'un immeuble « mutant » pour un nouveau mode de vie ? Parions que
cette architecture en 4D, multiforme, flexible, fluide, élastique, qui associe
les matériaux et les technologies les plus divers et sophistiqués, prône
l'hypercomplexité pour favoriser les aspirations et l'idéologie libertaire
d'une nouvelle société, elle-même en pleine mutation.

the *concept building* is both a producer and a consumer of energy.

Finally, the building is detached from the soil of the town to illustrate
and affirm its relationship (*plug or unplug*) with the urban network.

In its design the *[un]plug building* aims to introduce new forms of service
sector organisation and their relationship with domestic life. In recent years
the development of society and communications technology (the computer,
the Internet, the mobile phone) has brought about changes of attitude: teleworking and *dress-down* Friday, the first being work at home, the second
"living" in the office. The latter is especially widespread in the start-up
enterprises of the "new economy", which develop rapidly, are run by very
young owners, and which are mainly related to the new technologies and
the fluctuations of the stock markets. So are we dealing with one of the last
metamorphoses of "triumphant capitalism" or a "changing" building for a new
lifestyle?

The likelihood is that this 4D architecture, multiform, fluid and flexible,
which brings together the most varied and sophisticated materials and
technologies, will reject over-complexity in favour of the aspirations and
liberal ideology of a new society that is itself in the process of change.

1. Études comparatives.
2. Recherches sur les façades.
3. Capteur solaire souple à l'extérieur des excroissances de façade.
4. Intérieur d'un étage courant.
5. Détail d'une excroissance de façade.

1. Comparative study.
2. Research on the façades.
3. Flexible solar collector on the outside of façade projections.
4. Interior of a standard floor.
5. Detail of a façade projection.

Détails de la maquette d'étude.
Details of the study model.

Jean-Marc Ibos & **Myrto Vitart**
architectes/architects, Paris

Discrète autosuffisance
Unobtrusive Sustainability

Les maîtres d'ouvrage ne considèrent généralement leurs terrains qu'en fonction de rentabilités potentielles. Ils entendent y construire tout ce que les règlements permettent et ils définissent des gabarits que les architectes doivent respecter. C'est là une règle intangible que nous avons transgressée en n'utilisant, dans le projet de siège social pour l'Organisation mondiale pour la protection intellectuelle (OMPI), à Genève, qu'une partie du site. Nous l'avons en effet inscrit dans deux cylindres, c'est-à-dire dans deux volumes n'occupant qu'un minimum de surface au sol pour un maximum d'espace construit. Le site s'y prêtait de fait : très étroit, arboré et cerné de bâtiments d'échelles et de nature différentes, il convenait mal au grand geste architectural, à l'emphase attendue du siège de l'Organisation mondiale pour la protection intellectuelle (OMPI).

Le siège d'une organisation internationale ne saurait aujourd'hui prétendre au déclamatoire monumental ou aux tristes neutralités des immeubles de bureaux ; il présuppose cependant une nécessaire distinction architecturale, certaines élégances formelles et une propension particulière à la neutralité, à l'universalité et, dans l'esprit du temps, au respect des environnements, voire à l'autosuffisance. C'est donc un projet à la fois prestigieux et intelligent, un bâtiment qui s'inscrit harmonieusement dans son site, répond aux attentes des usagers tout en appliquant discrètement, mais avec grande efficacité, plusieurs principes de Haute Qualité Environnementale.

Si l'architectonique du projet et la structure de chaque cylindre répondent à des règles de statique, elles sont aussi conçues en fonctions de systèmes climatiseurs. Les vides cylindriques occupant le cœur de chaque bâtiment fonctionnent en puits de lumière, d'aération et de fraîcheur ; de profonds canaux, prolongeant en sous-sol la base de ces puits, les alimentent en frigories et refroidissent ainsi les espaces de travail. Ce système est coordonné avec celui des façades à double peau isolante : un double vitrage dont l'extérieur est, suivant les orientations, diversement sérigraphié en miroir. Les réductions d'apports énergétiques sont ainsi réduites de 40 %, une réduction relativement importante compte tenu des moyens mis en œuvre, de leurs simplicités mécaniques et de leur pleine intégration aux bâtiments. Ces systèmes d'autorégulation ont fortement joué sur la formulation du projet et pourraient globalement la justifier ; ils n'en sont pas cependant la principale raison.

L'architecture, celle très particulière des projets autosuffisants, ne saurait se plier aux seules exigences techniques et fonctionnelles du programme. Les sophistications technologiques n'étonnent plus ; elles sont aujourd'hui courantes, omniprésentes, et leurs affirmations et mises en spectacle n'ont plus de raison d'être. Elles tendent donc à l'abstrait, s'estompent dans le construit ou disparaissent pour laisser aux architectes leurs pleins pouvoirs de formulation et d'expression. Le programme n'est plus alors qu'une donnée initiale, un texte à interprétations diverses. Chacun l'aborde différemment pour le transcrire en réalités possibles, tente de s'en affranchir avant de les réintégrer en un projet viable. L'architecture n'est et ne sera jamais une discipline scientifique ; le serait-elle d'ailleurs que ses incertitudes et ambiguïtés perdureraient.

Clients usually consider their land in terms of profitability. They aim to build everything the regulations allow and they lay down templates with which the architects must comply. This is the sacrosanct rule that we have broken in this project, in using only part of the site. We have fitted it into two cylinders, that is, in two volumes occupying only a minimum of the land surface for a maximum of built space. The site lent itself to this: very narrow, wooded, and surrounded by buildings of various sizes and types, it was unsuited to the grand architectural gesture of the kind expected for the registered office of the World Intellectual Property Organisation (WIPO).

The registered office of an international organisation should no longer aspire to be a monumental statement, though it need not conform to the dismal neutrality of office blocks; however, it requires a certain architectural distinction, some formal elegance, a neutrality that is really universality, and, in the spirit of the times, it should respect its surroundings and even be self-sufficient. So this is a project that is both prestigious and intelligent, a building that fits harmoniously into its site and attends to the needs of its user by applying unostentatiously, but very effectively, several High Environmental Quality principles.

Although the architectonics and structure of each cylinder conform to the rules of statics, they are also designed in relation to air-conditioning systems. The empty cylinders at the heart of each building function as light, air and cooling wells; deep channels extending underground at the base of these wells feed them with cold air and thus cool the work spaces. This system is coordinated with the double insulation skin of the façades: double glazing, the exterior of which is, depending on its orientation, reflectively serigraphed in a variety of ways. Energy supply is thus reduced by 40 %, a considerable saving given the methods used, their mechanical simplicity and their full integration with the buildings. These self-regulatory systems have played a large part in the formulation of the project and might provide a general justification for it; however, they were not the main rationale.

Architecture, especially that of sustainable projects, should not accommodate itself solely to the technical and functional demands of the programme. Today, technological sophistication is no longer a surprise; it is current and widespread, and there is no need to assert or display it. So it tends towards the abstract, blends with the building, or disappears, leaving architects their full powers of formulation and expression. The programme is no more than a starting point, a text open to various interpretations. Each architect approaches it differently to transform it into possible realities, trying to free him- or herself from it before forming the possibilities into a viable project. Architecture is not and never will be a scientific discipline; may its uncertainties and ambiguities be always with us!

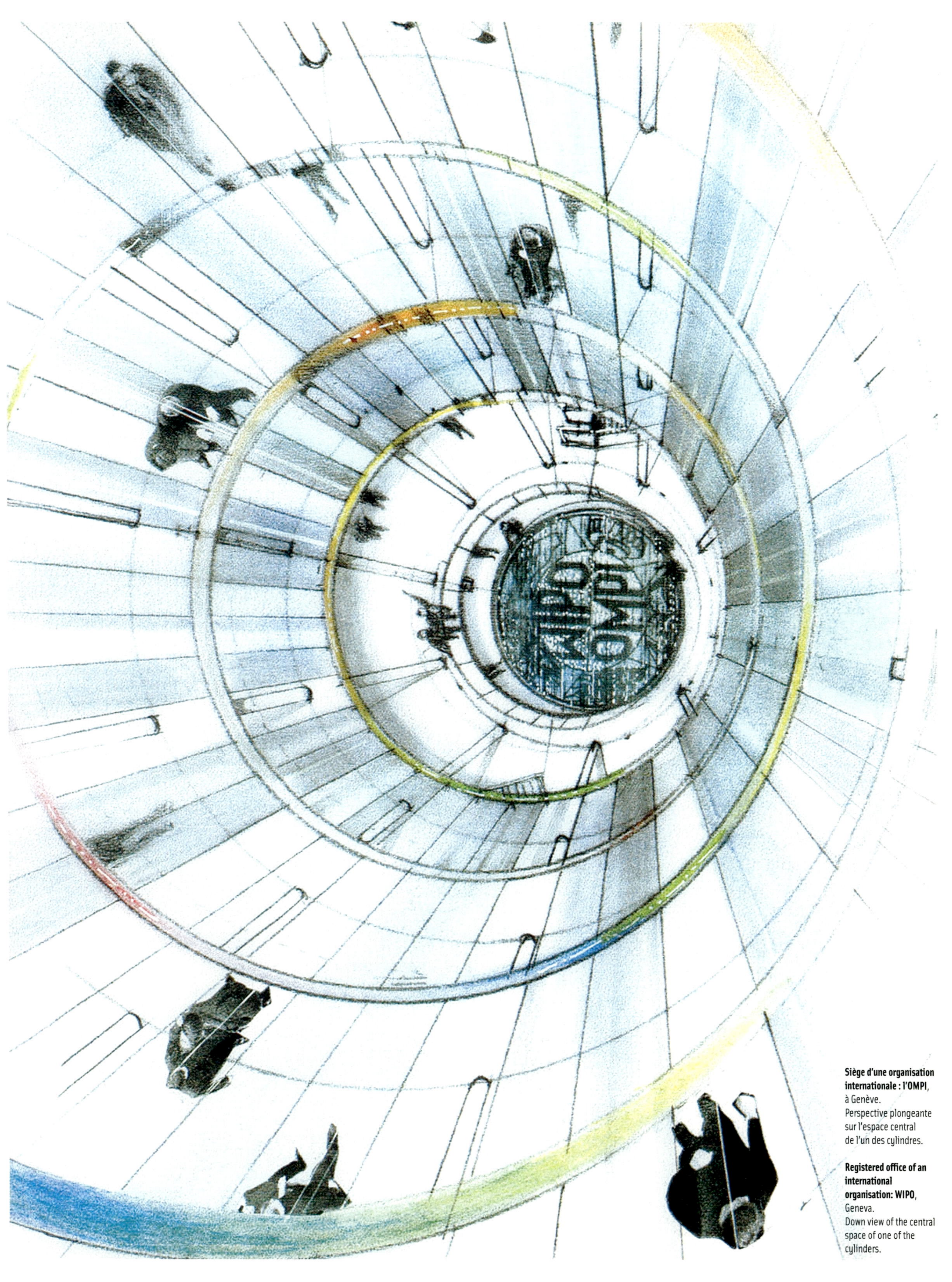

Siège d'une organisation internationale : l'OMPI, à Genève.
Perspective plongeante sur l'espace central de l'un des cylindres.

Registered office of an international organisation: WIPO, Geneva.
Down view of the central space of one of the cylinders.

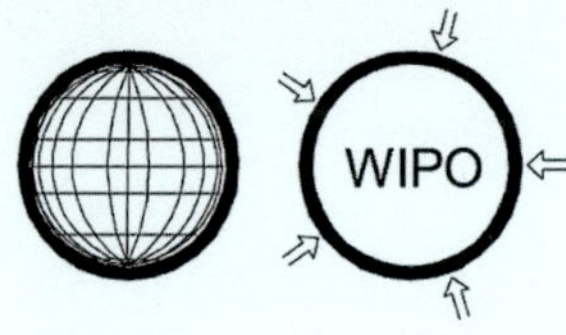

The WIPO is the place where all universal innovations converge.

MORE VIEWS

The geometry allows a positive relationship with the surroundings, in every direction.

MORE VEGETATION

The minimised foot-print allows for a fluid insertion in the planted site.

SCHEMAS - SERIE 1: INSERTION DANS LE PAYSAGE

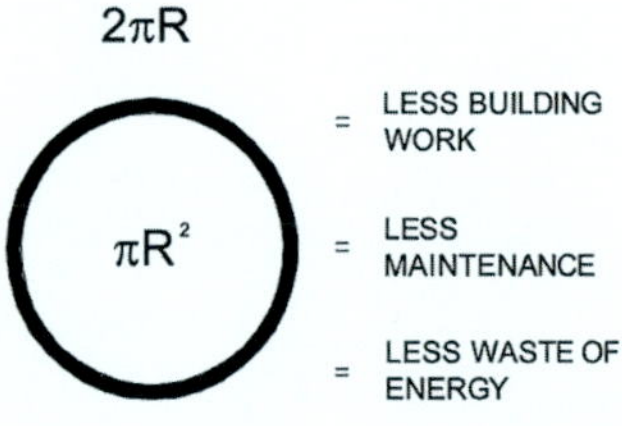

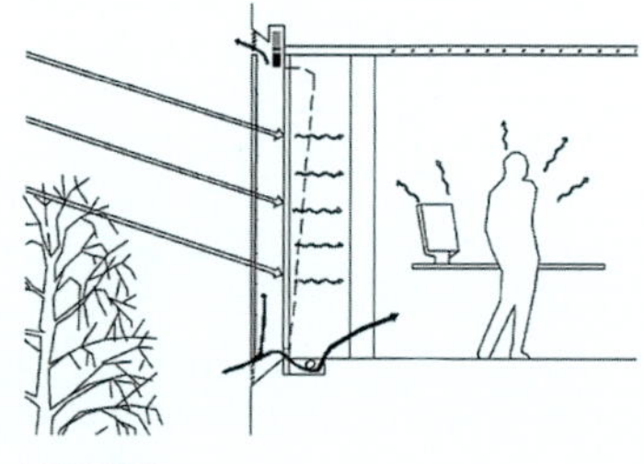

WINTER

The air from the outside is heated through the cavity of the double skin facade.

SUMMER

Option 1:
hot air is ventilated through the cavity of the double skin facade.
Option 2:
the external glass panels open up to reflect sunshine.

SCHEMAS - SERIE 2: PERFORMANCES ENERGETIQUES

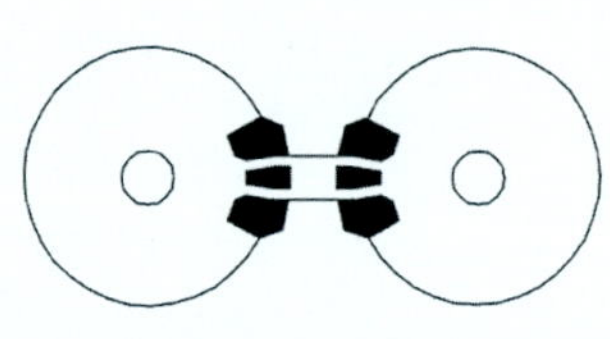

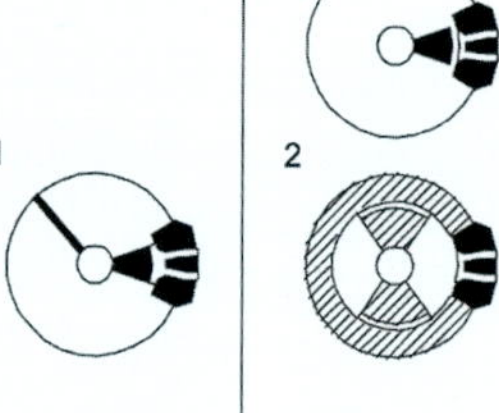

OFFICES: FREE FLOORS

The technical elements are concentrated in central cores in order to offer free floors.

FLEXIBILITY

1 A single floor can be shared by two independant departments.
2 The amount of offices and open working space can be balanced in many ways.

BASE MODULE

The 1,50m grid of the facade allows all sorts of partitionning for offices.

SCHEMAS - SERIE 3: FLEXIBILITE DES PLATEAUX DES BUREAUX

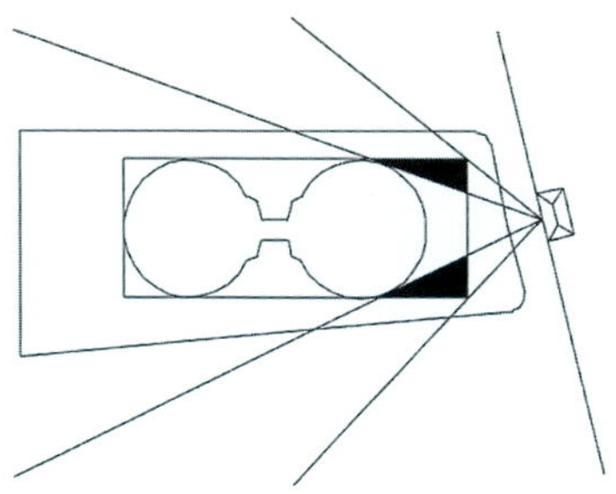

The scope of vision from the surrounding villas is enlarged.

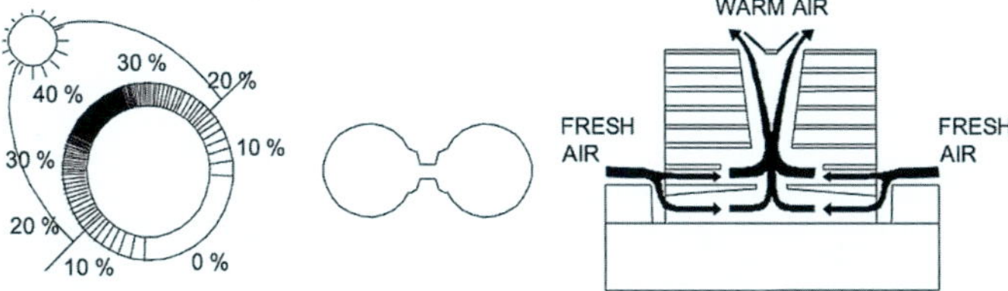

SOLAR PROTECTION

The clear glass of the facade is printed with mirror dots. Their density smoothly changes according to the orientation.

VENTILATION

The internal void allows for a natural ventilation of the common areas of the building.

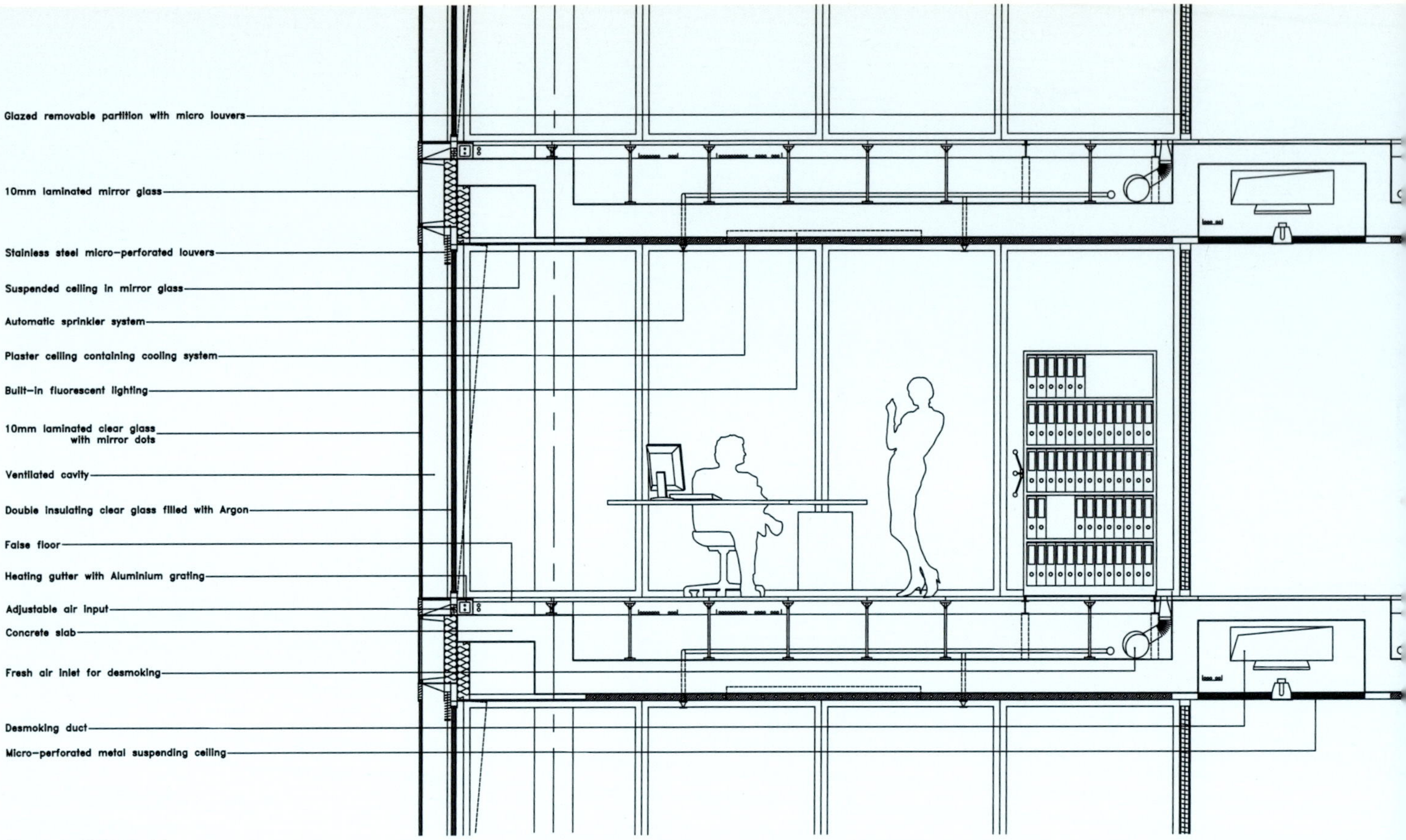

Glazed removable partition with micro louvers

10mm laminated mirror glass

Stainless steel micro-perforated louvers
Suspended ceiling in mirror glass
Automatic sprinkler system
Plaster ceiling containing cooling system
Built-in fluorescent lighting
10mm laminated clear glass
with mirror dots
Ventilated cavity
Double insulating clear glass filled with Argon
False floor
Heating gutter with Aluminium grating
Adjustable air input
Concrete slab
Fresh air inlet for desmoking

Desmoking duct
Micro-perforated metal suspending ceiling

Coupe sur un étage courant.
Section of standard floor.

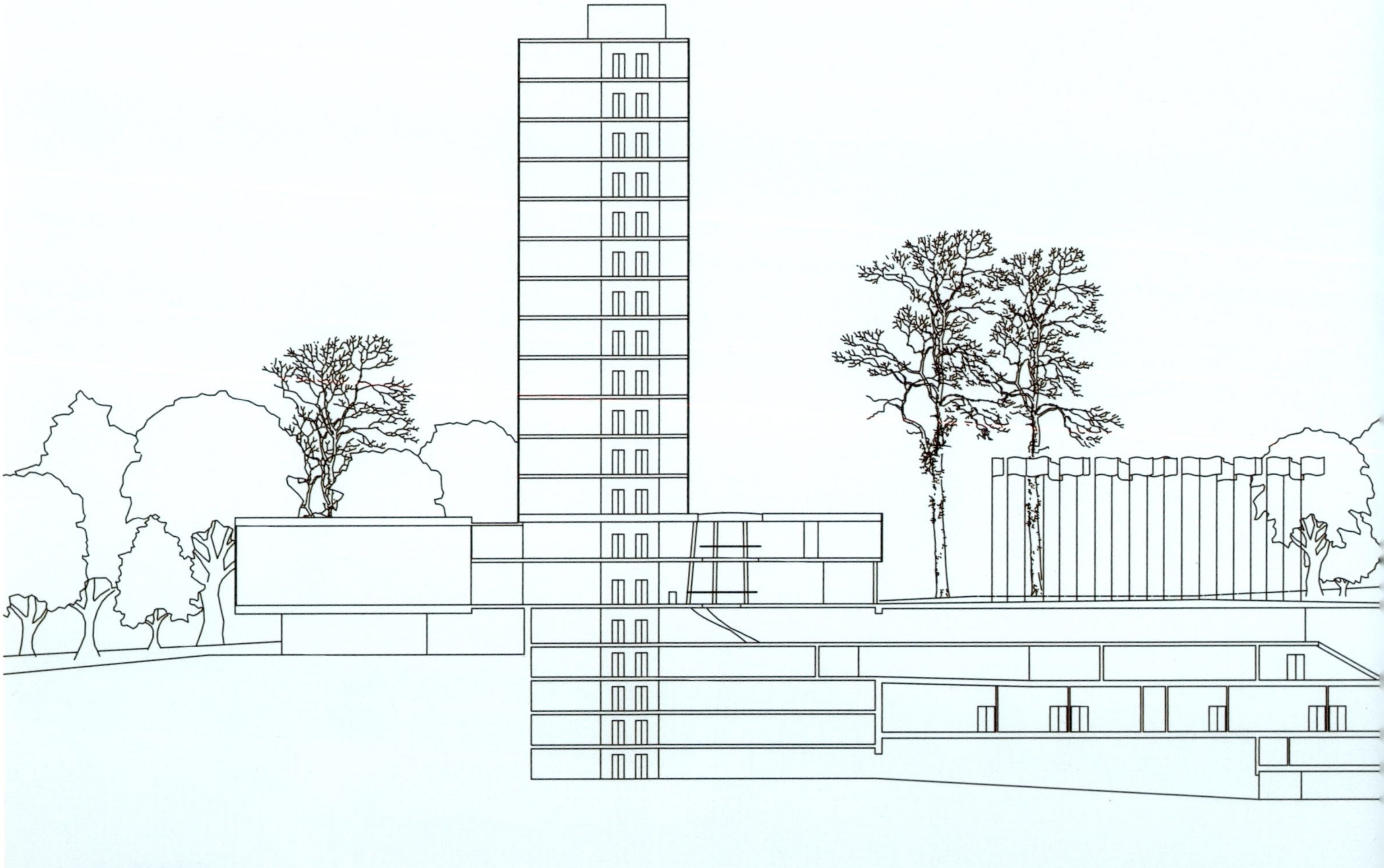

Coupe générale du projet.
General section of the project.

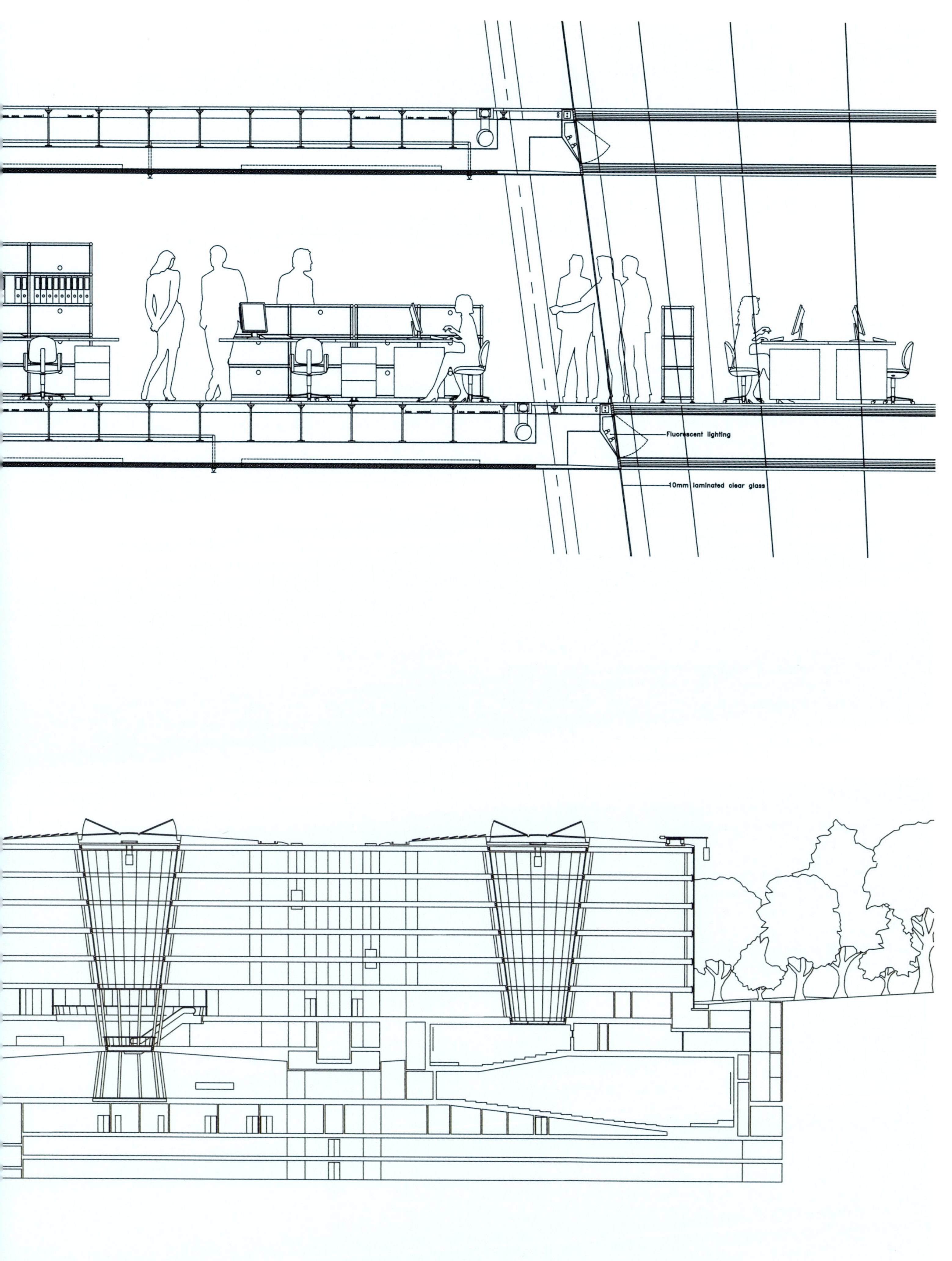

Fluorescent lighting
10mm laminated clear glass

François Seigneur & *Sylvie de la Dure*   architectes/architects, Arles

Sociologie, architecture et technologies
Sociology, Architecture and Technologies

Denain est une ville sinistrée. Les mines y sont fermées et les friches industrielles, des terrains vagues. Le centre en est dévitalisé et la majorité des habitants, au chômage. Conscient qu'aucune des solutions classiques, plan d'aménagement ou constructions d'HLM ne saurait aboutir faute de financement, le maire nous appelle et nous demande d'élaborer une politique originale de réaménagement

Nous entrons en contact avec quelques habitants et, discutant avec eux, nous réalisons qu'ils ne peuvent souvent plus entretenir leurs logements et lorsqu'ils en ont les moyens, ils l'utilisent de façon très particulière : des pièces de vie transformées en garage avec pont roulant ; peu de cuisine ou de salle de bains ; des chambres dans lesquelles l'habitant répare la mobylette qu'il a volée le jour même et revendra le lendemain. Que faire face à cette extraordinaire détresse ?

Commencer à priori par reconsidérer les problématiques et proposer un habitat mieux adapté au genre de vie des habitants. À Denain, les familles sont nombreuses et souvent d'origines multiculturelles. Il faut donc leur fournir de plus grands logis dotés d'espaces complémentaires, inventer un concept d'habitation entièrement nouveau, une organisation spatiale repensée. Nous les avons esquissés et dessinés, mais notre projet a finalement buté sur des questions de financement et de réglementation.

Un autre habitat

À Denain, l'impossibilité de construire des parkings en sous-sol nous a conduits à développer le premier principe de notre projet d'auto/logements : quel que soit son niveau, chaque logement doit être accessible en voiture par chaque habitant. A priori utopique, ce concept l'est moins – et donc plus réaliste – quand on considère globalement les questions d'accès au logement. Si l'on calcule combien coûtent les parkings en investissement et en entretien, le prix d'une voiture stationnant sur la voie publique, les dépenses annexes que sont les contraventions, détériorations et risques de vol, le prix d'un garage, on s'aperçoit que ces coûts globaux sont bien plus élevés que ceux que pourraient impliquer l'accès au logement d'une voiture par ascenseur et le raccordement direct de l'habitation au réseau de circulation automobile.

Les systèmes classiques n'offrent pratiquement aucune liaison claire entre l'autoroute et la cuisine ; si l'aorte est fluide, l'espace entre elle et l'appartement est des plus encombré et, par conséquent, difficile à traverser. Il convient donc de l'alléger, de le décharger, mais faire rentrer une voiture dans un appartement implique, au-delà des questions d'organisation spatiale ou d'architecture, celles des consommations d'énergie. Il convenait donc de les prendre en compte. Notre rencontre avec EDF nous a permis de comprendre comment les réduire, comment raccorder les logements aux réseaux énergétiques, tout en développant des sources autonomes d'énergie. Nous nous sommes aperçus alors que les impératifs du cahier des charges que nous nous étions fixés impliquaient une tout autre formulation architecturale, une autre manière de penser et d'organiser l'espace, une autre architecture de fait.

Denain is a blighted town. Its mines have been closed and industrial wastelands surround it. The centre is run-down and the majority of its population is unemployed. The mayor, aware that lack of funds makes the classic solutions, such as a development plan or council housing, impossible, asks us to draw up an original refurbishment policy.

We make contact with some of the inhabitants and through talking to them we realise that often they are unable to maintain their houses, and when they do have the money they use it in unusual ways: living rooms turned into garages with a travelling crane; little in the way of kitchens or bathrooms, but rooms in which the occupier repairs the moped he has stolen today and will sell tomorrow. What can be done in the face of such extraordinary hardship?

We began with an a priori reconsideration of the problems and proposed housing better suited to the life style of the inhabitants. In Denain families are large and often of multicultural origin. So it was necessary to provide them with larger houses containing additional spaces, to invent an entirely new design of house, to rethink completely the organisation of space. We made sketches and plans, but our project finally collapsed as a result of problems with financing and regulations.

A new dwelling

In Denain the impossibility of building underground car parks led us to develop the first principle of our project for housing with integral garaging: all residents must have car access to their dwellings, on whatever level these are located. At first sight utopian, this idea becomes more realistic when we consider the overall question of access to dwellings. If we calculate how much car parks cost in investment and upkeep, the cost of vehicle parking on the public highway, the associated expenses of fines and damage, the risk of theft, and the cost of a garage, we can see that the total cost is much higher than that of providing car access to the dwelling by means of a lift and a direct link between the dwelling and the road network.

Traditional systems provide no clear link between the motorway and the kitchen; the artery may be free-flowing, but the area between it and the apartment is seriously blocked and therefore difficult to cross. It must therefore be made easier and cleared; but to bring a vehicle into a flat raises, in addition to questions of spatial organisation and architecture, the issue of energy consumption. This has to be taken into account, and our meeting with Electricité de France enabled us to see how this consumption could be reduced, how the dwellings could be linked to the power distribution networks, while at the same time we developed self-sufficient energy sources. We realised then that the demands of the specifications we had set for ourselves required a quite different architectural formula, a new way of thinking about and organising space - in fact, a new architecture.

We have elaborated this idea of car access to all storeys down to the last detail, and established that it is feasible, reliable and economically sound. From it arose a series of projects that we have refined and tested. At the present time it is planned to put the idea into practice in an urban area of Marseille and build a prototype there that we are currently finalising.

BEURK!!!
LACOSTE
interbr
BMW
GEO
La Grèce
SON DIGITAL HR
Castrol
36-15 VW
TB
31
FeuVert
Boulangerie-Patisserie
LE JUPILER
PHARMACIE
LAVERIE
epicerie
Cafe-Bar
Boucherie-Charcuterie
24H/24 7J/7
chez Louise

Nous avons travaillé ce concept d'accession de la voiture à tous les étages
dans ses moindres détails. Nous en avons établi la faisabilité, la fiabilité et
la rentabilité. À partir de là, est née une série de projets que nous avons
affinés et testés. Il est aujourd'hui prévu d'en réaliser un dans une zone
urbaine de Marseille, d'y construire un prototype que nous mettons
actuellement au point.

Nous avons mené dans le même esprit, en appliquant les mêmes concepts,
l'étude de réhabilitation d'un patrimoine haussmannien à Marseille ;
nous y avons découvert que les cotes de ces bâtiments haussmanniens étaient
compatibles avec celles des voitures. Nous pouvions donc prévoir
des dispositifs permettant aux voitures d'accéder à tous les étages.
Nous n'étions cependant guère persuadés de la rentabilité d'une telle
opération dans un immeuble haussmannien, tant pour des questions
d'organisation interne des appartements, toujours difficiles à remodeler,
que pour les problèmes structurels posés par la surcharge des voitures.
La seule solution possible dans ces quartiers anciens, celle des parkings
souterrains reste à la fois onéreuse et dangereuse. Il nous faut donc parier
qu'à l'avenir les voitures s'allégeront et seront plus propres, moins polluantes.

Une autre architecture

Des éoliennes placées sur le toit peuvent et doivent radicalement réduire
les coûts énergétiques d'un immeuble tout comme le font les vitrages isolants,
les piles à combustible ou les systèmes géothermiques ; ce sont là
des éléments qui visiblement ou non « font l'architecture ». Tous n'influent
pas directement sur la morphologie du bâtiment, mais tous concourent
à ce que nous pensons être l'architecture.

Nous pratiquons systématiquement la veille technologique et nous
nous informons sur tout ce qui serait susceptible d'améliorer l'autarcie
de ce projet. Nous avons ainsi découvert les filets capteurs de brumes et
de nuages dont nous envisageons l'emploi. L'eau du ciel ainsi captée pourrait
dans une certaine mesure économiser les processus de traitement d'eaux
usées qui sont généralement chers et peu efficaces. Ceci pour dire
que l'autarcie est l'un des éléments de cette architecture, d'une architecture
qui n'est pas uniquement formelle ou mécaniquement fonctionnelle,
mais comprend de multiples facteurs souvent discrets voire nouveaux.
Les moyens et techniques à mettre en œuvre sont généralement
très accessibles et les économies escomptées probablement substantielles
bien qu'elles soient difficiles à chiffrer avec précision. Cette conception
de l'architecture anticipe d'autres genres de vie. Peut-être annonce-t-elle
d'autres sociétés.

Un telle conception architecturale signifie qu'il ne nous est guère possible
de reprendre les plans types mécaniquement reproduits depuis cinquante ans
avec les mêmes normes de volumes et de surface. Ces normes sont
constamment réduites alors même que les besoins sont différents,
que les modes de vie évoluent et que la société s'enrichit. Ce n'est d'ailleurs
pas le plan qui nous intéresse, mais les modes de vie et les espaces
qu'il génère.

In the same spirit and applying the same ideas, we made a study for the
rehabilitation of a historical Haussmann building in Marseille. We discovered
that the dimensions of this building were compatible with those of cars. So it is
possible to foresee arrangements giving cars access to all storeys. However,
we were not convinced of the economic soundness of such an operation in a
Haussmann apartment block, both because of questions of the internal
organisation of the apartments, which are always difficult to remodel, and
because of the structural problems posed by the extra weight of the cars.
The only possible solution in these older quarters, underground parking, is
both expensive and dangerous. So we have to hope that in the future cars will
come to weigh less and be cleaner and produce less pollution.

A new architecture

Wind turbines located on the roof can, and indeed must, radically reduce
the energy costs of a building, just as double glazing, fuel cells and geothermal
systems have done. These are elements, whether visible or not, that are
properly matters of "architecture". None of them directly influences the shape
of the building, but they all relate to what we think of as architecture.

We systematically monitor technical developments, but we keep ourselves
informed about anything that might improve the sustainability of the project.
Thus we have discovered nets that capture mists and clouds, for which we can
foresee a use. Water from the sky might, to some extent, economise on
traditional water treatment processes, which are usually expensive and
inefficient. All this means that self-sufficiency is one of the elements of this
architecture – an architecture that is not merely formal or mechanically
functional, but includes a multiplicity of factors, often novel and unconnected
with each other. The means and the techniques to be used are generally very
accessible and the economies that can be achieved are probably substantial,
though difficult to calculate precisely. This idea of architecture anticipates new
life styles. Maybe it is a precursor of new societies.

Such a conception of architecture means that we cannot fall back on the
routine plans mechanically reproduced over the last fifty years, all with the
same volume and surface standards. These standards are constantly reduced,
whereas needs change, life styles develop, and society becomes richer.
Moreover, it is not the plan that interests us, but the life styles and the spaces
they generate. In our project the entrance door no longer represents the
separation of the public and the private, as it generally does. You are already
home when your car enters the lift that deposits it – and you – in your flat.

It can also lead to the idea of the roof terrace as a collective space that is
nevertheless divisible into islands of small suspended "workers" gardens. The
property is no longer merely a collection of demarcated surfaces, but a totality
of areas and utilities. The formula makes possible, for example, the
management of communal gardens, wind turbines and other technological
devices.

The plan of the flat, then, is of less importance: in fact, they will all be open
plans. We do not believe we have the right to impose a particular organisation
of space, a particular aesthetic, or to exert pressure on the taste of the
consumer. Taste is by definition a personal matter, and experience has taught

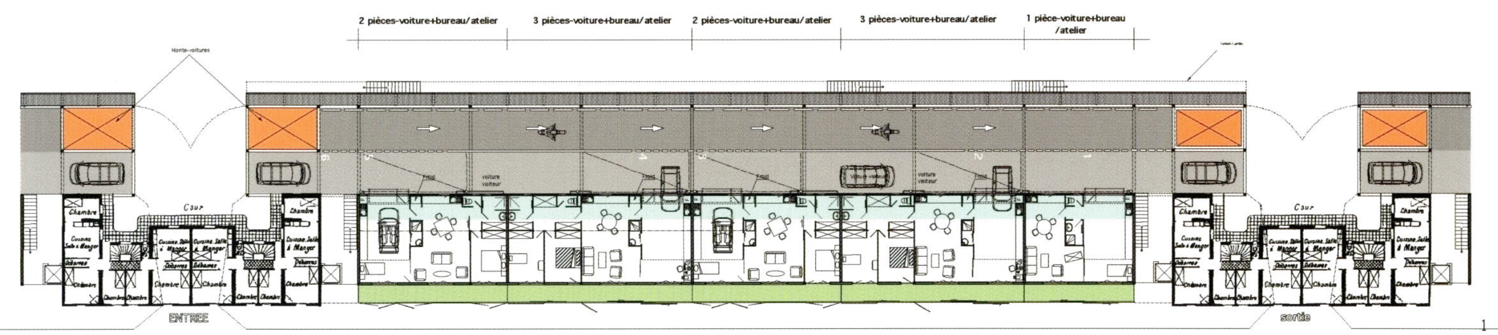

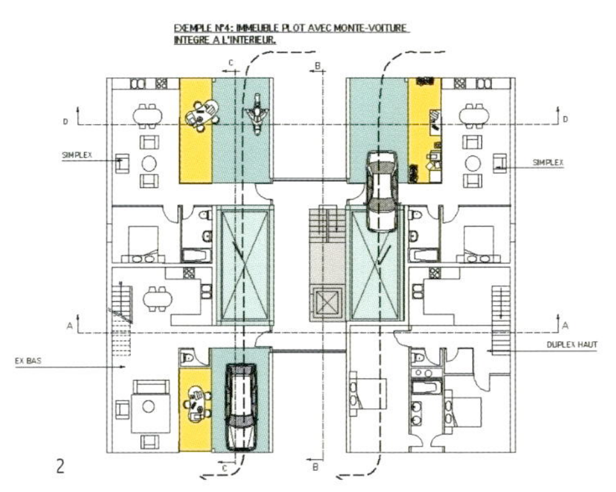

1. Plan d'étage type.
2. Principe de circulation.
3. Coupe type du bâtiment.
4. Circulation extérieure.

1. Standard floor plan.
2. Principle of traffic movement and garaging of cars.
3. Standard section of the building.
4. Exterior traffic movement.

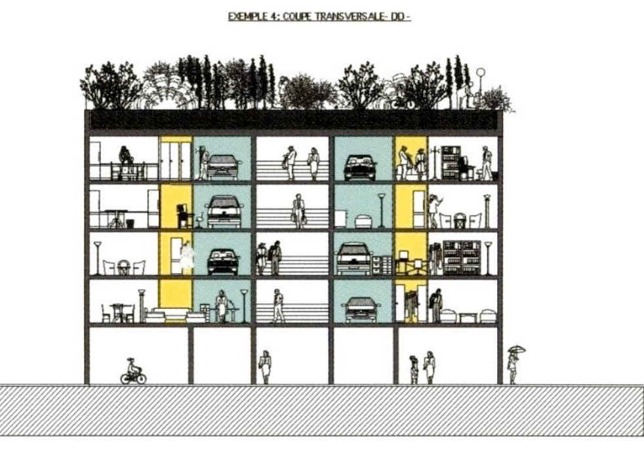

Dans notre projet, la porte d'entrée ne marque pas la séparation entre public et privé comme elle le fait généralement. Vous êtes déjà chez vous quand votre voiture prend l'ascenseur privé qui la dépose – avec vous – dans votre appartement. Elle peut aussi vous conduire jusqu'au toit-terrasse, espace collectif, divisible cependant en îlots de petits jardins « ouvriers » suspendus. La propriété ne s'y borne plus à des surfaces délimitées, mais se définit par la disponibilité d'un ensemble de lieux et de moyens. Une formule qui permet par exemple de gérer les jardins communs, les éoliennes et autres objets technologiques.

Le plan d'appartement n'a alors qu'une moindre importance : tous seront en effet des plans libres. Nous ne nous reconnaissons pas le droit d'imposer une quelconque organisation spatiale, une quelconque esthétique et de jouer sur le goût des usagers. Le goût est, par définition, affaire personnelle et notre expérience nous a appris qu'une somme hétérogène de goûts est toujours source de richesse. L'hétérogène est un terreau bien plus fertile que les froideurs administratives classiques.

Pratiquement, nous projetons chaque appartement comme une structure montée sur un plateau, une structure dont les peaux sont faibles et toutes différentes. Chacun peut les modifier à son gré, déplacer ses fenêtres et changer les matériaux des cloisons. Nous proposions dans l'une de nos premières esquisses vingt-sept éléments différents, mais nous avons depuis opté pour une totale liberté de choix, une absence de contrôle qui, à l'évidence, ne pourrait être que positive. Les habitants seront entièrement libres d'aménager les intérieurs de leurs structures avec pour seule contrainte une trame générale et l'épaisseur du bâtiment. Ils pourront, avec leur voiture, apporter leurs équipements domestiques directement dans l'appartement et les installer à leur gré. La cellule d'habitation classique est aujourd'hui d'autant moins viable que, depuis un demi-siècle, ces équipements se sont multipliés, qu'ils ont évolué et sont, dans bien des cas, devenus indispensables, mais ce n'est pas là une fatalité. Des alternatives sont possibles : le moteur de la voiture peut, par exemple, faire tourner la machine à laver ou alimenter le congélateur et si la voiture est électrique, la recharge du véhicule peut se faire dans l'appartement. Ce n'est là qu'une question d'imagination et d'organisation.

Gestions privées ou collectives ?

Les libertés individuelles signifient gestion collective, mais il n'est pas question de développer ce projet en kolkhoze. L'expérience nous a montré que, contrairement aux idées rigoristes et figées de l'administration, les gens ont toujours des idées intelligentes et qu'ils savent très généralement ce qu'ils veulent et comment ils entendent vivre. L'extrême liberté que permettent le projet et le fait que, dans un milieu urbain dense, nous introduisions une entité de moindre densité, un ensemble agréable à vivre, intéressent actuellement le public. Certains nous critiquent sur ce point, mais les questions de densités urbaines sont pour nous et par définition, relatives ; elles sont aussi dans notre projet sujettes aux hauteurs de plafond. Pour raisons d'économie, les hauteurs sous plafond sont généralement de 3 m. L'application stupide de normes administratives

us that a variety of tastes is always a source of enrichment. Variety is a much more fertile growing medium than the chilly administrative prescriptions of the past.

In practice, we plan that each flat shall be a structure mounted on a platform, a structure whose skins will be fragile and all different. Occupants can modify them at will, reposition the windows or change the materials of the partitions. In one of our earlier sketches we proposed twenty-seven different elements, but since then we have opted for total freedom of choice, an absence of control that, clearly, can only be positive. The occupants will be entirely free to arrange the interiors of the structure, the only constraint being its general outline and depth. With the car they can bring their domestic equipment straight into the flat and install it wherever they wish. During the last half-century the traditional flat compartment has become less and less viable, in that this equipment has multiplied and developed, and in many cases become indispensable. But this is not a misfortune. Alternatives are possible: for example, the car engine might run the washing machine or power the freezer, and if the car is electric it can be recharged in the flat. It is simply a question of imagination and organisation.

Private or collective management?

Individual liberties require collective management, but there is no question of developing this project as if it were a collective farm. Experience has shown us that, contrary to the inflexible and stick-in-the-mud ideas of the authorities, people always have intelligent ideas and usually know what they want and how they want to live. The extreme freedom allowed by the project and the fact that, in a densely populated urban environment, we introduced a lower density factor, is at present of great interest to the public. We have been criticised here, but questions of urban density are to us, by definition, relative; in our project they are also subject to ceiling height. For economic reasons, below-ceiling height is usually three metres. Unthinking application of administrative regulations sacrifices any visual and psychological wellbeing, although the regulations for the improvement of thermal and acoustic insulation currently allow us to fix the height according to requirements and thus to develop better living spaces and acceptable psychological conditions.

We therefore do not recommend any ceiling height in our specifications; we give standard heights that consumers may choose according to their ideas, tastes and sense of what is comfortable.

The notion of comfort is transitory, but, like freedom, it has an effect on architecture. Comfort and freedom directly influence architectural formulations – a view of architecture that might seem provocative, and probably is. Nevertheless, it is ours, the one we work by. Many people ask us how, in this project, we settle such-and-such aesthetic or technical problems – for example, what materials to use for the skin. We always reply that the skins will differ according to climate and the manufacturers who produce them. Although, as with people, the skins may be white, red, black or yellow, the basic structure, the skeleton will always be the same. The architecture will be polymorphous and functional, an architecture that evolves progressively and is therefore fertile. We see this building producing buds. For example, on the

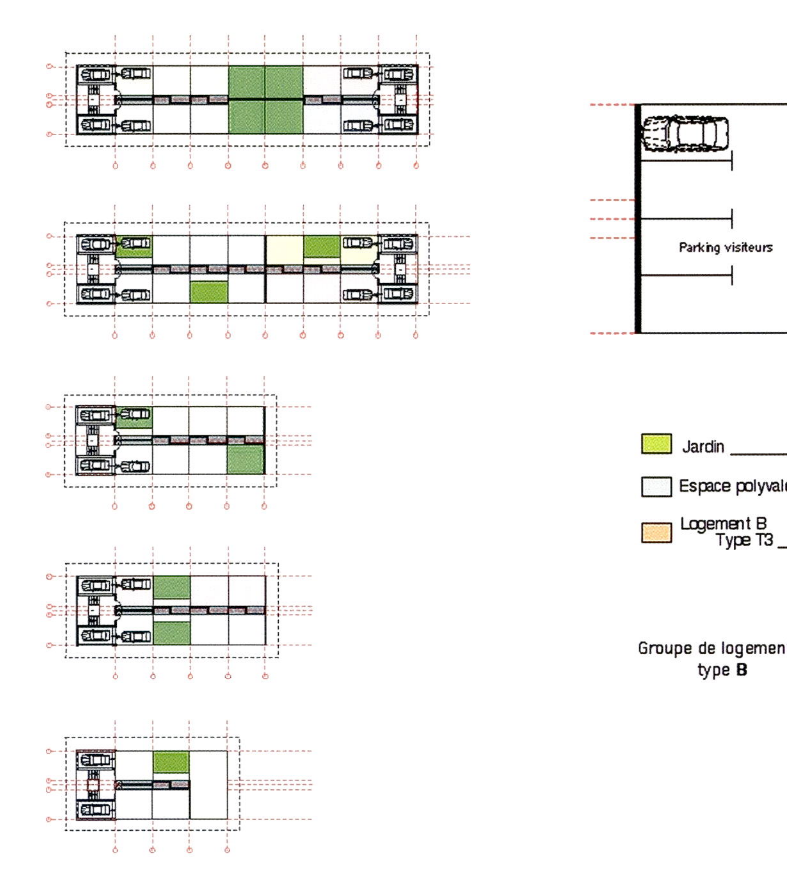

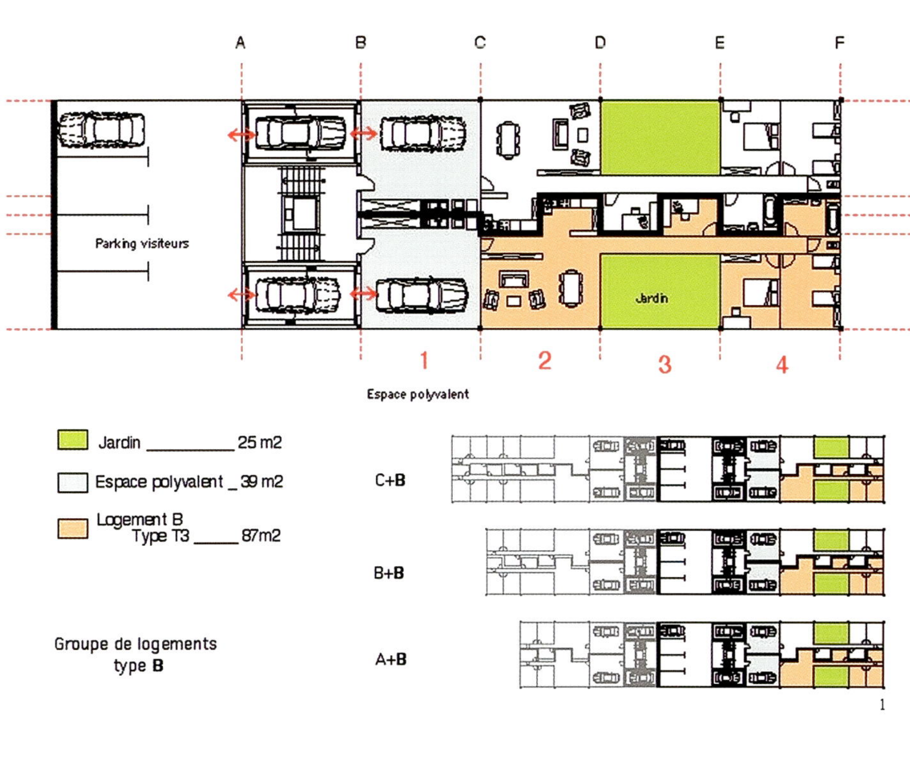

1. Plans schématiques
d'organisations
intérieures.
2. Perspective du projet.

1. Schematic plans of
interior organisation.
2. View of the project.

sacrifie tout confort visuel et psychologique, bien que les améliorations régulières des isolations thermiques et phoniques nous permettent actuellement de fixer ces hauteurs à la demande et de développer ainsi de meilleurs espaces de vie, d'acceptables conditions psychologiques. Nous n'imposerons cependant aucune hauteur de plafond dans nos descriptifs. Nous indiquerons cependant des hauteurs types que l'usager pourra choisir selon ses idées, ses goûts et ses conceptions du confort.

La notion de confort est transitoire, mais elle a, comme celle de liberté, une incidence sur l'architecture. Confort et liberté influent directement sur les formulations architecturales, une conception de l'architecture pouvant certes paraître provocante et qui probablement l'est. C'est néanmoins la nôtre, celle que nous appliquons. Beaucoup nous demandent comment, dans ce projet, nous résolvons telle ou telle question esthétique ou technique, quels sont, par exemple, les matériaux de la peau. Toujours nous répondons que les peaux diffèrent suivant les climats et les usines de production. Si, comme celles des hommes, les peaux sont blanches, rouges, noires ou jaunes, unies ou tachetées, la structure de base, le squelette sera toujours le même. L'architecture sera polymorphe et fonctionnelle, une architecture évolutive et donc généreuse. Nous voyons cet immeuble bourgeonnant. Y sont, par exemple, prévus en toiture des mètres carrés non utilisés, des surfaces qui vingt ans plus tard seront certainement occupées par des cabanons ou toutes autres constructions sauvages.

Les taux de vieillissement sont dans ce projet très relatifs. La structure de base a une durée de vie bien plus longue que celle des fenêtres ; elle doit donc être particulièrement solide et sera réalisée en béton, mais non en béton de ciment et acier doux. Des ingénieurs travaillent ce point et nous leur demandons d'innover. L'innovation est essentielle dans ce type de projet. Celles que nous développons ne peuvent répondre aux normes administratives, à celles notamment des appels d'offre « innovation/logement » que lance régulièrement le ministère. Quelle sorte d'innovation/logement l'architecte peut-il concevoir en s'associant, comme souvent demandé, avec un constructeur/promoteur ? Comment innover sans risque quand, comme chacun sait, les promoteurs hésitent à en prendre et que les commissions techniques ne sont pas toujours partantes en matière d'innovation originale ? Parler d'éoliennes en toiture ou de tout autre système que nous projetons, leur paraît incongru, et quand nous leur indiquons que nous travaillons avec des spécialistes, ils restent très timorés ! L'innovation véritable semble donc bloquée par des conservateurs officiels, mais l'architecture n'est-elle pas aussi d'essence conservatrice ? Nous n'en sommes guère certains. L'architecture pourrait, elle aussi, offrir d'immenses libertés, les moyens d'échapper aux modèles autoritaires et d'élaborer de nouvelles stratégies pour de nouvelles générations dont les modes de vie sont et seront différents.

roof many square metres will be unused, surfaces that in twenty years will surely be covered with sheds and other unplanned constructions.

The ageing rates in this project will be highly relative. The basic structure will have a longer life than the windows; so it must be especially strong and made of concrete, but not concrete made of cement and mild steel. Engineers are working on this question and we have asked them to come up with something new. Innovation is essential to this kind of project. What we are developing cannot comply with the regulations of the authorities, and especially not with those of the "building innovation" calls for bids that the Ministry is always launching. What kind of building innovation can the architect design when working, as is often required, with the entrepreneurial builder? How can one innovate without risk when, as everyone knows, entrepreneurs are loath to take any risks? What can be said about engineering committees whose lack of imagination or engineering knowledge puts a stop to anything that is truly innovative? To speak of wind turbines on the roof or any other system we are planning seems to them to be out of order, and when we say we are working with specialists they are quite bemused! So real innovation seems to be blocked by a conservative officialdom – though perhaps it is architecture itself that is essentially conservative? We are no so sure about that. Architecture could offer enormous freedom, the means of escaping from official models and drawing up new strategies for new generations whose life styles are, and will be, different.

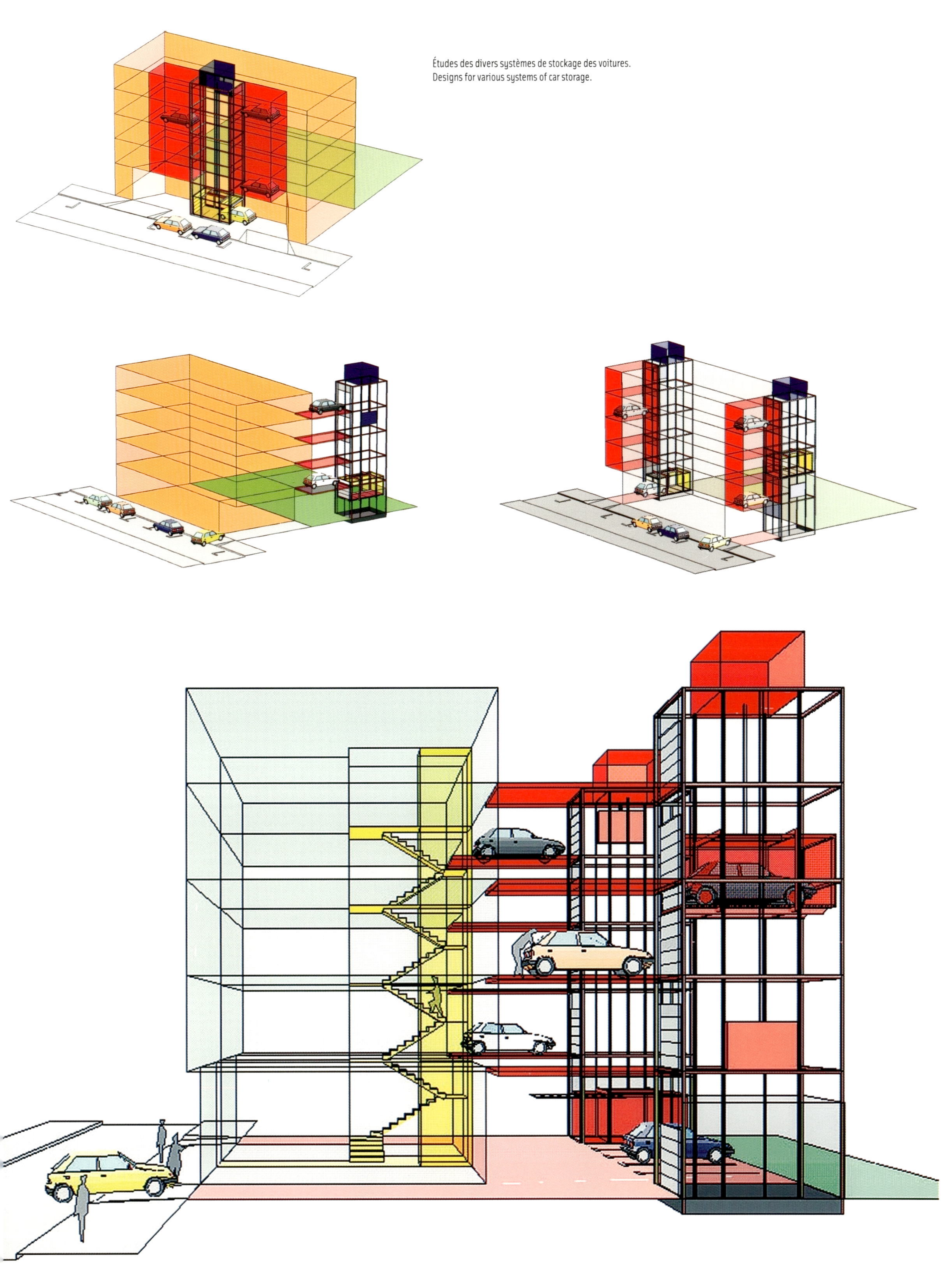

Études des divers systèmes de stockage des voitures.
Designs for various systems of car storage.

1

2

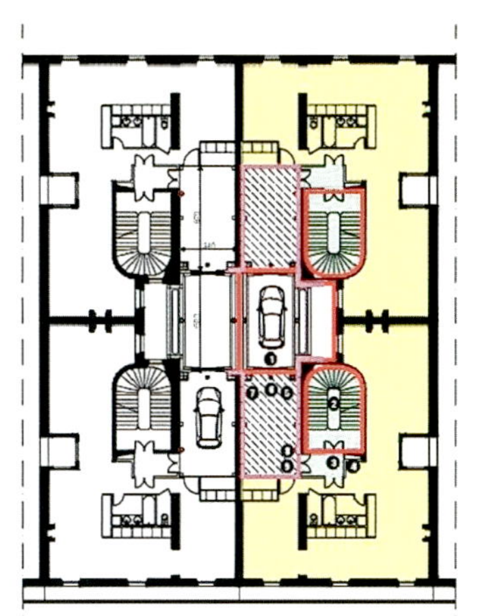

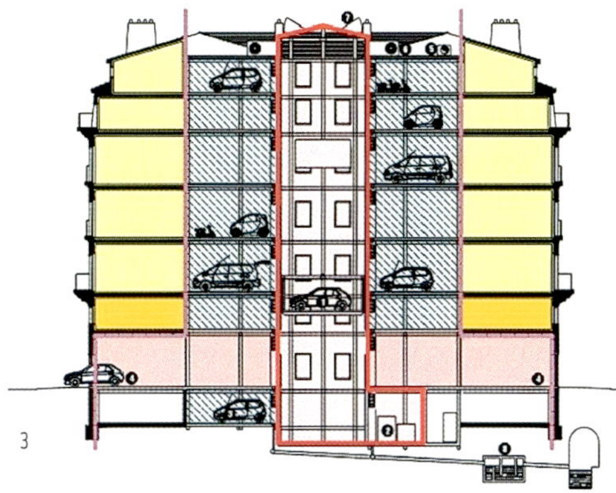

1. Simulations
des espaces intérieurs.
2. Scénario d'accès
dans un immeuble
haussmannien transformé
en auto/logement.
3. Plan et coupe d'un
immeuble haussmannien
transformé
en auto/logement.

1. Simulations of interior
spaces.
2. Access arrangements
in a Haussmann building
converted into housing
with integral garaging.
3. Plan and section of a
Haussmann building
converted into housing
with integral garaging.

3

Jacques Ferrier   *architecte/architect, Paris*

Du Concept Car au concept office
From the Concept Car to the Concept Office

L'espace de travail sera probablement un lieu de plus en plus important dans la vie quotidienne. Simultanément relié, grâce aux nouvelles technologies d'information et de communication, à la sphère du privé et à celle du travail, il risque de devenir un nouvel espace public. Il ne serait donc plus unifonctionnel, mais un endroit de rencontre et d'épanouissement au diapason du monde actuel. Les employés ne considéreront plus leur salaire comme seule justification de leur présence et de leurs performances sur les lieux de production, mais en attendront plus de services et d'agréments, de nouvelles opportunités. Le lieu de travail, le nouvel espace de production pourra ainsi jouer le rôle de lien social que ne jouent plus aujourd'hui ni l'habitat ni son environnement, c'est-à-dire la vie de quartier.

L'architecte a un rôle important à jouer dans cette mutation tant par ses compétences spatiales que par son regard attentif sur le monde actuel. Il a donc charge de les anticiper et de les formaliser, de développer un *concept office* selon les mêmes processus qu'appliquèrent les designers des *concept cars* dans l'industrie automobile, c'est-à-dire en captant et en analysant toutes les idées et possibilités nouvelles, toutes les potentialités susceptibles d'améliorer les relations internes à l'entreprise, leur efficacité et celle de l'entreprise.

Le produit ainsi élaboré sera certes utopique, mais l'utopie n'est valable que réaliste et le *concept office*, un projet intégrant l'ensemble des innovations présentes et prévisibles tant à l'intérieur des espaces projetés qu'à l'extérieur : il intègre les modes et moyens de gestion d'économie d'énergie et d'utilisation maximale des technologies disponibles. Les formulations d'ambiances, les aménagements spatiaux y sont primordiaux ; ils diffèrent radicalement des systèmes classiques tels des espaces servant de bureaux et salles de réunion desservis eux-même par des couloirs et circulations verticales. N'étant plus cantonnés aux tristes neutralités des bureaux uni ou pluripersonnels, les hommes et les femmes pourront y évoluer librement et s'installer à leur convenance. Lieu de convivialité, d'échanges et d'information, l'entreprise devient ainsi espace de meilleure production.

Un tel projet résulte à l'évidence des possibilités développées par l'informatique en un temps relativement court et des systèmes de réseaux et facilités de communication qu'elle permet et promet. L'usage de ces possibilités aura été aisément maîtrisé, mais n'a jusqu'à présent provoqué aucune réflexion fondamentale quant aux aménagements spatiaux adéquats. L'originalité des nouveaux instruments, leurs facilités d'emploi et les pratiques opératoires qu'ils ont et vont générer produiront obligatoirement de nouvelles morphologies architecturales ; des architectures à penser dont les paramètres resteront longtemps imprécis tant leur évolution est rapide. Leurs programmes, leur esthétique et leur formulation sont donc entièrement à imaginer, une démarche prémonitoire, similaire en bien des points à celles que firent en leur temps les Constructivistes, les Le Corbusier, Archigram et autres grands acteurs des architectures modernes et contemporaines.

The workspace of the future is likely to be one of the most important places in daily life. Linked by the new computer and communications technologies to both the private and the work spheres, it may also become a new public space. So it will no longer be unifunctional, but a place of meeting and fulfilment in tune with the modern world. Employees will no longer consider their salaries as the sole reason for their presence or for the work they do there, but will expect it to provide more services and attractions, new opportunities. The place of work, the new scene of activity, will thus play a social role that is no longer provided for by the home and the environment, the life of the district.

The architect has an important part to play in these changes, both as an organiser of spaces and because he or she looks at the modern world with great attention. So the architect has a duty to anticipate changes and give them form, to develop a concept office using the same procedures as the designers of concept cars in the motor industry; that is, by seizing and analysing all new ideas and possibilities, everything that might potentially improve the internal relationships in a business, their effectiveness, and that of the business itself.

The resulting product will certainly be utopian, but the utopian is only valid if it is realistic; the concept office, a project combining all present and foreseeable innovations, in terms of both internal and external spaces, will bring together methods and means of energy saving and the maximum use of available technologies. The lay-out of areas, the spatial arrangement, is crucial here; and it will differ radically from the traditional systems of spaces that fulfil a function of offices and meeting rooms served by corridors and vertical traffic movement. Since they will no longer be billeted in the sad neutrality of single or several-person offices, men and women will be able to move about freely and use the space as suits them. As a place that is user-friendly and allows for inter-action and the exchange of information, the enterprise becomes a space for improved productivity.

Clearly such a project grows out of the development, over a very short period of time, of the computer and the network and communications systems it makes possible and promotes. It has been easy to imagine how to exploit these possibilities, but as yet there has been no radical thinking about suitable spatial arrangements. The nature of the new machines, what they can do and the working practices they generate, will make new architectural forms necessary; a considered architecture, the parameters of which may remain as unclear as the development itself is rapid. Such architectural programmes, their aesthetic and their formulation, have yet to be imagined, a forward-looking initiative similar in many ways to those taken in the past by the Constructivists, the Le Corbusiers, Archigram and other notable players in modern and contemporary architecture.

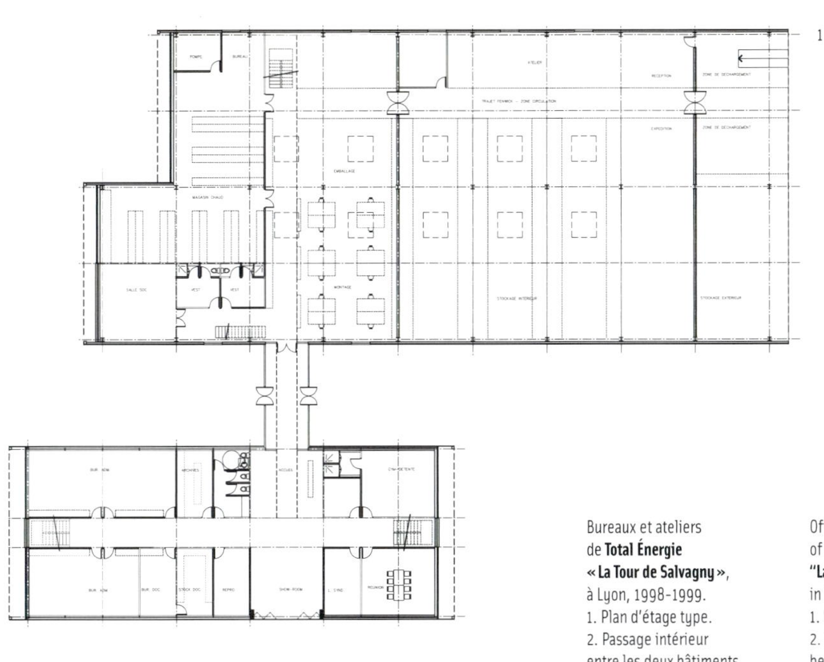

Bureaux et ateliers
de **Total Énergie**
« La Tour de Salvagny »,
à Lyon, 1998-1999.
1. Plan d'étage type.
2. Passage intérieur
entre les deux bâtiments.
3. Façade avec capteurs
solaires en brise-soleil.

Offices and workshops
of **Total Énergie**
"La Tour de Salvagny",
in Lyon, 1998-1999.
1. Standard floor plan.
2. Inner passageway
between the two
buildings.
3. Façade with solar
collectors in sunbreakers.

TERRASSE SALLE 4
TERRASSE CAFE
CAFE
EXTENSION DE LA SALLE 6 DANS L'ESPACE LIANT
SALLE DE DECLINAISON 6
EXPOSITION EXPERIMENTALE
SALLE DE DECLINAISON 4
entrée technique
vers salle 1
JETEE
vers mezzanine 1
entrée technique
vers niveau 2
ESPACE LIANT
POLE DE REFERENCE 1
DE LA NAISSANCE DE L'UNIVERS A L'APPARITION DE l'HOMME
SALLE DE DECLINAISON 7
ACTUALITES
SALLE 1
SALLE DE CONFERENCE SALLE 2
PETIT AUDITORIUM
GRAND AUDITORIUM
RELAIS ACCUEIL
VUE SUR LYON ET LA BASILIQUE DE FOURVIERE
VUE SUR LE RHONE
LE CONFLUENT

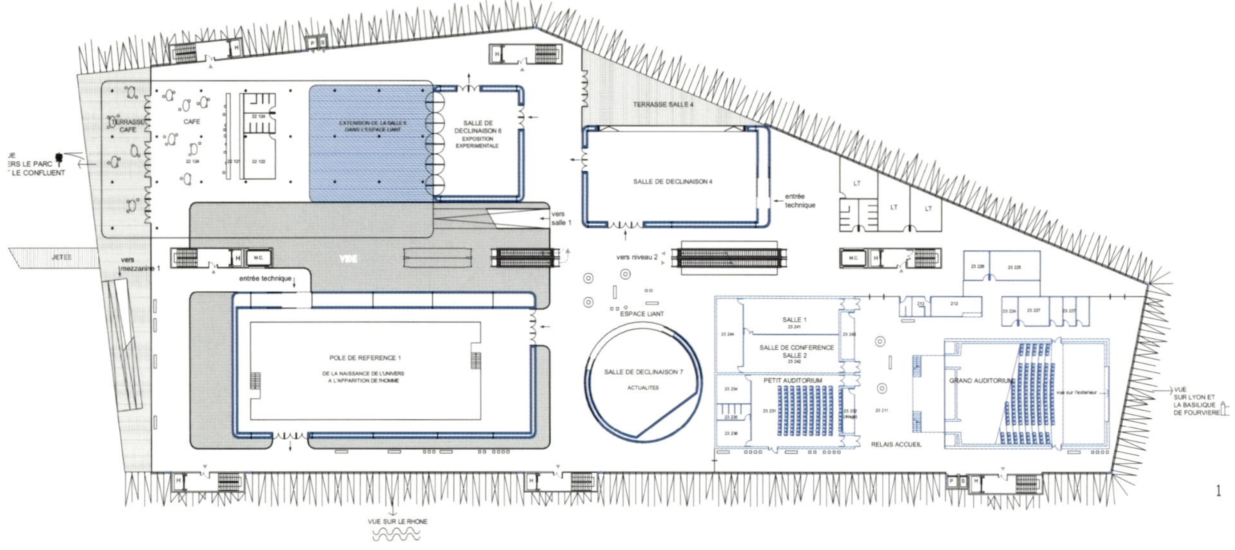

1

2

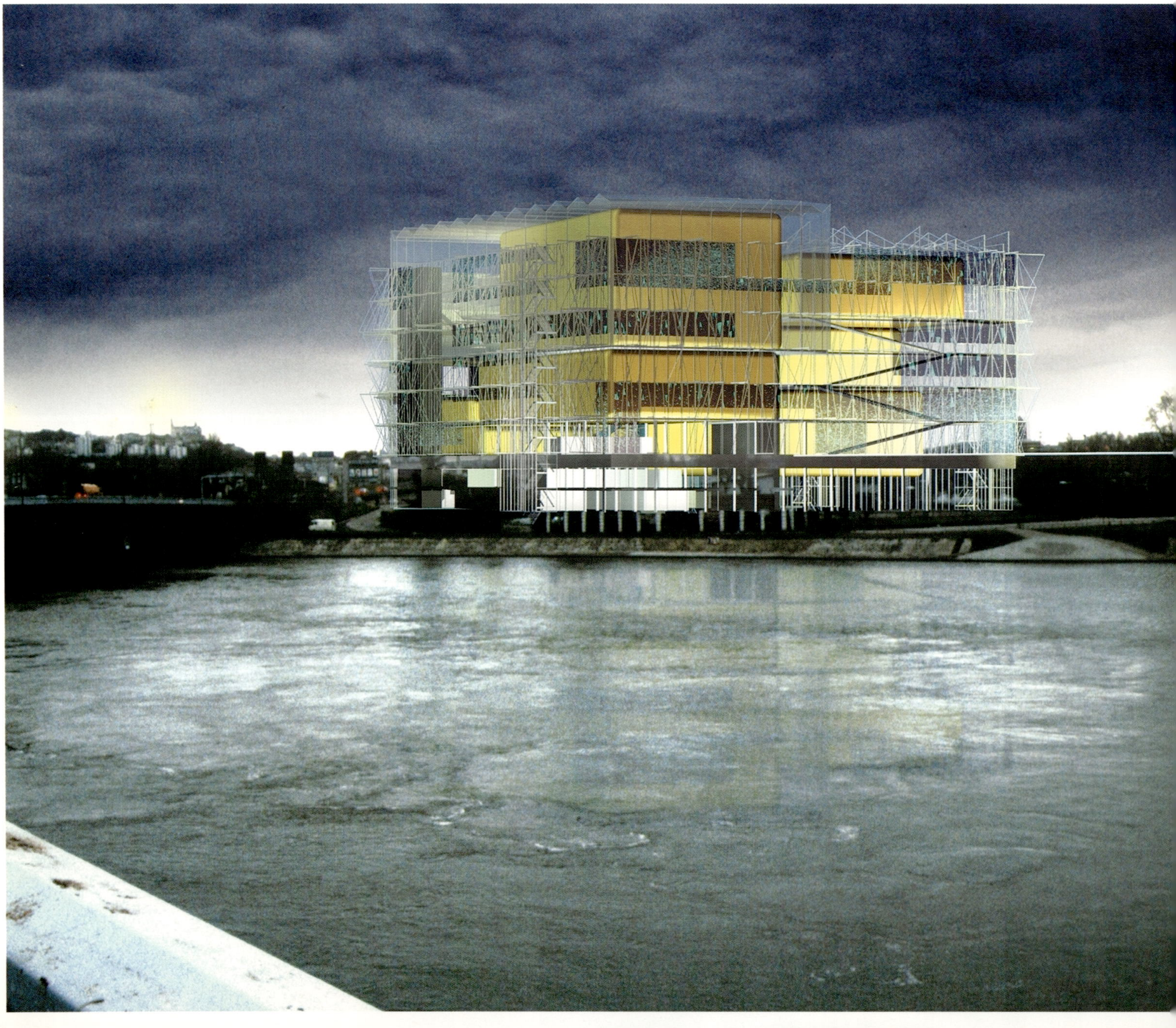

3

Musée des Confluences
à Lyon, concours, 2001.
1. Plan d'étage.
2. Vue générale du projet dans son site.
3. Simulations de vues intérieures.

Musée des Confluences
In Lyon, Competition, 2001.
1. Floor plan.
2. General view of the project and site.
3. Simulations of indoor views.

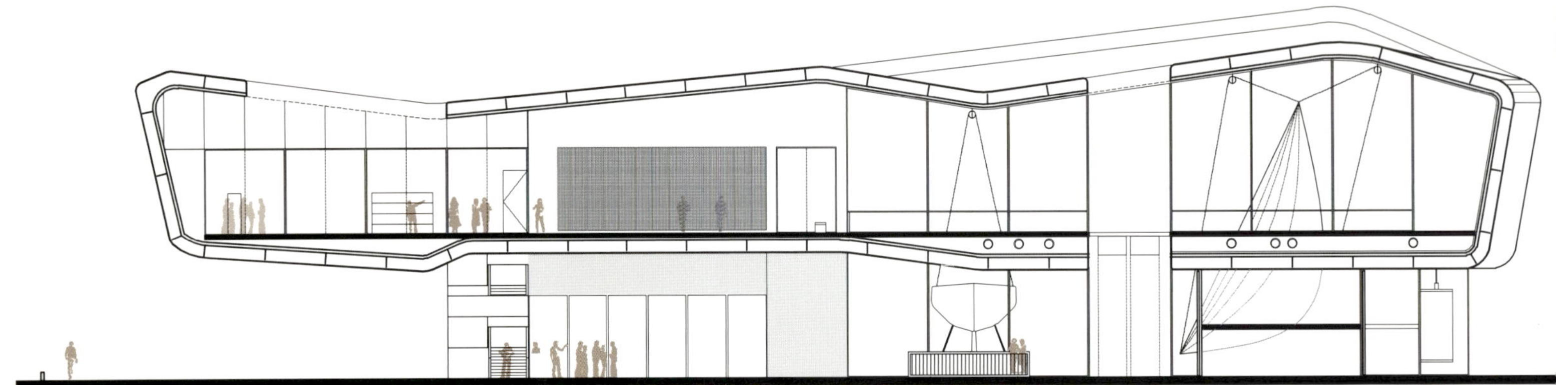

1

Projet pour l'**Académie
Éric Tabarly** à Lorient,
2001.
1. Coupe longitudinale.
2. Perspective du projet.

Project for the **Éric
Tabarly Academy**
in Lorient, 2001.
1. Profile section.
2. View of the project.

2

exposition

Projet de **siège social
pour une chaîne
de télévision**,
Paris, 2002.

Project for the **main
offices of a television
company**, Paris, 2002.

Projet de **siège social
pour une chaîne
de télévision**,
Paris, 2002.

Gilles Bouchez   architecte/architect, Paris

Évaluation préalable des projets à forte qualité environnementale

Prior Assessment of High Environmental Quality Projects

La démarche « Haute Qualité Environnementale » (HQE) consiste, à chaque phase d'élaboration et de réalisation d'un projet, à sélectionner les éléments susceptibles d'assurer un équilibre optimal à long terme sur le plan économique et social entre le bâtiment et son environnement. La pertinence des choix que cette démarche impose aux maîtres d'œuvre et d'ouvrage vise, au-delà de l'intégration harmonieuse du projet dans son environnement, à maîtriser les énergies tant dans sa construction que dans son utilisation, à procurer un confort acoustique et thermique aux habitants, tout en impliquant un entretien à faible coût.

Une telle démarche conjugue simultanément ou successivement plusieurs facteurs d'importance et de nature diverses qu'il convient d'apprécier selon des localisations et des programmes toujours différents. Bien que relatives, ces appréciations sont toutes déterminantes qui, à l'évidence, nécessitent des moyens d'aide à la décision, des moyens qui, dans chaque champ prédéfini, permettent de choisir entre des éléments prérépertoriés. La logique en est simple et l'ensemble aisément transcrit en logiciel informatique comme l'a d'ailleurs fait Gilles Bouchez sous forme de jeu. « Un jeu de simulation architecturale basé sur les données d'un programme de projet, écrit-il, en précisant que ce jeu permet d'intégrer très en amont les données nécessaires pour valider ou réfuter, à chaque étape du projet, les choix architecturaux, leurs qualités environnementales et les coûts induits. » Si le nombre des critères est par définition variable, les principaux – ceux couramment utilisés – traitent des questions d'harmonie avec l'environnement immédiat, du choix des produits et des procédés de construction, de la gestion des énergies et de l'eau, du confort thermique, visuel et acoustique, de la qualité de l'air et des coûts de réalisation. Chacun de ces critères comporte plusieurs sous-critères ; celui du confort acoustique comprend ainsi les questions de correction acoustique/isolation phonique, d'affaiblissement des bruits d'impact et d'équipement et de zonage acoustique. De même le critère de l'eau se divise en gestion d'eaux potables et d'eaux pluviales, l'une et l'autre se subdivisant en gestion des alimentations et des évacuations. Une arborescence est, de ce fait, esquissée qui peut, suivant les cas, se développer de manière à précisément cerner des problématiques particulières. L'ensemble fonctionne donc par système de questions et de réponses avec cotation des réponses selon une échelle de valeurs.

Si les principaux critères génèrent divers niveaux d'arborescence dans le système, les programmes peuvent aussi se scinder en plusieurs éléments, chaque élément étant testé selon différentes gammes d'arborescences. Le jeu se complique alors et le projet s'affine,

The High Environmental Quality (HEQ) initiative consists in choosing, at each stage of the planning and implementation of a project, those elements that can provide for sustainable development in the building and its surroundings. The choices it forces clients and project managers to make concern not only the harmonious integration of the project with its environment, but energy saving, both in its construction and its use, and the aural and temperature-related wellbeing of its occupants – all this while keeping down maintenance costs.

This initiative brings together simultaneously or successively several distinct and important factors that must be assessed in relation to location and the always differing programmes. Although relative, these assessments are all determining factors, and clearly require decision-making support in each field that makes it possible to choose between the alternatives. The logic of it is simple and everything can easily be written into a software programme in game form, as Gilles Bouchez has already shown. "An architectural simulation game based on the data of a project programme," he has written, "that makes it possible to enter at a very early stage the data necessary to validate or reject, at each phase of the project, architectural choices, their environmental quality and the costs involved." Although the number of criteria is by definition variable, the principles currently used relate to harmony with the immediate environment, choice of products and building processes, energy and water management, temperature-related, visual and acoustic wellbeing, air quality, and the costs of implementation. Each of these criteria is divided into several sub-criteria: acoustic comfort includes questions of sound adjustment and insulation, lessening of industrial noise, equipment, and acoustic zoning. Similarly, the water criterion is divided into the management of drinking and rainwater, both subdivided into supply and disposal. In this way a tree structure is sketched that can be developed, according to circumstances, so as to highlight special problems. This is a question/answer system and answers are listed on a scale of marks.

Although the main criteria generate, as needed, various levels of tree structure, programmes can be divided into a number of elements and each one can be tested against a different range of tree structures. The game then becomes more complex and the project more focused, but it will only give a final result with certain juxtapositions of tree structures and their most recent findings.

The working hypotheses thus tested at all stages of the project must sometimes be compared with similar projects implemented at an earlier date. So a library of data and previous examples has been created and memorised, and this makes it possible to test the hypotheses and, in some cases, to display

École supérieure des affaires (ESA)
à Saint-Martin d'Hères, 1996.
Intérieur du hall central.

École Supérieure des Affaires (ESA)
in Saint-Martin d'Hères, 1996.
Interior of the central hall.

mais il ne se précisera définitivement qu'avec certains croisements d'arborescences et leurs dernières clarifications.

Les hypothèses de travail ainsi testées à toutes les étapes du programme et du projet doivent parfois faire référence à des cas similaires antérieurement réalisés. Une bibliothèque de données et de cas exemplaires a donc été constituée et mémorisée qui permet de tester les hypothèses et, pour certaines, de rapidement les visualiser. L'architecte peut ainsi s'assurer régulièrement du bien fondé de ses intentions et les justifier rationnellement tant auprès des maîtres d'ouvrage que des habitants potentiels. Le projet proposé ne résulte plus de décisions arbitraires ou d'intuitions gratuites, mais de développements cohérents, de processus de composition fiables qui, loin de minimiser le talent de l'architecte, le valident. L'architecture est essentiellement un travail de l'esprit. La composition architecturale est ainsi aidée par la machine.

Conçu pour les architectes, ce jeu est de surcroît utile à tous les acteurs de la construction : il leur permet, en effet, à chaque étape des processus des réalisations, d'en prévoir les développements possibles et probables et d'en apprécier les incidences techniques, financières et autres. C'est donc un outil disponible pour les maîtres d'ouvrages, les investisseurs et les autorités, celles notamment des collectivités locales qui tous peuvent l'utiliser différemment en y introduisant leurs propres paramètres en fonction de leurs objectifs particuliers.

them on screen very quickly. In this way the architect can regularly check that his or her intentions are soundly based and can provide prime contractors and consumers with reasoned arguments. The proposed project is no longer the result of arbitrary decisions or unfounded intuitions, but of coherent and reliable development and drawing-up procedures that, far from detracting from the talent of the architect, validate it. Architecture is essentially a working of the mind. Thus, the machine is an aid to architectural composition.

Although designed for architects, this simulation game can also be useful to all who are concerned with building; it enables them at each stage of the process to predict probable and possible developments and to evaluate the technical, financial and other outcomes. So it is a tool for prime contractors, investors and authorities (especially local authorities), all of whom can use it in different ways and introduce parameters that relate to their own specific purposes.

Détail d'arborescence du programme d'évaluation.
Detail of the assessment programme tree structure.

1. Système de protection solaire.
2. Hall central.

1. Sun protection system.
2. The central hall.

2

1

1

1
2

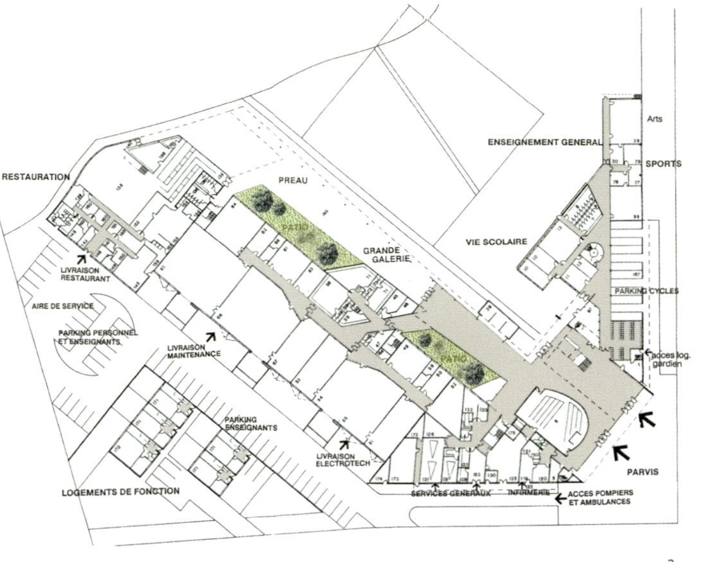

3

Lycée Nadar à Draveil, 2002.
1. Façades.
2. Intégration du bâtiment dans le site.
3. Plan-masse.
4. Perspectives intérieures.

Lycée Nadar in Draveil, 2002.
1. Elevations.
2. Simulation in the site.
3. Site plan.
4. Simulations of the interior.

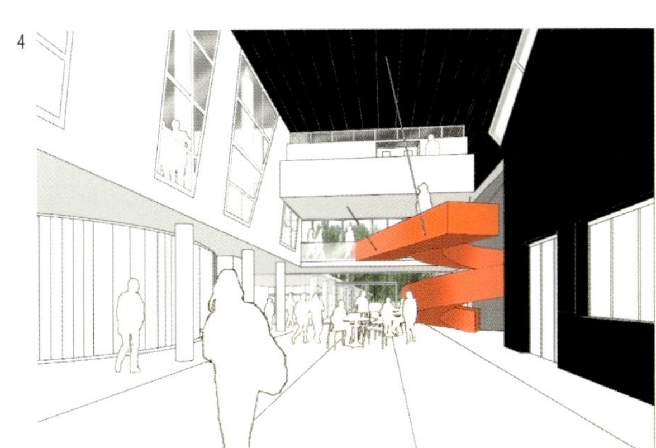

4

4

Marc Mimram   architecte/architect, Paris

Les structures, les lumières et autres sujets d'étonnement
Structures, Lighting and other Amazing Topics

Les structures sont choses fabuleuses et leurs intérieurs des endroits extraordinaires, plus extraordinaires encore quand la lumière les met en valeur et permet de mieux les apprécier globalement. Allez visiter cette merveilleuse réalisation, ce formidable observatoire urbain qu'est la Tour Eiffel, vous parcourrez l'intérieur de la structure et y découvrirez les jeux de gravité et de lumières, deux systèmes dont les interactions permettent de comprendre l'œuvre, d'en affiner la lecture. C'est dans cet esprit que fut dessinée la passerelle de Solferino dont l'intérieur, volontairement accessible, révèle la structure et ses filtrations très particulières de lumière. Celle-ci est, ici, l'un des éléments de ce projet. Elle l'est d'ailleurs dans tout projet : il est, par exemple, impossible de construire un pont à Helsinki sans se préoccuper de ses accointances avec le ciel, avec la qualité d'une lumière stable qui, au coucher du soleil, se transforme brutalement en un plafond noir contrastant avec un spectre étonnamment brillant à l'horizon. Comment intervenir dans ce contexte, dans un paysage qui soudain bascule ainsi ? Question capitale qui se conjugue à celles du franchissement et donc de la gravité.

La lumière naturelle est un matériau étrange que l'on connaît mal, un matériau en perpétuel changement et qui, par conséquent, pose problème. Personne ne peut aujourd'hui préciser d'après les orientations les heures et les saisons, les quantités de lumière naturelle nécessaires en tel ou tel point du projet. La transparence systématique qui fournit beaucoup de lumière est certes intéressante, mais nul ne sait vraiment qu'en faire ni comment la maîtriser. La question est particulièrement d'importance dans les musées où faute de savoir y répondre, on la résout par l'absurde en éclairant artificiellement des boîtes noires ; une pratique aberrante quant aux œuvres d'art où la lumière joue toujours.

Travaillant actuellement sur la lumière naturelle, nous cherchons à établir les quantités de lumière qu'on peut introduire dans un bâtiment, comment la moduler, la diffuser ou non suivant les endroits : la pénombre est parfois nécessaire et confortable. Les outils que nous développons nous permettront bientôt d'aller plus loin et de préciser nos projets, sachant cependant qu'il n'y a pratiquement pas d'interprétation stylistique de données aussi riches.

C'est aussi une question d'économie de moyen, mais si cette économie assure l'efficacité de certains projets, elle n'est pas pour autant toujours nécessaire. La construction d'un mur de meulières n'en implique par exemple aucune. La pratique des économies de moyen est, de fait, plus complexe qu'il ne paraît : elle consiste dans certains cas, et dans un souci d'équilibre global, à disposer plus de matériaux d'un côté pour, d'un autre, en économiser. Toute superstructure minimale signifie souvent de très lourdes infrastructures et les économies de moyen ne s'appliquent alors qu'aux parties visibles de l'ensemble. Ces superstructures peuvent aussi exercer une tension qui, transformée en compression, renvoie les forces dans le sol, ce qui augmente

Structures are fabulous things and their interiors extraordinary places, all the more so when light brings out the best in them and allows an overall appreciation of them. Visit that wonderful construction, the tremendous urban look-out point that is the Tour Eiffel, and make your way through its interior and discover the play of weight and light, the two systems whose interactions enable us to understand it and to make a more focused reading of it. It is in this spirit that the Solferino Bridge is designed, the interior of which, freely accessible, reveals the structure and its very special light penetration. Here, light is one of the elements of the design. As it is, indeed, in any design: for example, it is impossible to build a bridge in Helsinki without taking into account its relationship with the sky, with the quality of a stable light that at sunset suddenly becomes a black ceiling, contrasting with the brilliant apparition on the horizon. How can one work in such contexts, in a landscape that switches so suddenly? It is an important question that relates to those of span and, thus, of weight.

Natural light is a strange material that is not well understood, a material that is always changing and that consequently poses a problem. At the moment, nobody can calculate the amount of natural light required by a particular project, whether in relation to geographical orientation, or to the time of day or year. Invariable transparency, which provides plenty of light, certainly has advantages, but no one really knows what to do with it or how to control it. The question is especially important in museums, where, not knowing how to deal with the problem, they fall back on absurdity, artificially lighting black boxes; a preposterous practice in relation to works of art where there is always a play of light.

Concentrating at present on natural light, we are trying to establish the amount of light that can be introduced into a building, how to adjust it, whether to diffuse it or not in relation to various areas; half-light is sometimes necessary and comfortable. The tools we are developing will soon enable us to go further and be more specific in our plans, though we are aware that there is practically no way of determining stylistic matters from such rich data.

It is also a question of an economy of means; but although such economy can ensure the efficiency of a plan, it is not always necessary. For example, the building of a gritstone wall does not involve such considerations. In fact, making economies of means is a more complex business than it appears: in some cases, and in the interest of an overall balance, it consists in using more materials on the one hand in order to economise on the other. A minimal superstructure often requires a very substantial substructure, and economy of means applies to more than just the visible part of the whole. Such superstructures may exert a stress that, converted into compression, transfers the forces to the ground, and this increases the weight of the substructure. Overall considerations show that in some cases it is better to make the building heavier and let it float on the ground like a large ship on the sea. The poor

Piscine, patinoire, bowling, au Mesnil-Amelot, 2002.
1. Études et mise au point des éléments de couverture de la piscine et de la patinoire.
2. Intérieur de la patinoire.
3. Piscine extérieure.

Swimming pool, skating rink, bowling alley, in Mesnil-Amelot, 2002.
1. Design and development of the roof elements of the swimming pool and the skating rink.
2. Interior of the skating rink.
3. Exterior of the swimming pool.

le poids des infrastructures. Un raisonnement plus global montre qu'il convient dans certaines conditions d'alourdir le bâtiment et de le laisser flotter sur le sol, comme le font les gros bateaux. Les mauvaises qualités mécaniques des terrains sur lesquels il nous arrive d'intervenir, des terrains souvent délaissés, justifieraient cette hypothèse. L'économie de moyen n'est pas obligatoirement dans le visible.

La logique n'est pas aussi simple : la vraie question des structures légères n'est pas le poids de la neige qu'elles doivent supporter, mais comment les empêcher de décoller ; la pression du vent n'est pas purement négative ou positive, mais implique des systèmes complexes de dépressions qui, pour le concepteur, signifient l'emploi d'une logique d'ensemble. La logique des économies de moyen permet de cerner la forme et sa résistance, puis de sélectionner la forme qui, dans une structure donnée, avec une quantité de matière préalablement fixée, aura la meilleure inertie. Cette logique est d'ailleurs étonnement proche de celle de la lumière ; l'une et l'autre sont, de fait, intimement liées d'où j'en conclus qu'il ne faut jamais négliger la relation lumière/gravité/mises en forme dans les recherches de formulations spatiales. Il le faut d'autant moins que pour les traiter nous disposons d'outils performants, ceux notamment du calcul avec lesquels nous interrogeons rationnellement les questions de forme. Il s'agit, en fait, d'éviter de tomber dans les pièges de la forme idéale ou standard qui est encore trop souvent la seule réponse à une seule question. Ces interrogations sont donc aujourd'hui plurielles et multiples, les questionnements sur la forme, disparates, et leurs paramètres, composites. Certains projets impliquent de forts investissements financiers dans les études préalables qui, en aval, permettent d'économiser des matériaux et leurs mises en œuvre. D'autres montrent qu'il est plus intéressant d'économiser sur les fondations et d'investir dans les superstructures ou inversement. Ces diversités de solutions sont infinies, mais aussi sujettes à différentes cultures, à différentes manières de penser.

Ces diversités nous questionnent quant au rôle, à l'importance des technologies dans nos sociétés. Nous savons parfaitement comment porter sur deux ou trois cents mètres, mais savons-nous vraiment bien porter sur huit ou dix mètres ? Nous ne sommes certes plus dans l'optique des technologies spectacles, celles des performances du XIXᵉ siècle. On ne peut plus d'ailleurs traiter des technologies sur le ton publicitaire et les introduire en effets de vocabulaire dans le champ architectural. Le rapport entre lumière, matière et couleur que crée Fontana, en lacérant d'un coup de couteau une toile monochrome, est autrement plus fondateur que les jeux formels des perspectives informatiques auxquels nous sommes constamment confrontés. La conception assistée par ordinateur n'a jamais produit qu'un futur déjà connu d'où je conclus qu'il serait sans doute plus utile de s'autoriser aujourd'hui ce que nous savions faire hier. L'ordinateur n'a pas bouleversé la géométrie ; le XIXᵉ siècle savait parfaitement dessiner des morphologies complexes et les concepteurs des années soixante, les surfaces à doubles

ground conditions on some of the sites we have to work on, often in neglected areas, may be a reason for taking such a decision. Economy of means does not necessarily apply only to what can be seen.

The logic is not so simple: the real problem with lightly built structures is not the weight of the snow they have to support, but how to prevent them from coming apart; the pressure of wind is not purely negative or positive, but involves complex suction systems that require the designer to take an overall view. The logic of economy of means enables us to determine the form and its resistance, and then choose the form that, in a given structure and with the quantity of means already chosen, will give the best inertia. Moreover, this logic is surprisingly similar to that required when we consider light; they are, in fact, closely connected, and this leads me to believe that we should never neglect the light/gravity/form relationship in spatial planning; especially since we have powerful tools, notably for calculation, that we can apply to the scientific investigation of form. It is a matter of not falling into the trap of idealised or standard form, which is still often a single answer to a single question. Today these investigations must be multiple and varied, the questions we ask about form diverse, and their parameters heterogeneous. Some projects involve heavy financial investment in preliminary studies that, from the start, make possible economy of materials and their use. Others show that it is financially more beneficial to economise on the foundations and invest in the superstructure, or vice-versa. There is an infinite variety of solutions, but these are governed by different cultures and different ways of thinking.

Such diversity leads us to question the role and importance of technologies in our societies. We know perfectly well how to span two or three hundred metres, but do we really know how to span eight or ten? We are no longer in the age of grandiose technologies, such as those of the nineteenth century. And we can no longer treat technologies as if they were advertising ploys to be introduced into the language of architecture. The relationship between light, materials and colour that Fontana creates by a single slash to a monochrome canvas is more a basis to work on than the formal play of computer-generated perspectives with which we are constantly confronted. Computer-assisted design had only produced an already-known future, and I am led to think that it would be more useful to be confident today about what we knew yesterday. The computer has not made geometry redundant; the nineteenth century knew perfectly well how to design complex shapes, as did the designers of the sixties: circular surfaces and hinged structures that we think we are discovering today. Should we assume that the computer has taken over completely from studies of form? Certainly not! There is no need to prohibit research in the field of form when computers make it possible, but before launching into the unknown we can rediscover the complex vocabularies of geometry that have to some extent forgotten, and we can rehabilitate the logic of forms as freely practised by Gaudi, Candella and Maillart.

The fact that everything can be done does not automatically mean that what the computer allows is advisable. The interest of the computer lies less in the

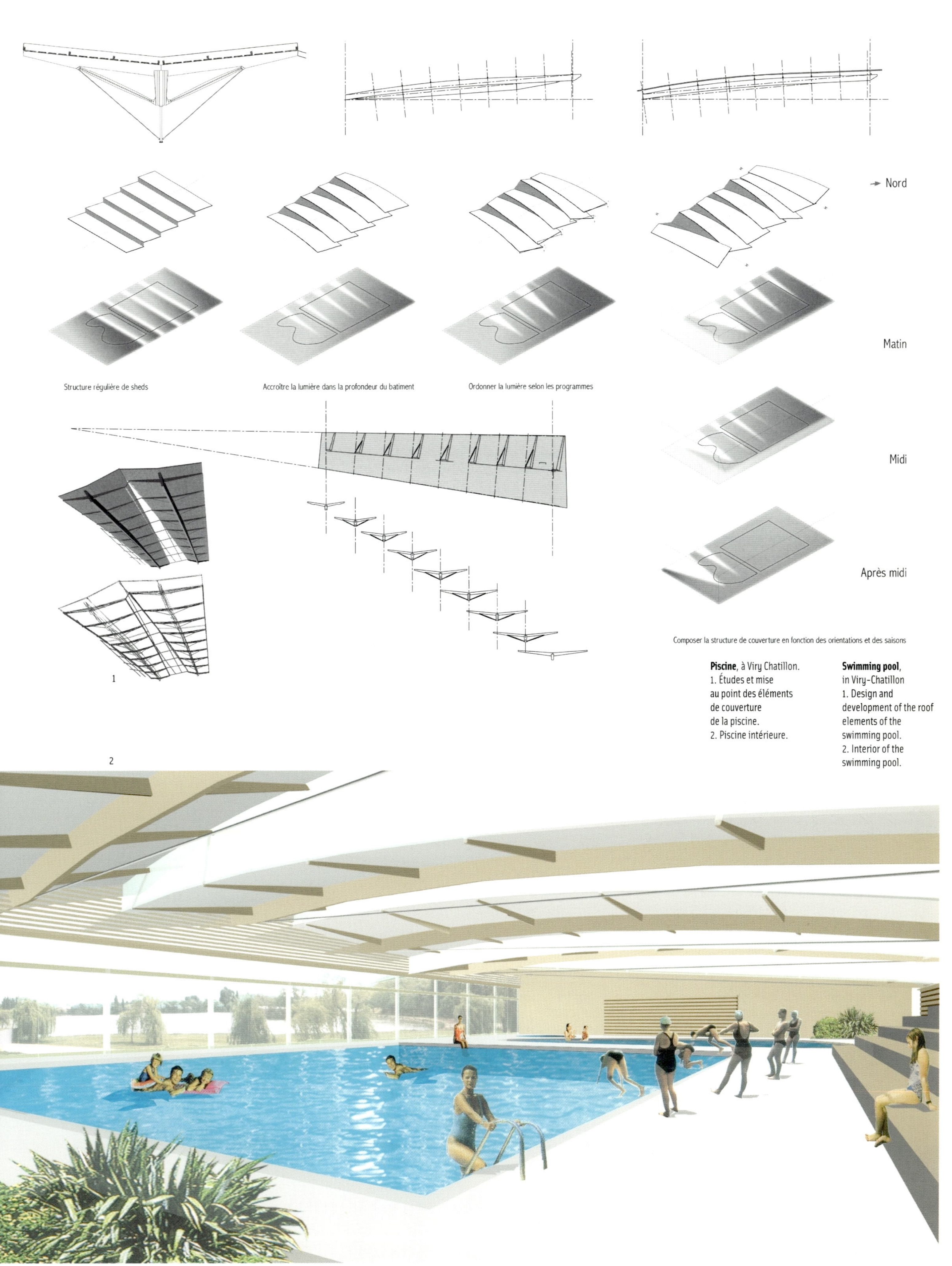

Piscine, à Viry Chatillon.
1. Études et mise au point des éléments de couverture de la piscine.
2. Piscine intérieure.

Swimming pool, in Viry-Chatillon
1. Design and development of the roof elements of the swimming pool.
2. Interior of the swimming pool.

courbures inverses et les structures articulées qu'aujourd'hui nous croyons découvrir. Doit-on en conclure que la machine prévient toute investigation formelle ? Certes pas ! Il ne faut rien s'interdire dans le champ des recherches morphologiques tant que les ordinateurs le permettent, mais avant de se lancer dans l'inconnu, il est aussi possible de retrouver les vocabulaires complexes de géométrie quelque peu oubliés, de réhabiliter les logiques formelles qu'ont pratiquées en toute liberté les Gaudi, Candella et autre Maillart.

Pouvoir tout faire n'autorise pas obligatoirement à faire tout ce que la machine permet. L'intérêt de l'ordinateur est moins dans un infini de potentialités que dans ce qu'il permet d'un point de vue raisonné, c'est-à-dire selon une raison assurant des possibilités de calcul et de relations avec l'industrie, ces dernières prolongeant naturellement les premières. Les relations directes des programmes de calcul à ceux de dessin, puis à ceux de découpes numériques, sont aujourd'hui courantes qui modifient radicalement les rapports du concepteur à la production, du penser au faire. C'est, de fait, une logique nous conduisant à appréhender globalement le projet, sa conception, ses mises au point et la production de l'objet, une « pensée unique » gouvernant l'ensemble des processus dont toutes les séquences sont désormais informatisées, ce qui, d'une certaine manière, les unifie.

Aucun de ces processus ne saurait d'ailleurs se limiter aux phases de gestation, d'études et de production, mais ils doivent aussi prendre en compte les phases d'extraction des matériaux bruts et celles de leur transformation. Les menuiseries et poignées de porte en aluminium impliquent, par exemple, l'extraction de bauxite, leurs transports, transformations, mises en forme et commercialisation ; des opérations parfois complexes qui, non seulement, modifient des sites et des paysages, mais mobilisent des mains d'œuvre et consomment d'énormes quantités d'énergies pour aboutir à des produits courants, à des cannettes de bière qu'on vide et jette. L'aluminium en est certes recyclé comme le sont le papier ou l'acier des voitures, mais comment et à quel prix ? Concevoir un artéfact, dessiner un bâtiment déclenchent, en fait, des séries d'actions successives dont les conjugaisons aboutissent à des objets dont les espérances de vie sont généralement mal déterminées. Quelle en est donc la logique ?

fact that it permits production of an infinite number of possibilities than that it allows us a reasoned point of view; that is, reasoning provides possibilities that are calculated and relate to the industry – the last naturally an extension of the first. Today there are direct relationships between the calculation and design programmes, and the digital realisation, and this radically changes the relationship of the designer to the builder, of thinking to doing. It is a logic that leads us to an overall sense of the project, its design, its modifications and its implementation; a "single piece of thinking" that governs the whole process, all the steps of which are computerised, and which thus, in a sense, unifies them.

None of these procedures, moreover, is limited to the conception, design or production phases, but must also take into account the stages of raw material extraction and processing. Aluminium fittings and door handles, for example, require the extraction of bauxite, which has to be transported, refined, manufactured and marketed; sometimes these are complex operations that not only alter sites and landscapes, but involve a workforce and consume large quantities of energy, only to end up in the production of goods, such as beer cans, that are emptied and thrown away. Admittedly, like paper and the steel used in vehicles, aluminium can be recycled, but how and at what price? To design an artefact or a building gives rise to a series of actions the results of which are objects with an indeterminate life expectancy. And what is the logic of that?

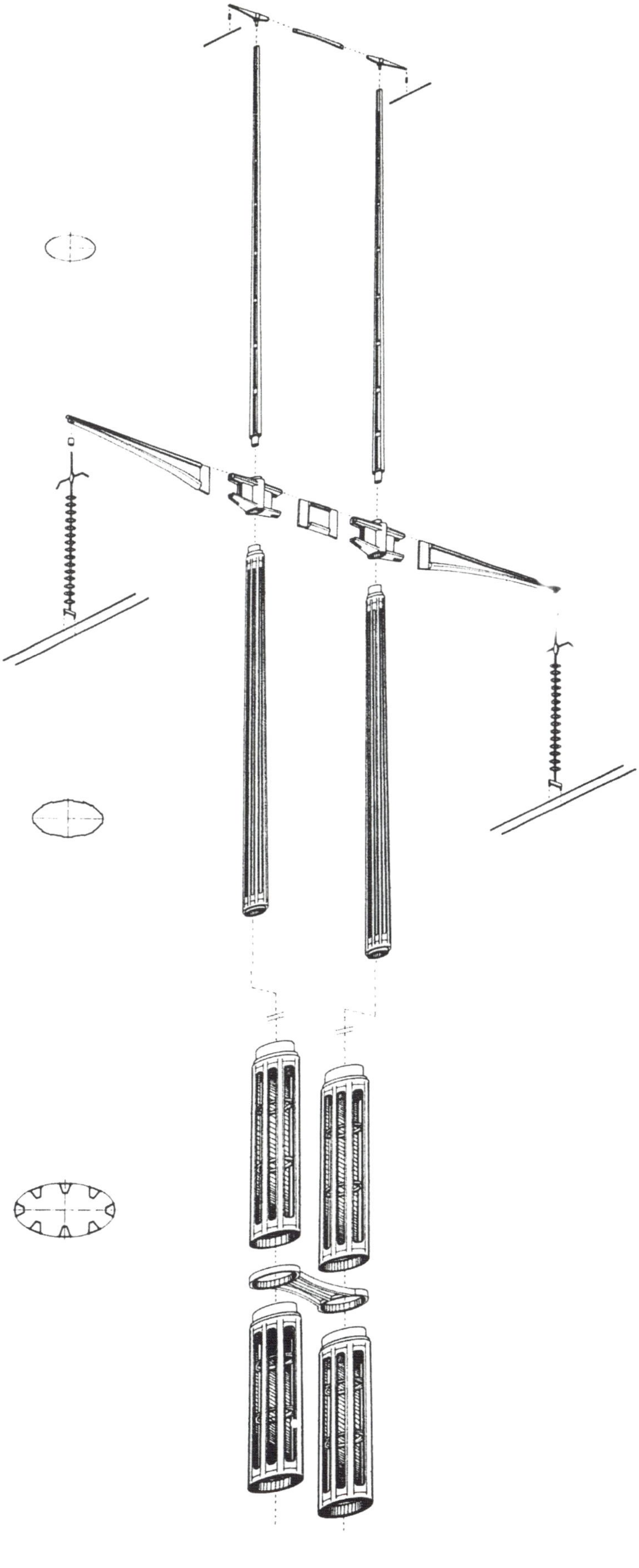

Pylône de très haute tension, 2002.
Very high voltage pylon, 2002.

François Chochon,
avec/with **Frédérique Paoletti** & **Catherine Rouland**
architectes/architects, Paris

Repenser la muséographie
Rethinking the Museum

Toute réflexion sur le musée et la muséographie implique un questionnement sur l'idée, le fait d'évoquer et sur la structure fondamentale du musée et ses modes opératoires : deux interrogations d'autant plus complexes que le concept même de musée, sa gestation et son fonctionnement ont diversement évolué ces dernières décennies et généré d'importantes confusions structurelles, voire de notables indéfinitions quant au rôle et à la nature de l'institution.

L'inflation des valeurs de conservation et la multiplication corrélative des rappels de mémoire se sont en effet traduites par de grandes dissemblances de statuts, d'architectures et de fréquentations. Mais quelles que soient ces dissemblances, la structuration première du musée se résume toujours à une simple dichotomie d'espaces et de fonctions complémentaires, ceux des lieux d'exposition et de conservation. Deux entités spatialement distinctes dont les rapports importent non pour les échanges de produits auxquels ils paraissent se résumer, mais parce que l'essentiel du musée – sa raison d'être – est dans ces échanges mêmes et les tensions qu'ils entretiennent entre lieux d'exposition et de conservation, entre extrovert et introvert.

Une telle dualité peut se comprendre par la métaphore de l'arbre, par celle d'un ensemble vivant où le non vu sustente le visible, les racines, les branches et leurs feuilles. Les racines y ont donc autant, sinon plus, d'importance que les branches et leurs feuilles ; ce sont elles, en effet, qui gèrent la statique de l'ensemble et qui, tirant l'essentiel de leur milieu inerte, assurent la vitalité des superstructures et leur épanouissement. Le perceptible du musée n'est donc qu'en raison de lieux dissimulés et donc ignorés, d'espaces inconnus meublés d'objets dont l'exhumation occasionnelle révèle l'existence énigmatique des réserves. L'enfouissement très général de ces réserves sous les salles d'exposition ajoute à ces oppositions du montré au caché, qu'expriment généralement de grandes différences d'intensités lumineuses.

La lumière est l'un des matériaux primordiaux du musée. Elle y est toujours essentielle, mais quels que soient sa puissance, ses vecteurs ou ses origines, elle y est toujours aussi mal maîtrisée. Les fortes intensités lumineuses souvent constatées dans les salles d'exposition n'ont aucune raison d'être. Certaines œuvres s'y lisent parfois d'autant mieux que leur éclairement reste faible, d'autres ne se perçoivent pleinement qu'en lumière naturelle. Comment d'ailleurs comprendre le manque actuel d'intérêt des conservateurs et de leurs architectes pour les lumières avec lesquelles furent exécutées les œuvres du passé ? Comment interpréter leurs refus de moduler ces lumières, de les canaliser en des points précis, de les conjuguer aux artificielles ? Les moyens existent et leurs techniques sont depuis longtemps affinées qui éviteraient peut-être le musée spectacle, le clinquant racoleur et le gaspillage corrélatifs d'énergies. Les cultures de masse y perdraient certes quelques illusions, mais y gagneraient des valeurs sûres. N'est-ce point l'une, si ce n'est la seule, raison d'être du musée ?

Any thinking about museums and museology involves asking questions both about the notion, the fact being considered, and the fundamental structure of the museum and the way in which it operates. Discussion of its management and operation, much more complex matters than the idea of the museum itself, has developed in a variety of directions in recent decades and led to considerable structural confusion, not to say uncertainty, about the role and nature of the institution.

The greater emphasis put upon conservation and the associated increase in stored information has resulted in a wide diversity of regulatory provisions, architecture and attendance arrangements. However, whatever the differences, the main structural principle is still a simple separation of spaces and additional operations: the places dedicated to exhibition on the one hand, and the places dedicated to conservation on the other. These two distinct spatial entities matter not because of the product exchange they appear to symbolise, but because the essence of the museum – its raison d'être – lies in the exchanges themselves and the tensions they maintain between the exhibition and the conservation areas, between the external and the internal.

This duality can be understood by reference to the metaphor of a tree, a living whole in which the unseen, the roots, sustains the seen, the branches and their leaves. So the roots are as important, if not more important, than the branches and the leaves; it is they that manage the economy of the whole and, unmoving, provide the life force that ensures the vitality and blossoming of the superstructure. What we see in a museum depends on the hidden and unknown areas, spaces furnished with objects that, when exhumed from time to time, reveal the enigmatic existence of reserve collections. The fact that these reserves are usually buried beneath the exhibition rooms adds to the contrast between the seen and hidden, which is usually accompanied by considerable differences in the intensity of light.

Light is one of the basic building elements of the museum. It is always essential, but whatever its intensity, its vehicle or its sources, it is always badly mismanaged. There is no justification for the strong light that is often found in exhibition rooms. Some works can be read better under low lighting, others can be properly seen only in natural light. So how can we explain the present lack of interest of curators and their architects in the light under which works of the past were created? How can we understand their refusal to adjust this light, to channel it to precise points, to combine it with artificial light? The means exist and the techniques were long ago developed that might perhaps prevent the museum becoming a stage show, a flashy spectacle, with its inevitable waste of energy. The mass audience would, certainly, lose a few illusions, but there would be a gain in real values. Is this not one, if not the only, raison d'être of the museum?

Jeu d'éclairage.
Lighting effects.

1

1. Modulation
des lumières par volets
mobiles.
2. Transfiguration
des espaces par masses
lumineuses.

1. Adjustment of light
by means of moveable
shutters.
2. Transformation of
spaces by blocks of
lighting.

2

Lumière naturelle et artificielle
sur un objet sculptural.
Natural and artificial light
on a sculptured object.

Manuelle Gautrand   architecte/architect, Paris

Réflexions sur la Haute Qualité Environnementale
Thoughts on High Environmental Quality

Toute réflexion sur la Haute Qualité Environnementale (HQE) n'est possible que globale. Le scientifique et la technique y importent tout autant que le pragmatisme ou la sensibilité au site et à l'environnement immédiat. La validité d'un projet HQE ne saurait tenir à ses seules performances techniques, à ses économies d'énergie ou aux surenchères d'équipements qu'elles génèrent. Ces technologies sont certes nécessaires qui ajoutent au bien-être, mais ne prennent de sens qu'en raison des plus-values esthétiques et spatiales qu'elles peuvent apporter. Valeur ajoutée à l'architecture, la HQE implique obligatoirement une recherche plastique tant dans le logement qu'en façade ou en volume et, surtout, une adéquation du bâtiment au site. La poétique architecturale s'avère toujours compatible avec les technologies nouvelles.

L'application de la HQE signifie aussi que l'organisation spatiale de l'appartement soit adaptée aux modes de vie de leurs habitants et, donc, que d'autres types d'aménagements intérieurs soient envisageables, ce qui semble d'ailleurs difficile compte tenu des normes en vigueur. Si, dans notre projet de logements à Rennes, nous avons pu organiser chaque appartement autour d'un nouvel espace, un petit cube de verre en façade, nous avons dû cependant conserver la dichotomie classique entre espaces de jour et de nuit ; la cloison séparant la cuisine du séjour ne fut supprimée qu'après maintes discussions avec le promoteur. Les plans d'appartements sont encore trop sujets à des habitudes difficiles à modifier, à des a priori contraires aux divers modes de vie aujourd'hui constatés. Les modèles standard mécaniquement reproduits depuis une cinquantaine d'années sont totalement périmés, il convient donc de les repenser.

Augmenter la taille des logements serait une alternative viable ; quantité et qualité vont en effet toujours de pair. Il serait aussi possible – nous l'avions proposé au tout début de nos études d'habitat à Rennes – de prévoir dans chaque immeuble des espaces communs pour deux ou trois appartements, des pièces à vivre supplémentaires dans lesquelles les usagers pourraient faire leur bricolage ou, plus simplement, garer leurs vélos près de chez eux. Ce seraient, quel qu'en soit l'usage, des surfaces brutes éclairées naturellement et, pour chaque logement, le complément toujours nécessaire.

La problématique du logement vient aussi du fait qu'il soit inoccupé alors même qu'il est naturellement éclairé, voire ensoleillé. Qu'il ne soit habité en semaine que le soir et la nuit, c'est-à-dire pendant les heures sombres, est aussi une anomalie ; comment donc y remédier ? L'insertion d'espaces de bureaux entre les logements serait une solution viable, une possibilité aisément réalisable qui butte cependant sur l'absurde certitude qu'un bâtiment d'habitation ne peut être que résidentiel ou que les immeubles de bureaux n'abritent que du tertiaire. À cette impensable mixité, s'oppose actuellement le développement d'activités décentralisées, du télétravail, que suscitent l'informatique et les nouveaux moyens de télécommunication. Pourquoi donc, ne pas envisager des bureaux individuels ou collectifs localisés à divers endroits des ensembles d'habitations ? L'animation due à la mixité y gagnerait et, corrélativement, les qualités de vie.

Any consideration of High Environmental Quality (HEQ) must take an overall view. Science and technology are as important as practicality and sensitivity to the site and its immediate environment. But the validity of an HEQ project cannot rest on its technical success alone, its energy savings or the overplus of equipment these generate. Those technologies that add to wellbeing are certainly necessary, but they are only significant insofar as they add to the aesthetic and spatial values they support. As value added to architecture, HEQ necessarily involves work on both the accommodation and the façade or volume, and, above all, on matching the building to the site. The artistic aspect of architecture proves always compatible with the new technologies.

The application of HEQ also means that the spatial organisation of the apartment must be matched to the life style of the occupants and, consequently, that alternative interior layouts must be possible, though this seems difficult given the regulations currently in force. Although in our Rennes project we were able to organise each apartment around a new space, a small cube with glass sides, we had nevertheless to retain the traditional separation between day and night spaces; the partition dividing the kitchen from the living room was only removed after many arguments with the developer. Apartment layout is still governed by customs that are difficult to change, by preconceived ideas that clash with the varied life styles that we find today. The standard models routinely reproduced for the last fifty years are totally outdated and must be rethought from scratch.

To increase the size of the accommodation would be a viable alternative; quality and quantity always go together. It would also be possible – and, indeed, at the very start of our work on the Rennes project we proposed this – to provide each building with communal areas for every two or three apartments, supplementary rooms in which the occupants could do manual jobs, or, more simply, park their bicycles near their homes. Whatever use they were put to, they would be open areas with natural light and, for each home, have the facilities always needed.

Another problem with domestic accommodation is the fact that it may be unoccupied even when it is naturally lit, not to say sunlit. During the week it may be occupied only in the evening and at night – another anomaly. How can this be remedied? The introduction of office spaces between the domestic accommodation would be a viable solution, an easily achievable aim, but this idea comes up against the absurd conviction that a building containing domestic accommodation should be solely residential and that office buildings should only accommodate business. That such mixed use is considered unthinkable goes completely counter to the development today of decentralised work and teleworking, brought about by the computer and new means of telecommunication. Why not plan individual or collective offices located at various points in a housing development? The mixed use would make the place more animated and consequently improve the quality of people's lives.

Another HEQ criterion sees the interior layout of the dwelling, whether unchanged for a considerable period or open to modification, as a function of

Projet de **logements collectifs et d'espaces socio-culturels, Opération Solaris,** Rennes, 2001.

Collective housing and social and entertainment areas project, **Solaris Operation,** Rennes, 2001.

Un autre critère de la HQE implique l'aménagement intérieur du logement, sa pérennité ou ses modifications possibles, en fonction des évolutions familiales et des désirs des usagers. Les modifications d'aménagement requièrent généralement un système de cloisons mobiles et d'éléments interchangeables techniquement simples à concevoir, à produire et à poser. Les architectes en ont souvent dessinés, mais très peu d'entre eux les ont réalisés faute de moyens, d'imagination et de courage chez leurs maîtres d'ouvrage. La rigidité des plans d'appartements est cependant trop mal vécue pour perdurer ; s'imposeront donc à terme la flexibilité intérieure de chaque appartement et la potentialité implicite de pouvoir transformer, à moindre coût, un bâtiment résidentiel en immeuble de bureaux ou d'artisans.

Ces éventuelles transformations de bâtiment remettent en question les singularités de programme et leur trop grande rigueur. Comment comprendre que, dans un ensemble d'immeubles, chaque bâtiment réponde à un programme intangible et différent quand l'expérience montre que les affectations d'espace sont toujours provisoires ? Les centres commerciaux où, sur chaque parcelle, se succèdent des activités différentes dans leurs pratiques et formulations architecturales, l'illustrent à la caricature. Faut-il donc laisser faire ? Beaucoup d'anciennes places montrent que des cohésions formelles furent en leurs temps possibles. Pourquoi ne le sont-elles plus ? Comment comprendre que les bâtiments récents soient généralement autistes, qu'ils ne tiennent guère compte des contextes ? La prestation d'architecte ne se borne pas à concevoir des superstructures, mais aussi à les insérer dans leurs environnement et territoires, ce qui n'est d'ailleurs qu'exceptionnellement spécifié dans les programmes ; le serait-il plus souvent que leurs contraintes les rendraient inapplicables ! L'intangibilité des programmes ne se comprend finalement qu'en fonction de leurs non-dits implicites, c'est-à-dire des valeurs à ajouter, celles notamment de HQE.

N'étant guère programmée et donc non-obligatoire, la HQE ne serait de fait qu'un additif, une plus-value escomptée en fonction d'investissements supplémentaires à objectifs prédéfinis : l'isolation, les économies d'énergie, l'autosuffisance et autres. La démarche HQE ne serait alors qu'un cahier des charges additionnel et ses fondements, son sens premier, passablement dévoyés. Son but ne saurait, en effet, se résumer à des performances techniques, mais plutôt à l'application d'une manière de penser, de concevoir et de réaliser, en utilisant rationnellement les énergies naturelles et les retombées des technologies contemporaines, ni non plus à une logique ou un esprit qui, en bien des points, s'apparente à celui de l'architecture entendue dans sa pratique originale.

family development or the wishes of the occupants. Changes in layout usually require a system of movable partitions and interchangeable elements that are technically simple to design, manufacture and install. Architects have often designed them, but very few have been made because of the lack of resources, imagination and courage on the part of their principals. The inflexibility of apartment plans cannot last; eventually the interior flexibility of each apartment and the potential for low-cost conversion of a residential building into an office building or a place of work for the self-employed will become unavoidable requirements.

These possible changes in the use of a building raise the question of the distinctive features of the plan and their inflexibility. How can it be that, in a group of buildings, each one adheres to a distinct and inviolable specification, when experience tells us that the way spaces are used is always transient? Commercial centres, where each plot hosts a succession of activities that vary in their operations and architectural formulations, illustrate the point only too clearly. Can we not intervene at all? Many historic locales prove that, in the past, formal coherence was possible. Why is this no longer so? How is it that recent buildings usually do not relate to their neighbours, take no account of the context in which they are placed? The architect's work is not limited to designing superstructures, but includes matching them to their environments and the land they occupy, although this is seldom mentioned in the specifications. If only their constraints made them, more often, impossible to apply! The inviolability of specifications can ultimately be understood only as a function of their implicit and unstated elements, that is to say their added High Environmental Quality values.

Because it is not programmed and therefore discretionary, HEQ could become peripheral, an added value allowed for in supplementary investment for specific purposes: insulation, energy saving, self-sufficiency, etc. The HEQ initiative would then be only a matter of additional specifications and its original purpose would have been forgotten. Its intention, however, should not be seen in terms of technical applications, but rather in using a new way of thinking, designing and building, the rational use of natural energy and the repercussions of contemporary technologies. Nor is its logic or spirit a simple extension of that found in architecture as formerly practised.

PROPORTIONNELLE ALEATOIRE

TRANSMISSION DES FLUX

CAPTEURS	>	ACCUMULATION & TRANSFORMATION
ORIELS	>	ACCUMULATION & DISTRIBUTION
VITRAGE	>	IMMEDIATETE

F1 F2 F3 F4

ECONOMIE = ECOLOGIE

& VICE-VERSA

 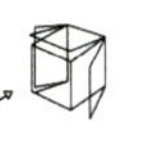  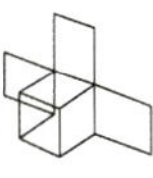

DES ORIELS MODULABLES

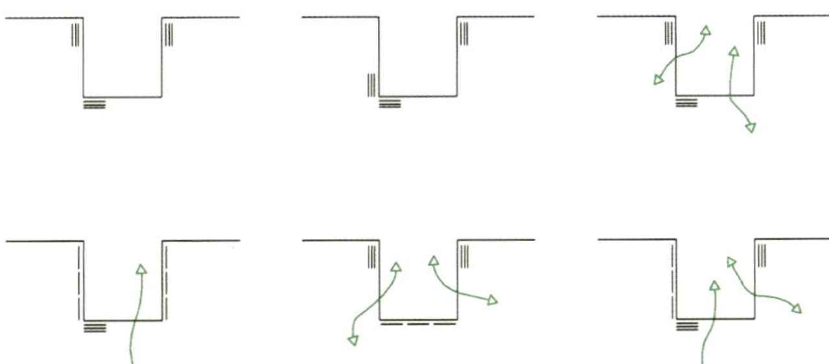

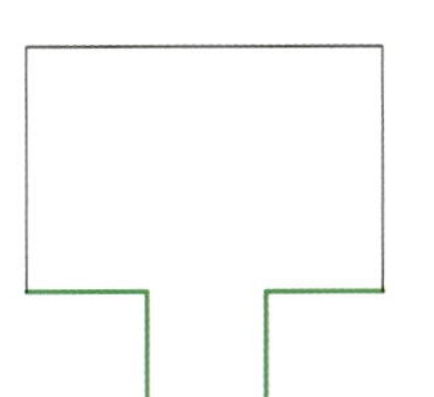 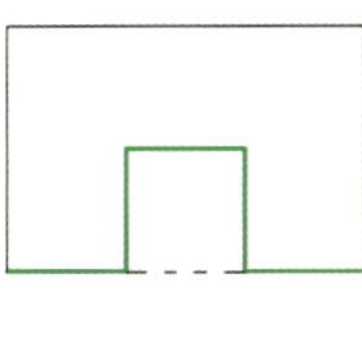

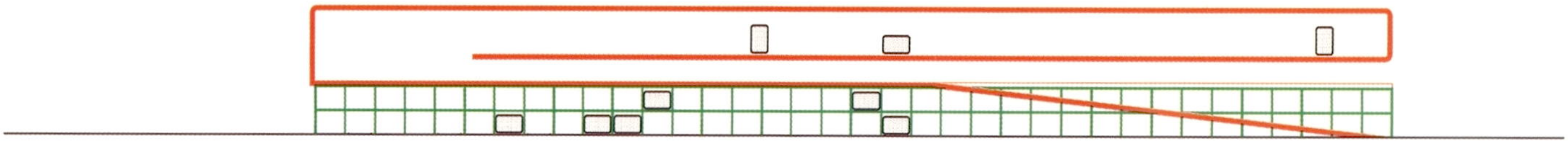

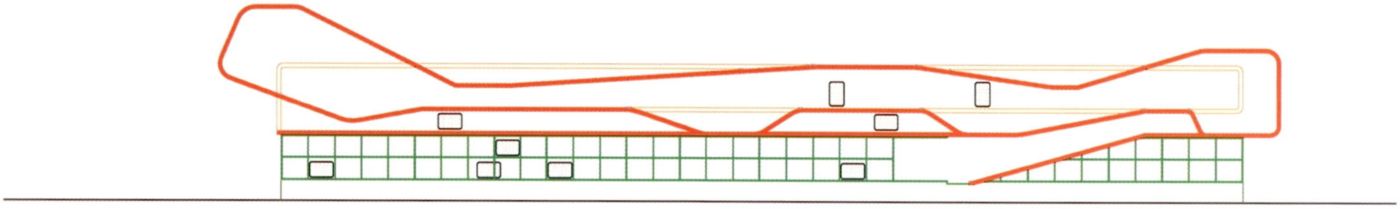

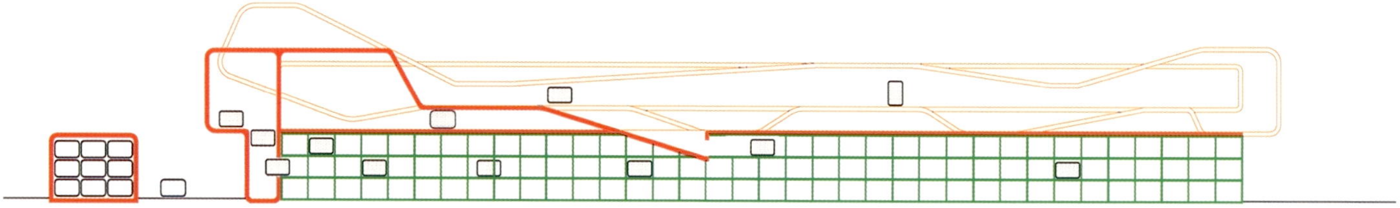

Simulation intérieure.
Simulation of interior.

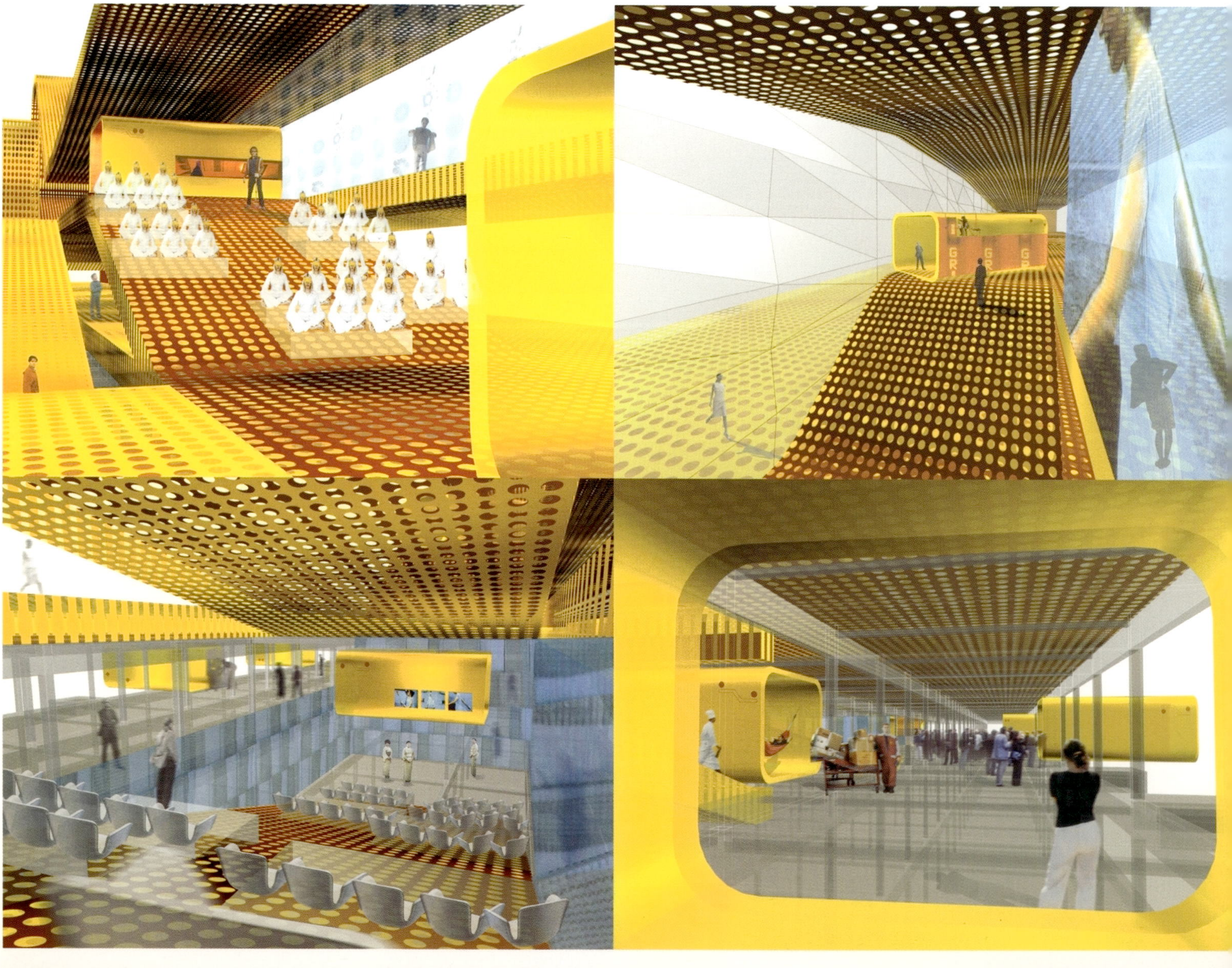

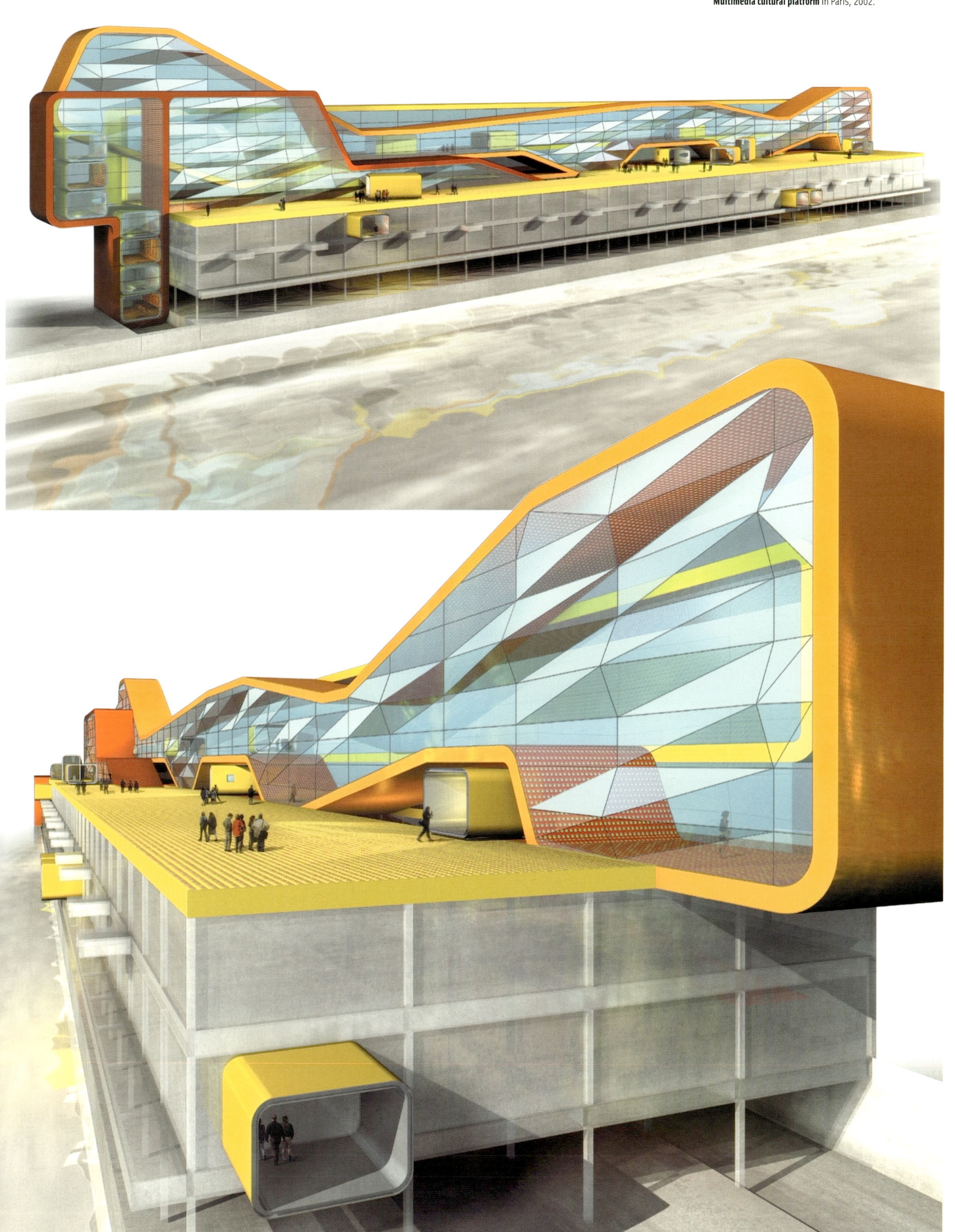

Projet de plate-forme culturelle multimédia à Paris, 2002.
Multimedia cultural platform in Paris, 2002.

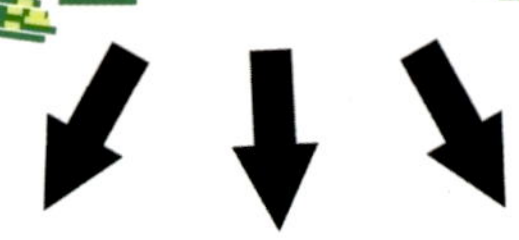

1

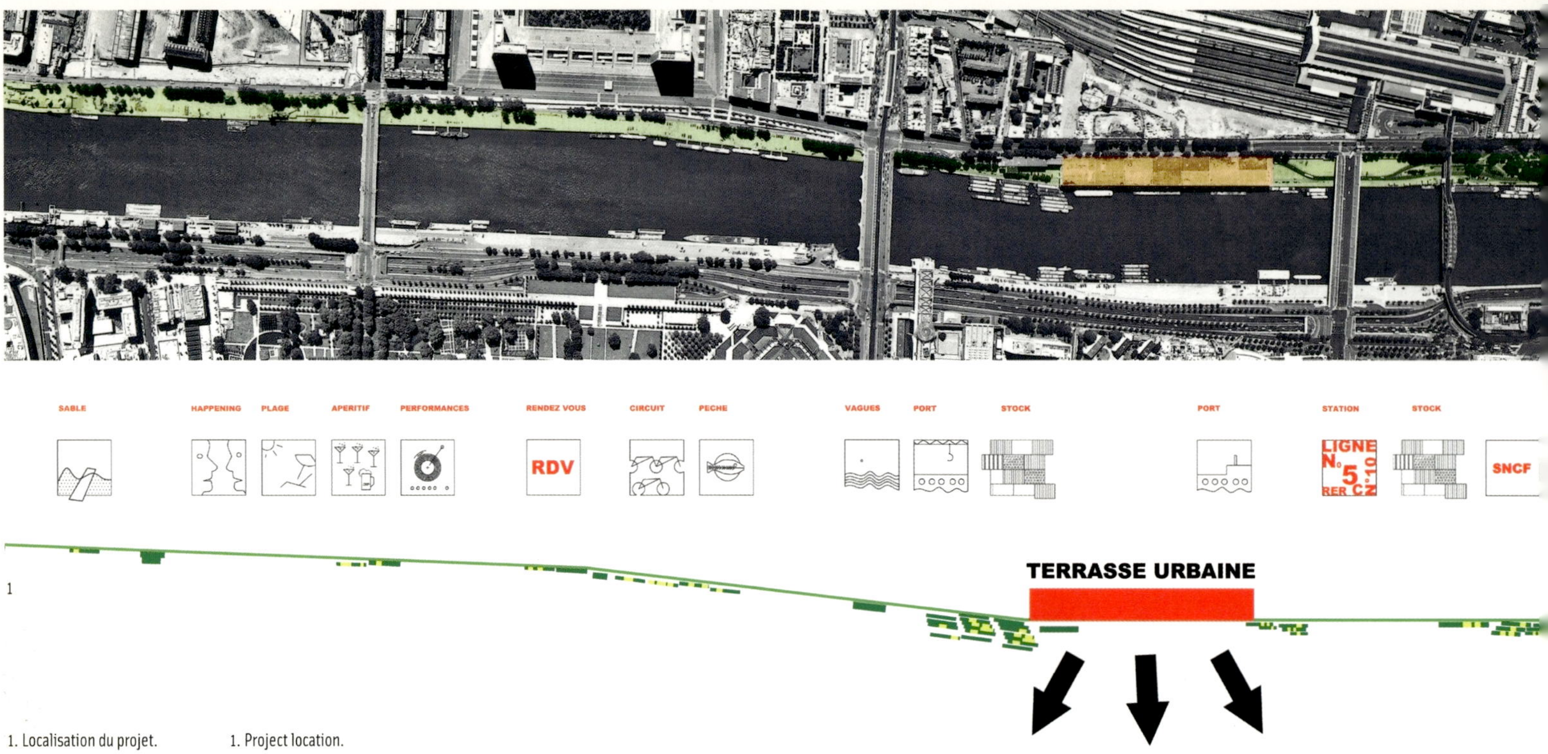

1. Localisation du projet.
2. Maquette.
3. Le site.

1. Project location.
2. Model.
3. The site.

2

2

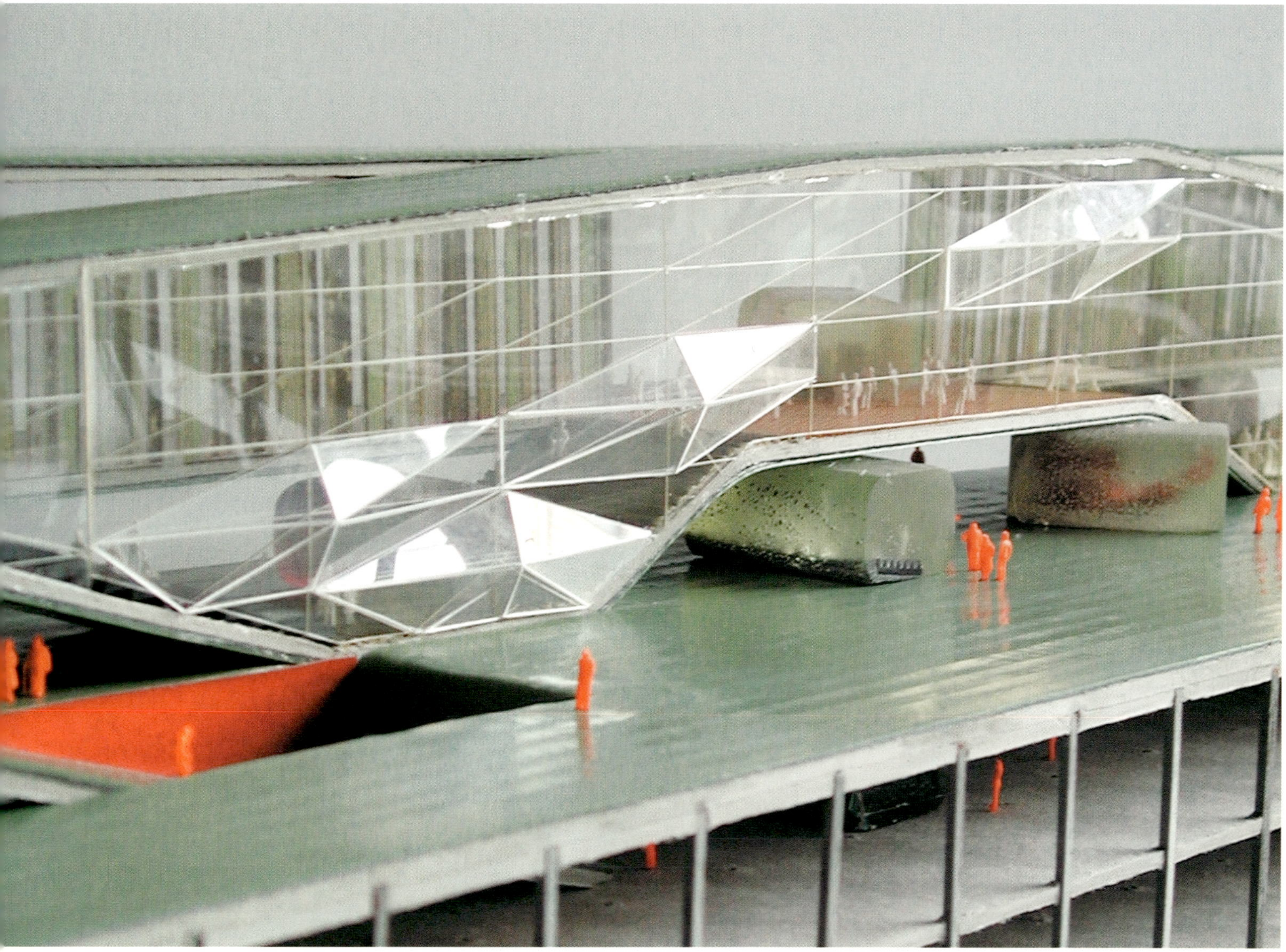

Jean-Yves Barrier   *architecte/architect, Paris*

Rhétorique et développement durable
Architectural Expression and Sustainable Development

L'architecture se situe à la conjonction du mystère et du bon sens : du mystère de la création d'où proviennent indistinctement l'exceptionnel ou le banal, la poétique du projet et ses valeurs culturelles. Le bon sens les justifie qui, assurant l'adéquation de ce projet à ses usages et fonctions, l'inscrit dans son temps par le choix même des matériaux et des techniques. Cette arcane de l'architecture n'est guère manifeste et la valeur, les qualités de l'œuvre, restent souvent imperceptibles. L'émotion de nouvelles voies naît alors de l'invisible.

L'architecture dite écologique est rarement ostentatoire. La forme, le jeu des volumes assemblés sous la lumière, n'est pas l'objectif majeur de projets à développement durable ; leurs programmes sont par trop concrets et leurs finalités trop tangibles. L'architecte y découvre de nouveaux impératifs, de nouvelles contraintes, mais aussi d'autres voies à explorer qui, à terme, redonneront un sens véritable à l'architecture contemporaine.

L'absence de références formelles et techniques et une certaine conscience des responsabilités civiques de l'architecte favorisent son engagement ; elles le contraignent, en effet, à défricher un champ originel de réflexions et pratiques, d'innovations et de créations. Les spécificités de sites et les particularités de programmes le conduisent, dans cet esprit, à modifier ses échelles de valeurs, à définir l'essentiel et à le traiter prioritairement ; les autres points sont par la suite abordés selon leur importance dans la nouvelle hiérarchie qu'engendre cette autre architecture.

Les questions de forme et d'aspect s'y posent différemment : la formulation du projet ne découle plus, en effet, des goûts de l'architecte ou de ceux du promoteur, mais des logiques architectoniques, du choix des matériaux et de leurs combinatoires et d'autres facteurs encore mal définis. L'allure du bâtiment n'est qu'une résultante, et l'interrogation kahnienne : « Le projet, que veut-il être ? », plus que jamais d'actualité, comme le démontre magnifiquement le projet Salvatierra à Rennes.

Salvatierra est l'opération la plus importante du programme européen CEPHEUS (Cost Efficient Passive House as European Standard) qui, par l'utilisation de technologies innovantes, vise à la réalisation de bâtiments dont la consommation annuelle serait inférieure à 15 kW/h par m^2, c'est-à-dire une économie énergétique d'environ 75 % des moyennes actuelles d'un logement neuf. Le choix de matériaux naturels sains comme le bois, la laine de chanvre (indigène et renouvelable) et la bauge (terre moulée et comprimée en éléments de 50 cm d'épaisseur) répond à cet objectif. La laine de chanvre est intégrée à l'ossature de bois constituant l'enveloppe générale ; son épaisseur

Architecture lies at the intersection point of mystery and common sense: the mystery of creation gives rise simultaneously to what is exceptional and what is ordinary, the poetry of the project and its cultural values; common sense vindicates all these by ensuring that the project is suitable for its uses and function, and the choice of materials and techniques locates it in its time. Such architectural mystery is rarely evident, and the value and qualities of the work are often imperceptible. The feeling behind new directions, then, originates in the unseen.

So-called ecological architecture is rarely ostentatious. The form, the play of volumes assembled under light, is not the principal aim of sustainable development projects; their programmes are much more practical and their purposes more tangible. The architect discovers in them new requirements and constraints, but at the same time new modes of exploration that, in the long run, will give a new and real meaning to contemporary architecture.

The absence of formal and technical considerations and an awareness of the social responsibility of the architect further the undertaking; they force him or her to consider a whole new field of ideas and practices, innovations and creative solutions. In this way the specific character of sites and the special requirements of programmes lead to a change in the architect's scale of values, of what is essential and should be given priority; other points are dealt with later, in accordance with their importance in the new hierarchy established by this innovative architecture.

The questions of form and appearance take on a different aspect: the formulation of the project is no longer the result of the taste of the architect or the developer, but of architectonic imperatives, the choice of materials and their combination, and other, as yet ill-defined, factors. The appearance of the building is only a result, and the question put by Khan, "What does the project want to be?" is more relevant today than ever before, as is proven magnificently by the Salvatierra project in Rennes.

Salvatierra is the largest operation of the European CEPHEUS (Cost Efficient Passive House as European Standard) programme, which, by using innovative technologies, aims to construct buildings where the annual energy consumption is lower than 15 kWh/m^2, that is, an energy saving of approximately 75 per cent on the present average for a new dwelling. The choice of healthy and natural materials such as wood, hemp (indigenous and renewable), and clay and straw mortar (earth moulded and compressed into bricks 50 cm thick) makes this possible. The hemp is built into the wood frame and creates an overall envelope; it is 16 cm thick in the walls and 20 cm under

est de 16 cm pour les murs et de 20 cm sous la toiture. Thermiquement et acoustiquement isolante, la bauge, mise en œuvre sur la façade sud, assure à l'ensemble les inerties et les capacités de stockage nécessaires aux conforts de l'été et de l'hiver. Des menuiseries en bois, à double vitrage avec lame d'argon augmentent les performances isolantes, viennent compléter ces dispositifs.

L'étanchéité à l'air des liaisons entre planchers et façades a été particulièrement étudiée pour prévenir les ponts thermiques ; les passerelles d'accès aux logements sont, pour cette raison, totalement indépendantes de la façade. Un récupérateur de chaleur à haut rendement assure au bâtiment une double ventilation. De même, une centaine de mètres de capteurs solaires, situés en toiture, fournissent toute l'eau chaude sanitaire.

Tant pour rationaliser la construction que pour éviter les déperditions de chaleur, les quatre étages inférieurs de Salvatierra sont très denses ; s'y ajoutent les deux niveaux supérieurs qu'occupent plusieurs duplex.

the roof. The clay and straw mortar, which gives acoustic and thermal insulation, is used on the south façade and provides all the inertia and storage capacity necessary for comfort in summer and winter. Wood fittings, including double glazing with a lamina of argon for greater insulation, complete these arrangements.

Particular attention has been given to making the links between the floors and the façades airtight, in order to avoid heat bridges; for this reason the walkways giving access to the apartments are totally independent of the façade. A high-performance heat economiser provides the building with double ventilation. Additionally, a hundred metres of solar collectors, located on the roof, supply it with all its hot washing water.

Both to justify the building and to prevent heat loss, the four lower storeys of Salvatierra are very densely populated; there are several maisonettes on the two upper levels.

Page précédente :
Résidence Salvatierra, quarante logements bioclimatiques, Rennes, 2001.
Détail de la façade nord.

Previous page :
Résidence Salvatierra, forty bioclimatic dwellings, Rennes, 2001.
Detail of the north façade.

DETAIL ANGLE FACADE SUD (BAUGE)
ET PIGNON OUEST (OSSATURE BOIS + LAINE DE CHANVRE)

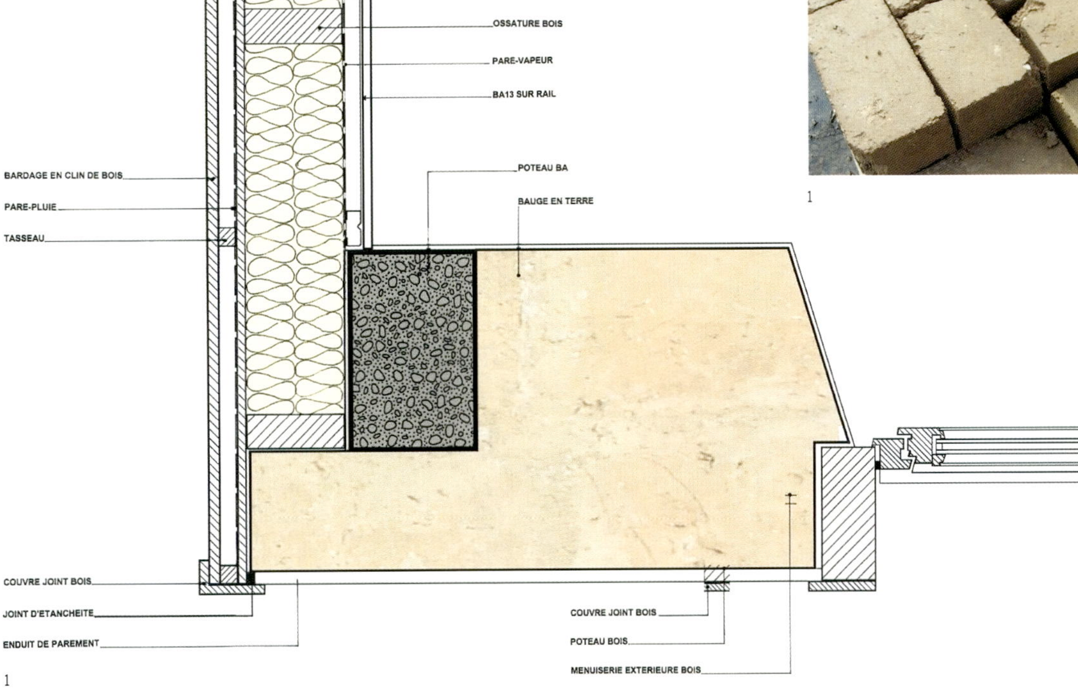

1. Principes constructifs.
2. Vue de la façade sud.

1. Construction principles.
2. View of the south façade.

2

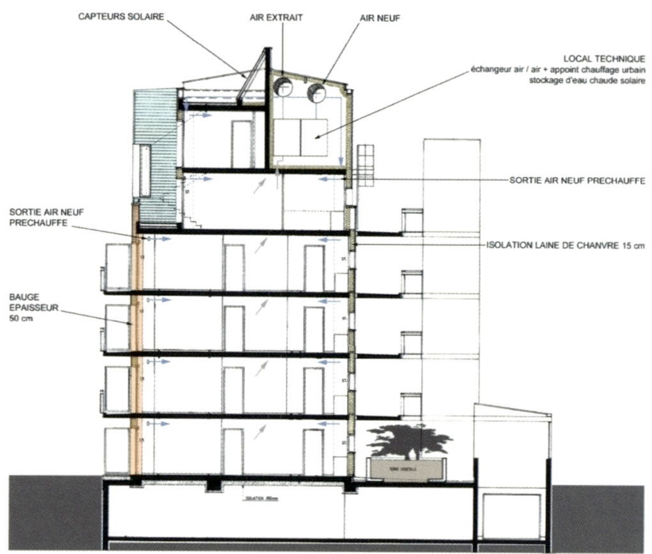

Coupe.
Section.

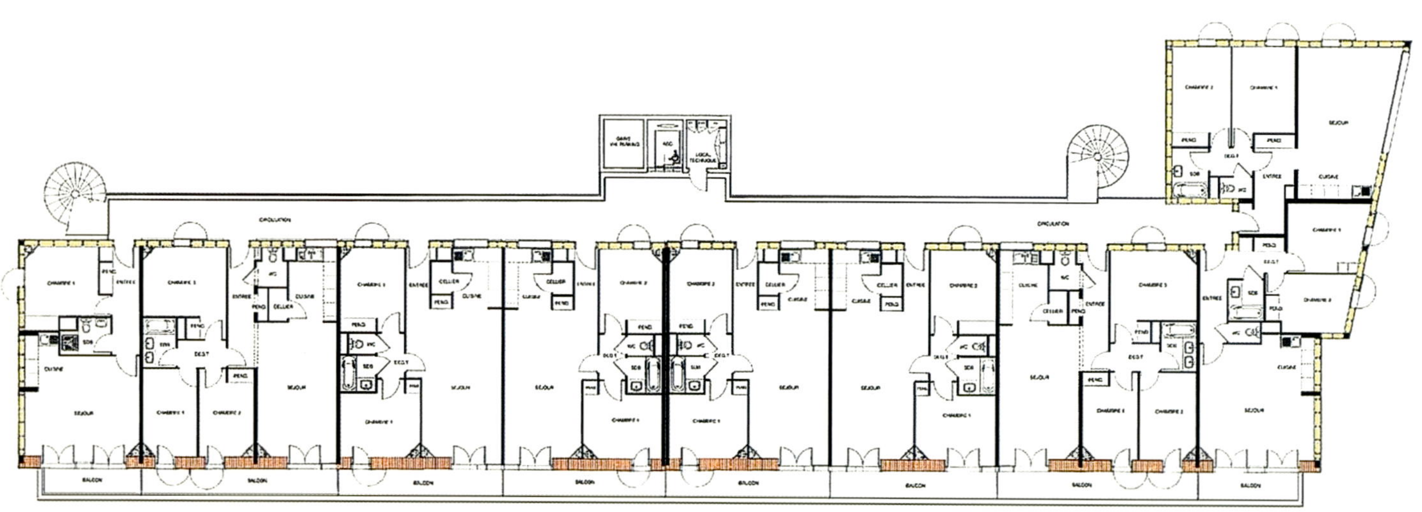

Plan de niveau.
Level plan.

Détail de la façade nord
Detail of the north façade.

Christian Hauvette   architecte/architect, Paris

Architecture et développement durable
Architecture and Sustainable Development

L'architecture fait mieux que de s'inscrire dans les critères du « développement durable ». À présent le monde du bâtiment s'interroge sur le rapport que l'architecture entretient avec le climat et l'environnement géographique, sur sa capacité à minimiser l'emploi des ressources naturelles, à économiser l'énergie et à réduire la pollution. À tel point que les pouvoirs publics ont considéré comme indispensable et urgent de créer le concept de « Haute Qualité Environnementale ». Cela sonne un peu comme une sanction, comme si, à ses yeux ou à ceux du public, et ce n'est pas le moindre des paradoxes, la dimension symbolique de l'architecture moderne avait totalement supplanté la composante fonctionnelle ou économique, comme si les valeurs de la représentation avaient aveuglé celles de l'usage et de sa permanence, faits qu'il faudrait nécessairement contrer par de nouvelles mesures réglementaires.

Or le respect de l'usage, est-il besoin de le rappeler, est un des premiers axiomes de l'architecture. Cela va de soi, l'enclos se doit d'être fonctionnel et d'abriter durablement l'usage, ou alors la commande disparaît. S'il existe une fonction de base en architecture, une nécessité qui lui est propre et intangible, c'est celle-ci : enclore pour protéger et abriter durablement l'homme et ses activités. L'architecte est commandité ; l'enclos architectural, payé par le maître d'ouvrage, est par définition économique et solide, fixe et durable, c'est ce qui le distingue du masque scénographique, provisoire et factice, ou de l'enveloppe mobile et éphémère du nomade. Sans ignorer ces mondes parallèles, trouvons d'autres mots pour désigner les simulations des scénographes, les vagabondages des nomades, les « réalités virtuelles » des infographistes, les installations événementielles des artistes.

Cependant, quoi de plus changeant qu'un usage ? Face à la variabilité des programmes dans le temps, l'enveloppe est non seulement censée inscrire sa matérialité dans la durée, mais encore contenir avec bonheur les programmes successifs que l'époque impose. Au fil du temps, le programme varie, mais l'enveloppe persiste. L'architecture « traverse » la modification des usages, cet autre axiome pose l'idée d'une certaine autonomie de la discipline. Loin d'être la bête transcription d'un programme, sa mise en lisibilité, l'architecture est trans-fonctionnelle, elle est ce bien indépendant et durable qui a pour vocation de devenir patrimoine.

Un troisième postulat indique que l'objet architectural se doit de gérer correctement le rapport à l'environnement naturel et climatique, faute de quoi il n'appartient pas à l'architecture. Les volumes internes délimités par les parois forment ce qu'on nomme « l'espace », plus exactement l'espace architectural. Autant que les règles de définition et d'enchaînement des espaces entre eux, ce sont les modalités par lesquelles est travaillé ce filtre disposé entre l'espace et l'environnement naturel qui constituent l'art et le savoir architectural. On pourrait dire que l'architecture est autant la manière d'acclimater l'atmosphère dans l'espace géométrique que celle de déterminer des parois capables d'apprivoiser la sauvagerie des météores ou l'implacable réalité des astres.

Et puis l'architecture est faite pour signifier. S'il y a une symbolisation

Architecture does more than merely comply with the criteria of "sustainable development". At the present time the building world is asking questions about the relationship between architecture and climate and the geographical environment, about its ability to minimise the use of natural resources, to save energy, and to reduce pollution. To such an extent, indeed, that those in authority have decided it is both necessary and an urgent matter to create new administrative categories under the expression "High Environmental Quality". This sounds punitive, as if, in the eyes of the authorities or those of the public (and this is not the least of the paradoxes), the symbolic dimension of modern architecture had completely replaced the functional or economic elements, as if visual values had taken precedence over use and durability, and it were necessary to counter this by means of new regulations.

Now, we have to remember that respect for the use that will be made of a building is one of the first principles of architecture. It goes without saying that the enclosed area must be functional and provide long-term accommodation for the intended activity; otherwise the order will be withdrawn. If architecture has one basic function, one requirement that is special to it and sacrosanct, it is this: that it shall protect human beings and their activities and accommodate for a prolonged period man and his activities. The architect is financed; the architectural space, paid for by the client, must by definition be economical and strong, fixed and lasting, in contrast to stage scenery, which is temporary and simulated, or to the mobile and ephemeral tent of the nomad. Without ignoring these parallel worlds, we use different words to describe the simulations of a theatrical set, the wandering of nomads, the "virtual reality" of computer graphics, the installation events of artists.

Nevertheless, is there anything more changeable than usage? Because programmes change over time, the envelope must not only belong to its own time, but successfully accommodate later purposes as well. Over a period of time programmes change, but the envelope remains. Architecture "straddles" change in usage, and this additional principle gives a certain autonomy to the discipline. Far from being a mindless transcription of a programme, the programme writ large, architecture is trans-functional, an independent and lasting piece of property that will become a heritage.

A third principle is that the architectural object must manage properly its relationship with the environment and the climate, otherwise it ceases to be architecture. The internal volumes marked off by partitions form what are called "space", more precisely, architectural space. The rules for defining and linking of spaces are the means by which this filter, that is the art and know-how of architecture, is created between the space and the natural environment. We could say that architecture is as much a matter of acclimatising the atmosphere within the geometric space as it is of setting up partitions that tame the savagery of meteors or the implacable reality of the stars.

Then again, architecture is designed to carry meaning. If it has a primary and unquestionable symbolic purpose, it is that related to the monumentality that indicates celebration and foundation. Celebration of the presence enclosed within its walls, an indication of the power of the clients, foundation

Bureaux des services informatiques d'Arcilor
à Grande-Synthe,
2001-2002.
1. Distribution intérieure.
2. Entrée principale.

Computer services offices for Arcilor
in Grande-Synthe,
2000-2002.
1. Interior layout.
2. Main entrance.

1

2

première et intangible en architecture, c'est celle qui s'appuie
sur la monumentalité pour signifier la célébration et la fondation.
Célébrer la présence enfermée dans les murs, indiquer la puissance
des commanditaires, fonder le rapport entre l'individu et la communauté,
messages éternels. L'objet architectural ne fait pas que révérer les pouvoirs.
Il incarne la civilisation, il offre une puissance de persuasion opposée
à la violence, une aptitude à mettre en question et à délivrer des réponses.
Il est ce qui fonde et dit le fondement de la communauté. Cette composante
symbolique n'est pas plus éphémère que la composante fonctionnelle,
sa certitude est aussi d'être valeur permanente.

Pour ces quatre raisons l'architecture, en tant que matérialité, en tant
que patrimoine, en tant que limite et en tant que message, dépasse les stricts
critères du « développement durable ». Elle est une valeur patrimoniale,
une richesse collective inscrite dans la durée. Est-elle toujours l'éternelle
Architecture, grand A, celle qui a traversé les siècles jusqu'à aujourd'hui
sans subir de crise notable ? Après plusieurs autres, le projet ci-après tente
d'inscrire sa petite contribution dans cette bonne et grande question.

of the relationship between the individual and the community, eternal
messages. The architectural object not only causes the powerful to be revered.
It embodies civilisation, is persuasive against violence, and has the capacity
to ask questions and provide answers. It is, and speaks of, the foundations of
the community. This symbolic element is no more ephemeral than the
functional; it is certain to be a lasting value.

For these four reasons architecture, in its physical presence, as heritage,
as delimitation of space and as message, goes beyond the strict criteria of
"sustainable development". It is an asset, a collective treasure with its place
in time. Is it always Architecture with a capital A that has lasted across the
centuries to our own day without suffering from any significant crises?
After several previous attempts, the project presented below tries to make its
modest contribution to this fair and important question.

Distribution intérieure.
Interior layout.

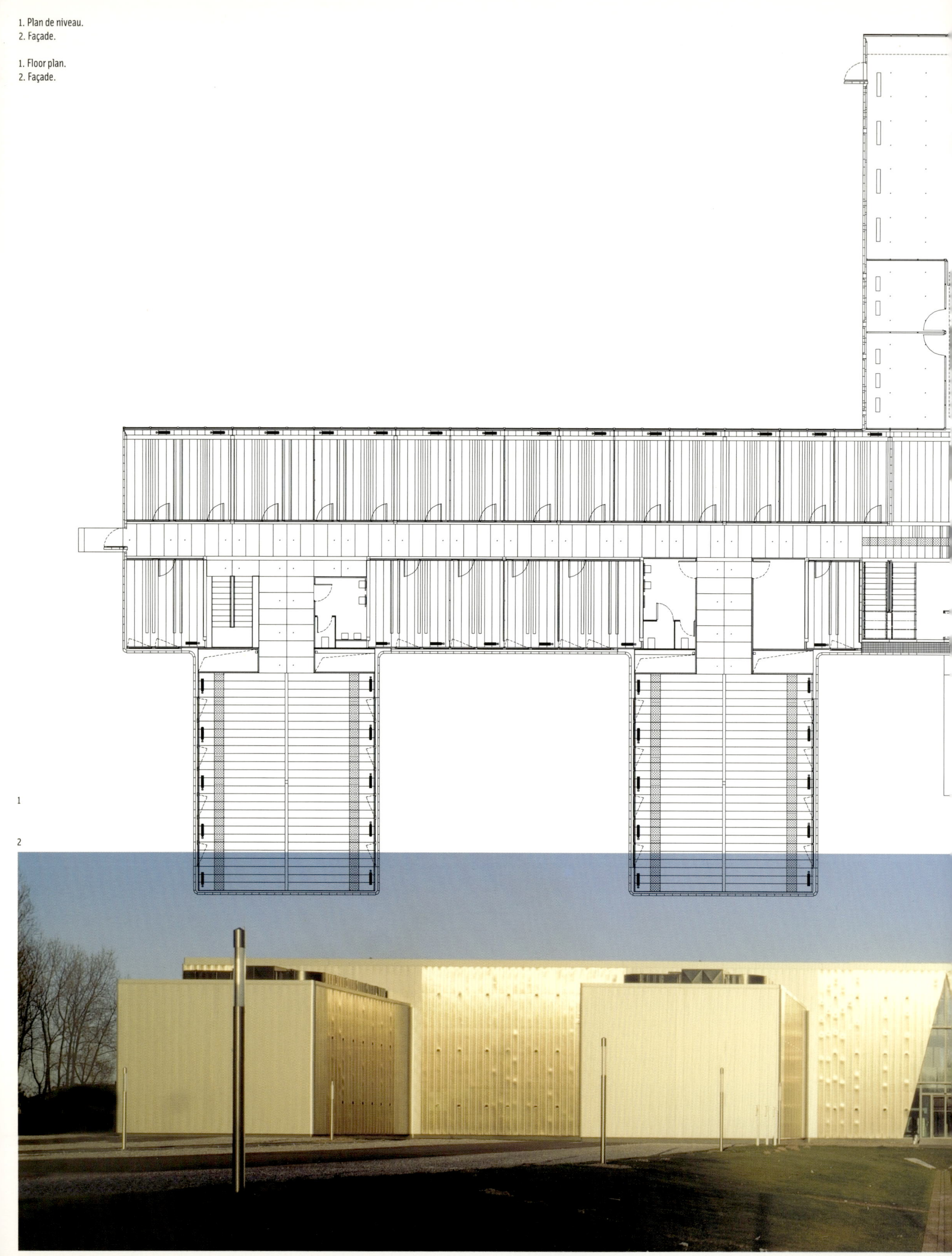

1

2

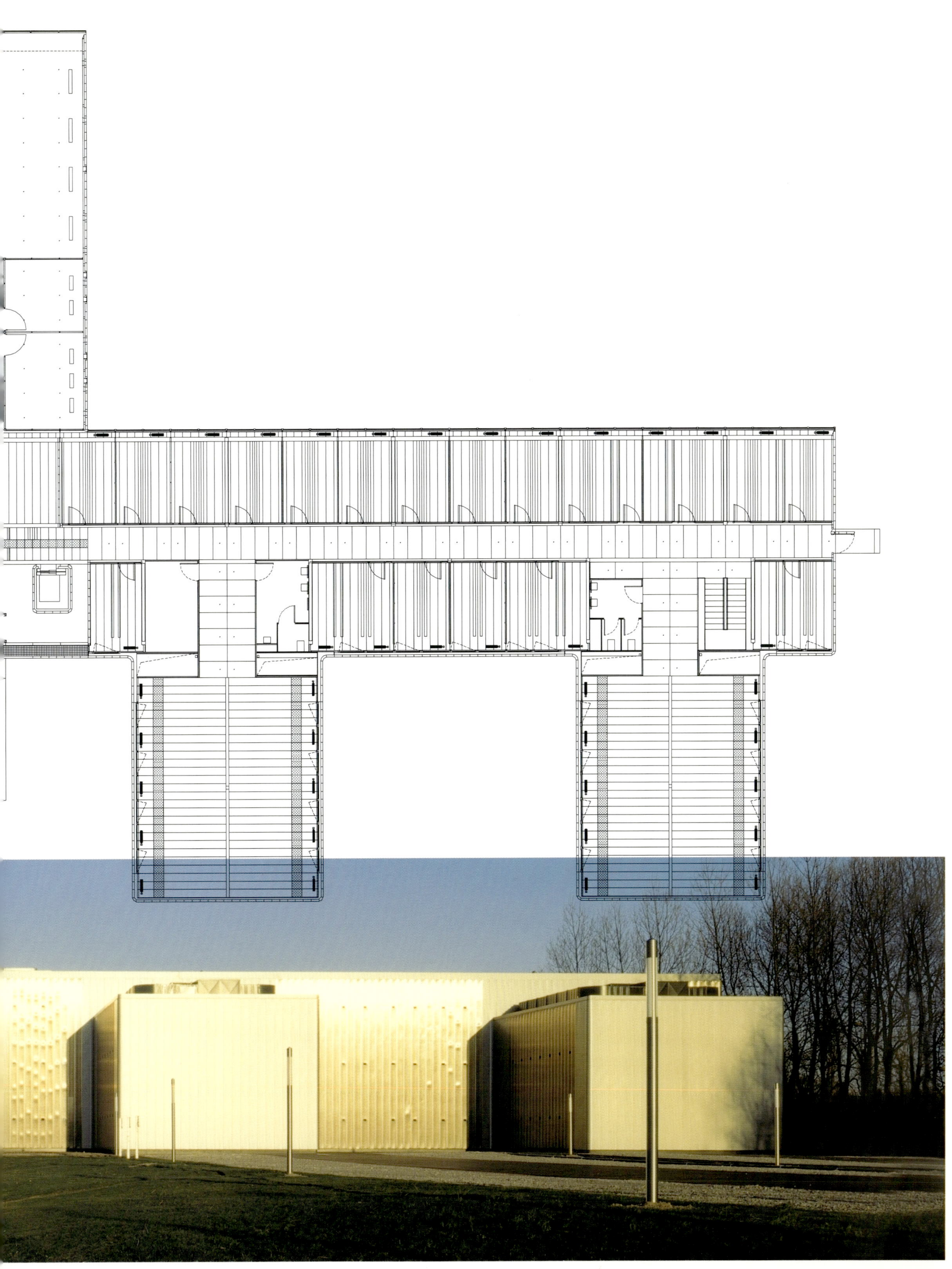

Adrien Fainsilber   architecte/architect, Paris

Architecture de lumières
Towards an Architecture of Light

Située au cœur de Marseille, sur une parcelle autrefois occupée
par un ancien music-hall, la nouvelle bibliothèque est organisée de part
et d'autre d'une rue intérieure, un grand vide central sur lequel donnent
les différents départements. Élément majeur de la composition architecturale,
cette nef comprend l'ensemble des grandes circulations verticales
et horizontales desservant les 18 000 m² de surfaces utiles répartis sur cinq
niveaux, tout en les éclairant plus ou moins directement.

Seconde spécificité architecturale d'importance, l'éclairage de ce projet
est particulier : y alternent et s'y conjuguent, selon les heures et les endroits,
la lumière naturelle et les éclairages artificiels. La grande verrière couvrant
la nef centrale et les murs extérieurs diffusent la première quand les seconds
viennent de sources diverses, diversement localisées.

Au-dessus de la grande verrière, un brise-soleil horizontal tempère,
dans la nef, les trop fortes luminosités estivales pour y créer une ambiance
de douce clarté. Un complexe de projecteurs assure, les jours de grisaille,
la même ambiance tout en éclairant le brise-soleil pour donner un arrière-plan
à la verrière. La lumière diaphane que dispensent les murs extérieurs s'ajoute
à ces lumières centrales ; constitués de plaques de verre et de marbre
d'Anatolie soudées, ces murs sont en effet translucides. De nuit, filtrant
les lumières intérieures, ils brillent discrètement et transforment
la bibliothèque en signal lumineux, en un mystérieux objet posé sur le trottoir.

Les ambiances et le confort lumineux des espaces intérieurs varient suivant
leurs fonctions : ceux des zones de lecture résultent de la conjonction
de lampes de tables fluorescentes à éclairage ponctuel avec des *Down Lights*
qui, disposées sur rail porteur, diffusent par réflecteur une lumière indirecte
à densité constante. Une structure souple adaptable à divers systèmes
d'éclairage est utilisée dans les espaces d'exposition où les contrastes
d'intensités, de colorations ou d'effets de lumières sont à la fois provisoires
et particulièrement accusés. Les zones d'accueil reçoivent un éclairage
d'accentuation auquel s'ajoutent des appareils ponctuels servant,
selon les cas, d'éléments signalétiques. L'éclairage des coursives, passerelles
et autres circulations horizontales est assuré de manière classique,
par des lampes régulièrement implantées.

L'évidente sophistication de ces manipulations lumineuses et leurs rapports
à l'architecture même de la bibliothèque montrent, une fois de plus,
que la lumière est aussi et avant tout matériau ; un matériau sans lequel aucune
architecture ne saurait être perceptible. Qu'il soit naturel ou artificiel,
son emploi demande comme pour tout autre matériau une intelligence
de la matière et, dans son cas, d'une matière intangible et variable.
Si la lumière artificielle est contrôlable et généralement constante,
ses effets sont statiques et ses formulations, définitivement fixées
et pour d'incompréhensibles raisons, souvent primaires. Changeante
et incertaine, la lumière naturelle est un matériau vivant susceptible
de produire d'infinies variations sur un même objet, d'exprimer différemment
ses espaces et volumes.

La conjugaison de ces lumières s'avère donc un exercice difficile
que peu d'architectes ont tenté. C'est là l'une des nombreuses incohérences
de l'architecture contemporaine, un défi à relever.

Located in the heart of Marseille on a plot of land formerly occupied by a
concert hall, the new library is laid out on either side of an internal
throughway, a large central space onto which the various departments look out.
This nave, the main element of the architectural composition, includes all the
main vertical and horizontal movement routes, serving and more or less
lighting directly the 18 000 m² of working areas spread over five levels.

The second notable architectural feature is the lighting of this project:
depending on the hour of the day and the season of the year, natural and
artificial light alternate or are used in conjunction with each other. The wide
glass roof that covers the central nave and the outer walls diffuses natural
light, while artificial light is provided from a range of sources in various
locations.

Above the glass roof, a sun-shield protects the nave from the intensity of
summer light and creates a softly lit atmosphere. On dull days a group of
floodlights ensures that the lighting is of the same intensity and at the same
time lights the sun-shield, providing a background to the glass roof. The light
that passes through the external walls, which are made of plates of glass and
Anatolian marble and are transparent, adds to the central lighting. At night
these walls filter a light from the interior that glows and transforms the library
into a luminous sign, a mysterious object situated on the pavement.

The atmosphere and the illuminated intensity of the interior spaces vary
according to their function: the reading areas combine fluorescent table lamps
with, at intervals, down-lights arranged on a bearing rail, using a reflector to
diffuse a light of even intensity. A flexible structure that can be adapted for
various systems is used in the exhibition areas, where the contrasts of
intensity and colour and the lighting effects are temporary and can be more
emphatic. The reception areas have stronger lighting to which are added, at
intervals and where necessary, illuminated signs. Passageways, corridors and
other movement routes are lit in traditional fashion by means of regularly
placed lights.

The evident sophistication of this handling of light and its relationship
with the architecture of the library proves, once more, that light is equally
a material; a material that any architecture should take into account. Whether
it be natural or artificial light, using it requires, as with any material, an
understanding of it, and in this case we are dealing with a material that is
intangible and always changing. Although artificial light is controllable and
usually constant, its effects are static and the way it is used, in pre-ordained
patterns, is often simplistic. Changeable and uncertain, natural light is a living
material that can highlight the same object in an infinite variety of ways and
bring different meanings to its spaces and volumes.

To bring together these two forms of lighting is a difficult exercise that few
architects have attempted. It is one of the many inconsistencies of
contemporary architecture, and a challenge to be faced.

Projet de **bibliothèque
municipale à vocation
régionale** à Marseille,
2002.
1. Vue aérienne
du projet.
2. Entrée principale.

**The Regional Municipal
Library** in Marseille,
2002.
1. Aerial view of the
project.
2. Main entrance.

1

2

Principes d'éclairage fonctionnel et architectural de la rue intérieure. L'éclairage du brise-soleil zénithal le met en valeur. Des down lights compacts, fluorescents, assurent l'éclairage des coursives dont certains points (accueils et escaliers) sont valorisés par des projecteurs intensifs. L'éclairage de proximité s'intègre au mobilier.

Principles of functional and architectural lighting of the inner roadway.
The lighting of the sunbreaker in the roof contributes here. Compact fluorescent down-lights provide lighting for the passageways which at certain points (reception and stairs) is intensified by projectors. Proximity lighting is built into the furniture.

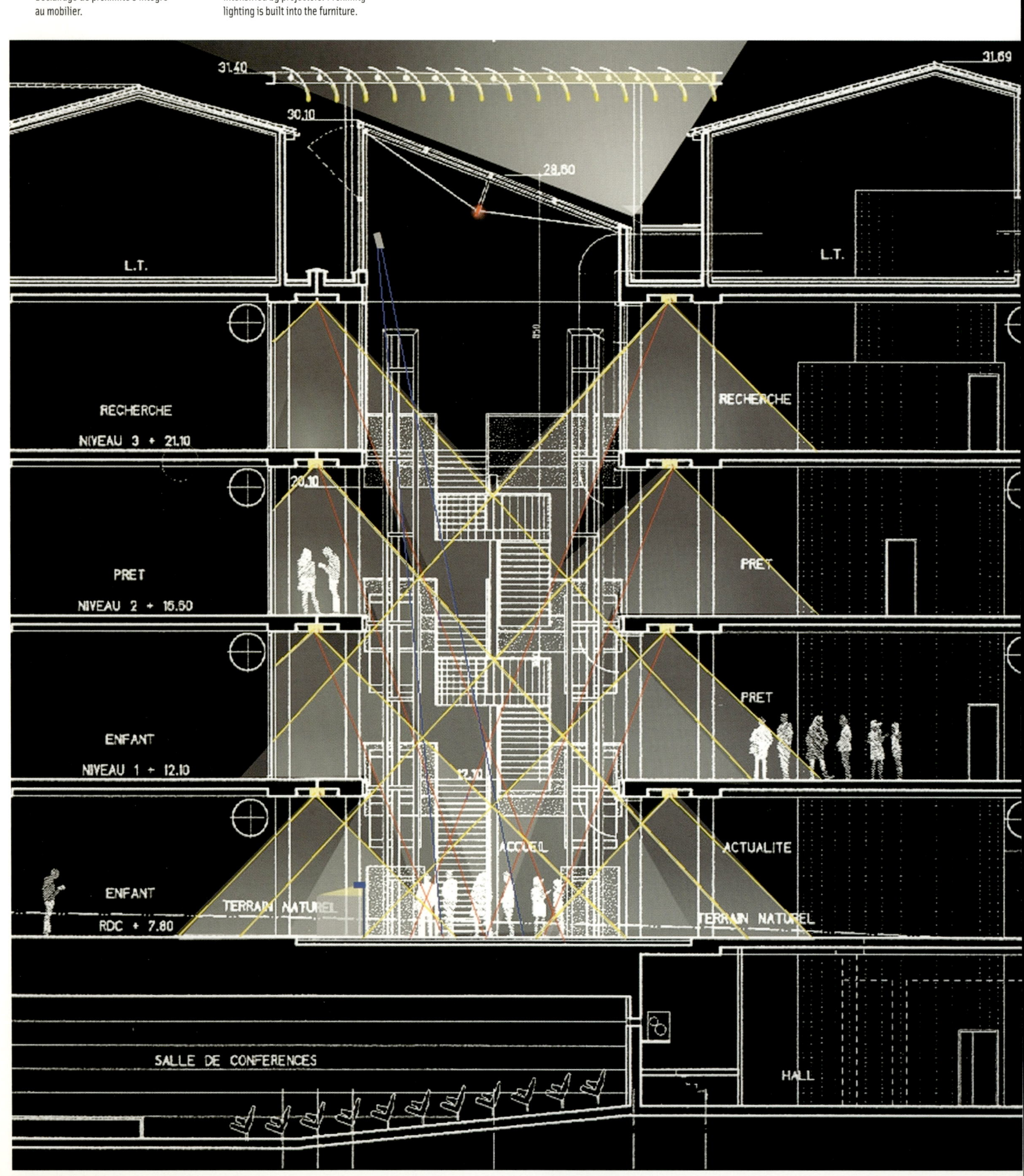

Ambiance lumineuse.
Aux éclairages de proximité,
chauds et diffus, s'oppose la
lumière intense et brillante des
projecteurs. Des points colorés
soulignent le rythme des structures
de la verrière.

Lighting effects.
The intense, bright light of the
projectors contrasts with the warm
and diffused proximity lighting.
Coloured spots emphasise the
rhythm of the structural elements
of the glass roof.

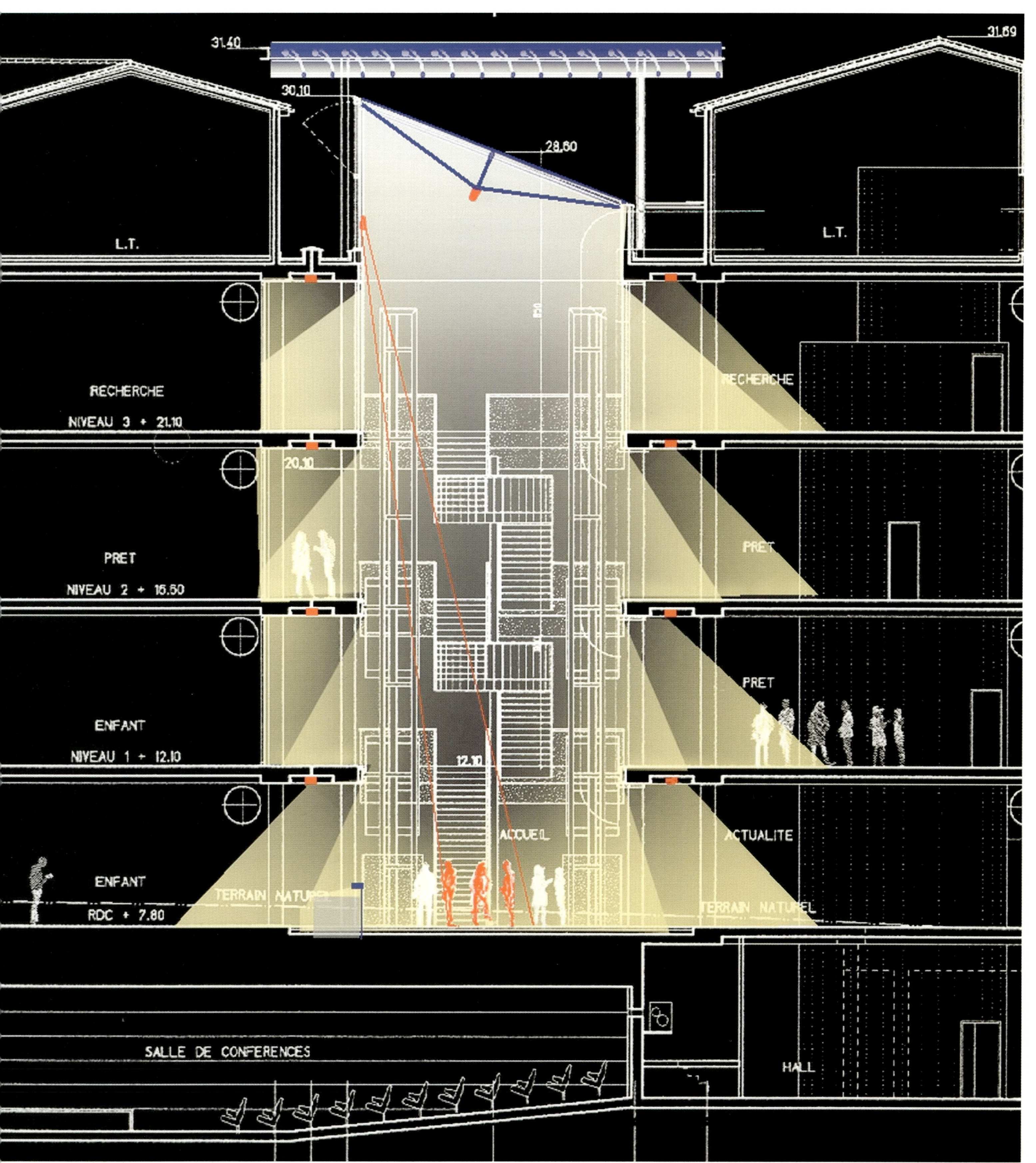

31.40
31.69
30.10
28.60
L.T.
L.T.
RECHERCHE
RECHERCHE
NIVEAU 3 + 21.10
20.10
PRET
PRET
NIVEAU 2 + 16.50
PRET
ENFANT
NIVEAU 1 + 12.10
12.10
ACCUEIL
ACTUALITE
ENFANT
TERRAIN NATUREL
TERRAIN NATUREL
RDC + 7.80
SALLE DE CONFERENCES
HALL

1. Coupe longitudinale.
2. Plan du rez-de-chaussée.
3. Plan lumière du troisième niveau.

1. Profile section.
2. Ground floor plan.
3. Lighting plan of the third level.

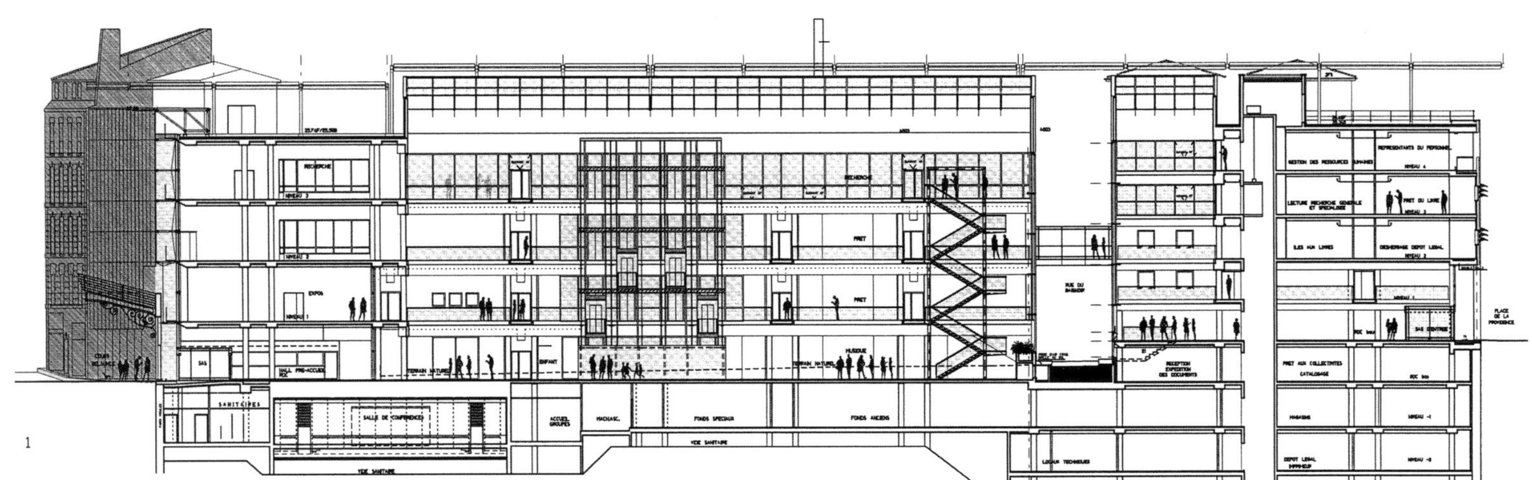

1

2

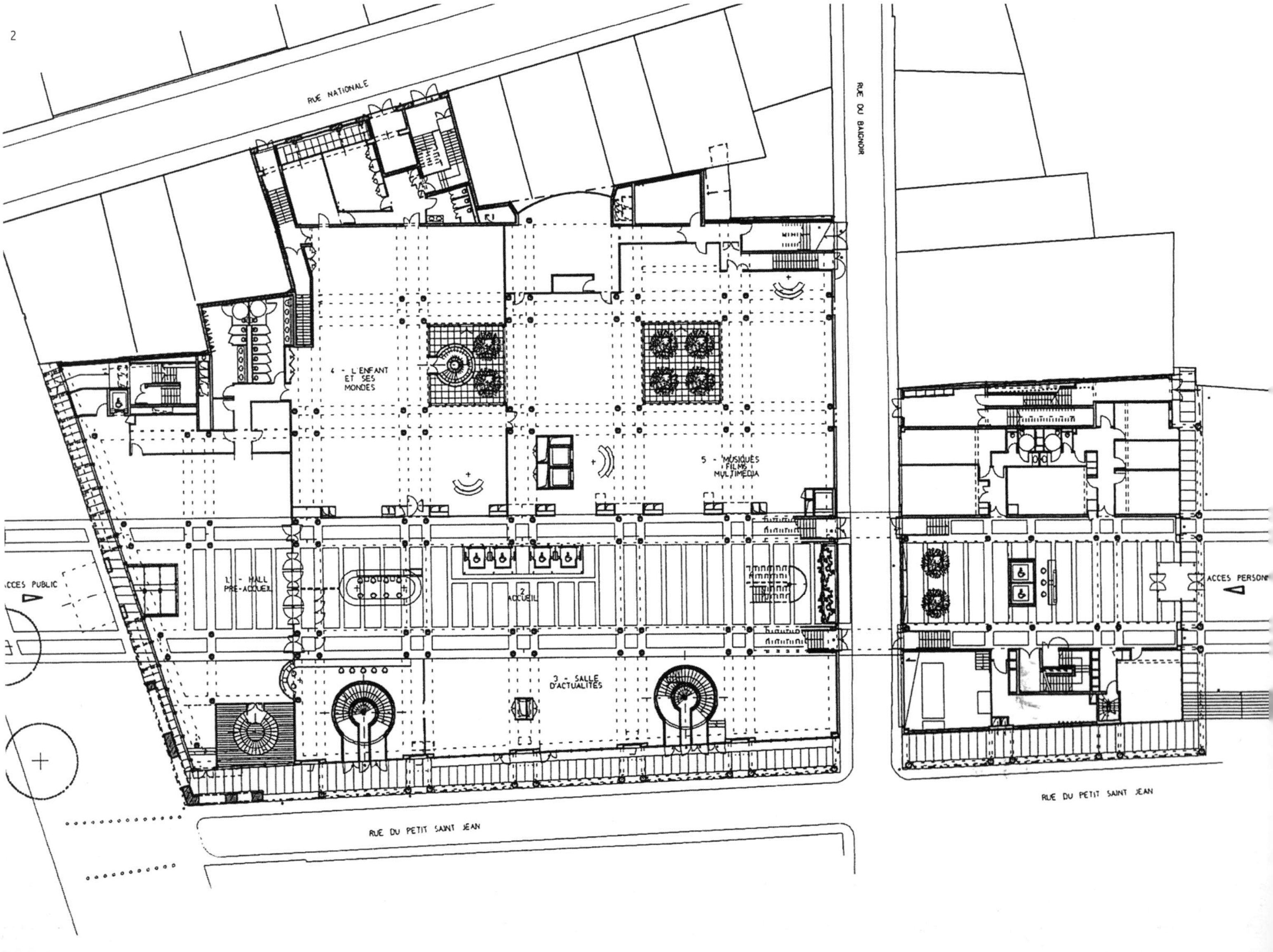

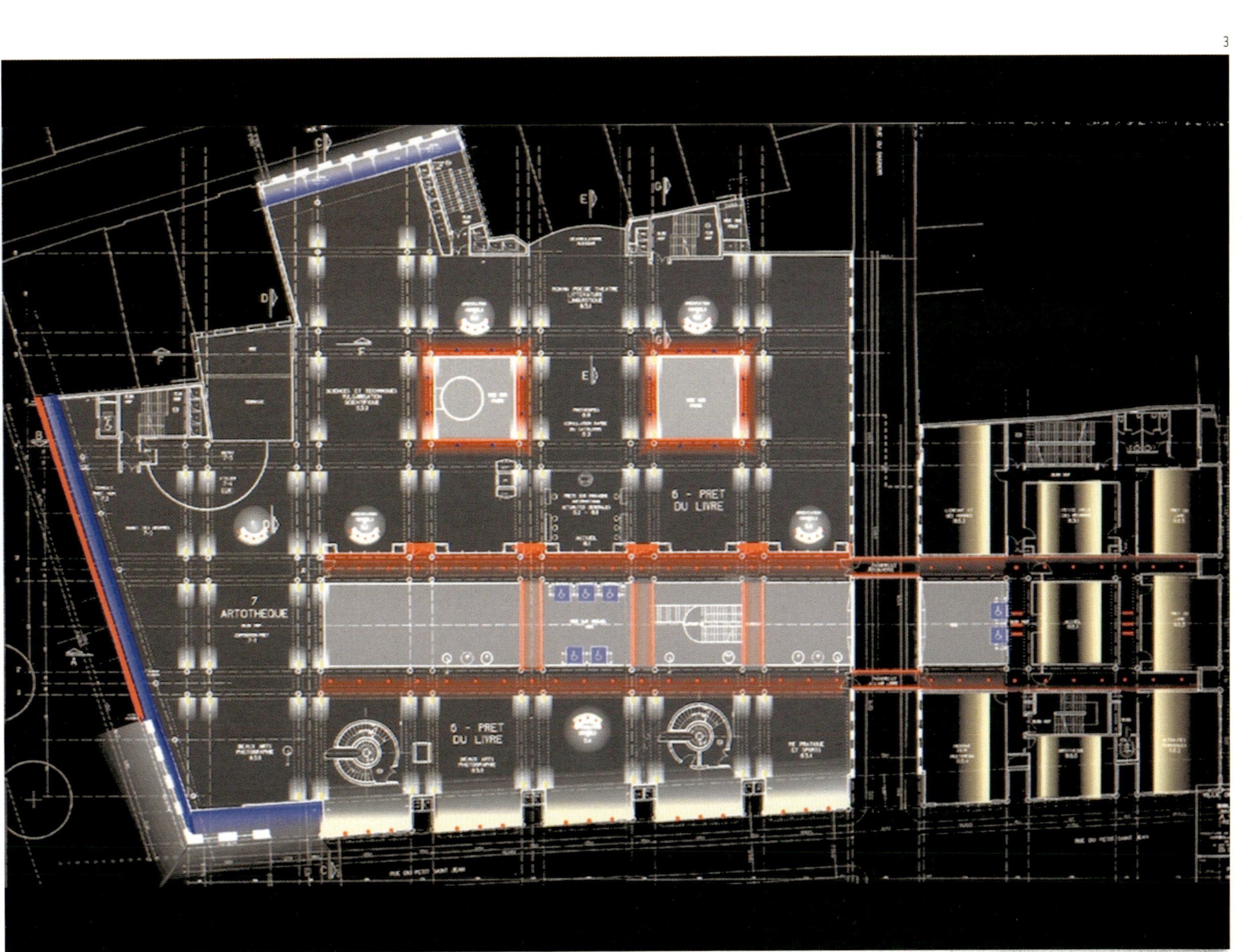

Dominique Lyon & *Pierre du Besset*
architectes/architects, Paris

Présence architecturale
An Architectural Presence

Implanté dans un contexte urbain sans caractère particulier, ce bâtiment s'impose moins par sa taille ou son volume que par ses façades transparentes et par la mise en scène de ses fonctions que ces transparences rendent perceptibles de l'extérieur. Un ensemble de profondes perspectives intérieures constitue, sur deux niveaux, un paysage construit à l'échelle de la ville ; de longues lignes de fuite accusent les profondeurs d'espaces et les parcours internes.

Un plafond lumineux de 4 000 m² couronne ces jeux de perspectives et tempère leurs concisions formelles par une géométrie de surfaces ondulées qui recèlent plusieurs systèmes d'éclairage et de climatisation. Les superpositions de ces dispositifs dans un faible volume et l'imbrication de leurs composants n'ont pu être étudiés et mis au point que sur prototype, un prototype dont les complexités mécaniques et structurelles s'apparentent, en plusieurs points, à celles des automobiles. Il s'agissait, en effet, de combiner les appareils d'éclairages et de refroidissement par air de la nappe lumineuse du plafond et de ses structures porteuses métalliques, tout en laissant filtrer les lumières naturelles que diffuse une grande verrière zénithale tout en assurant la meilleure aisance phonique possible aux espaces desservis, un excellent confort visuel en tout point de déplacement de l'usager, une parfaite protection des livres. La performance est d'autant plus remarquable qu'elle est discrète : des tubes fluorescents invisibles et des lampes à décharges ont été choisis pour leur grande qualité de lumière, leur presque parfait rendu des couleurs, une consommation énergétique réduite et leur faible dégagement de chaleur. La surface lumineuse du plafond ne saurait, à l'évidence, se percevoir en gratuité architecturale, tant son inscription dans un tout cohérent semble logique.

Les sophistications techniques et formelles de ce plafond ne sont d'ailleurs pas accidentelles ; elles concourent aux particularités d'un grand équipement culturel dont l'élégance architectonique et la distinction architecturale lui confèrent une indiscutable présence sur un site banal.

This building, situated in an urban context of no particular character, impresses less by its height or volume than by its transparent façades and the view of its operations that the transparency reveals to the outside. The deep interior perspectives, on two levels, create a landscape on the scale of a town; distant vanishing points emphasise the depth of the spaces and the internal routes.

A lighted ceiling of 4,000 square metres crowns this play of perspectives and tempers their formal conciseness by a geometric pattern of undulating surfaces that reveals several lighting and air-conditioning systems. The superimposition of this equipment and the nesting of its components within a small volume could only be studied and developed on a prototype, the mechanical and structural complexities of which were at some points similar to those of a car. It was a matter of combining the equipment for lighting and cooling the surface of the ceiling with its load-bearing metal structure, while at the same time filtering the natural light of a large glazed roof and providing the best acoustic comfort in the areas served, the best visual effect irrespective of position, and complete security for the books. The result is all the more remarkable in that it is unobtrusive: invisible fluorescent tubes and discharge lamps were chosen for the high quality of their light, their almost perfect rendering of colour, their reduced energy consumption and their low heat output. The lighted surface of the ceiling should not be seen as architecturally gratuitous, for its part in a coherent whole seems logical. The technical and formal sophistication, moreover, is not accidental, but fits with the particular characteristics of a large cultural building whose architectonic and architectural distinction make it an unquestionable presence on a very ordinary site.

**Bibliothèque municipale
à vocation régionale**
à Troyes, 2002.
Grand escalier.

**Regional Municipal
Library in Troyes,** 2002.
Main entrance.

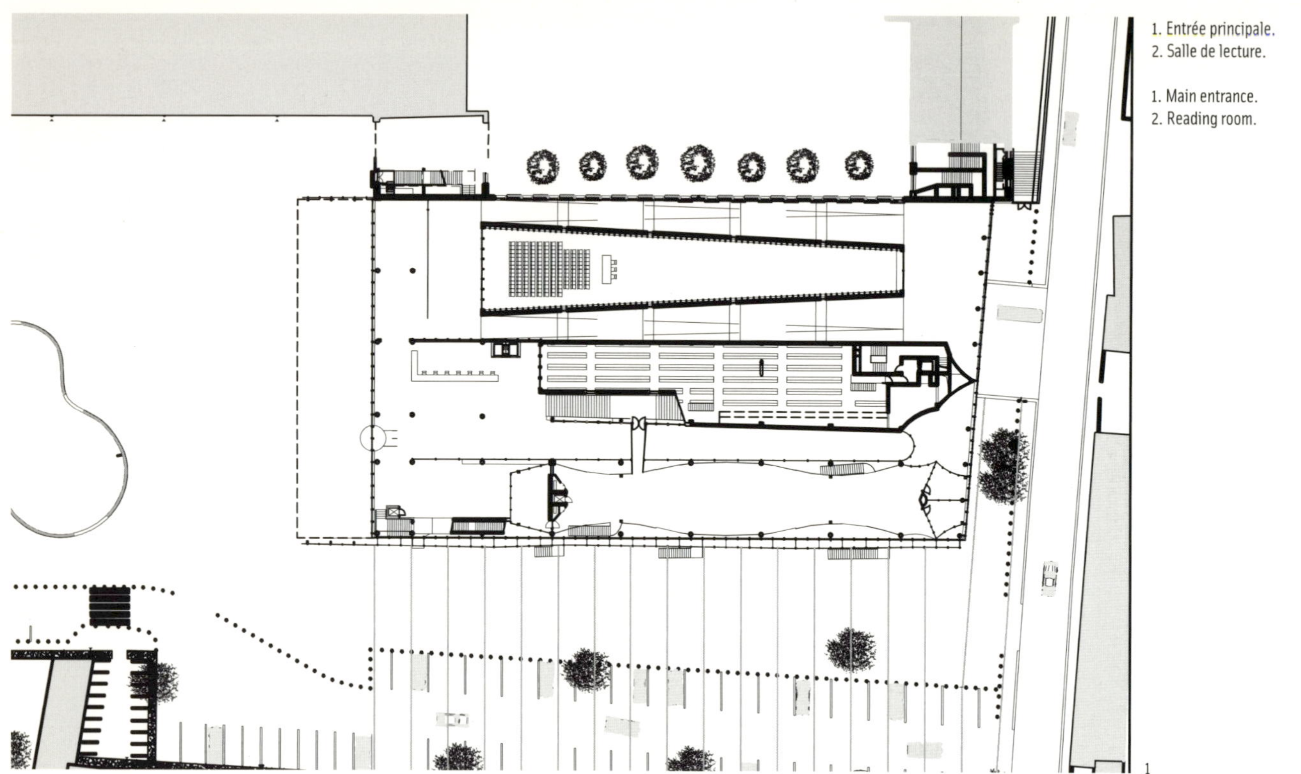

1. Entrée principale.
2. Salle de lecture.

1. Main entrance.
2. Reading room.

DES OBJETS

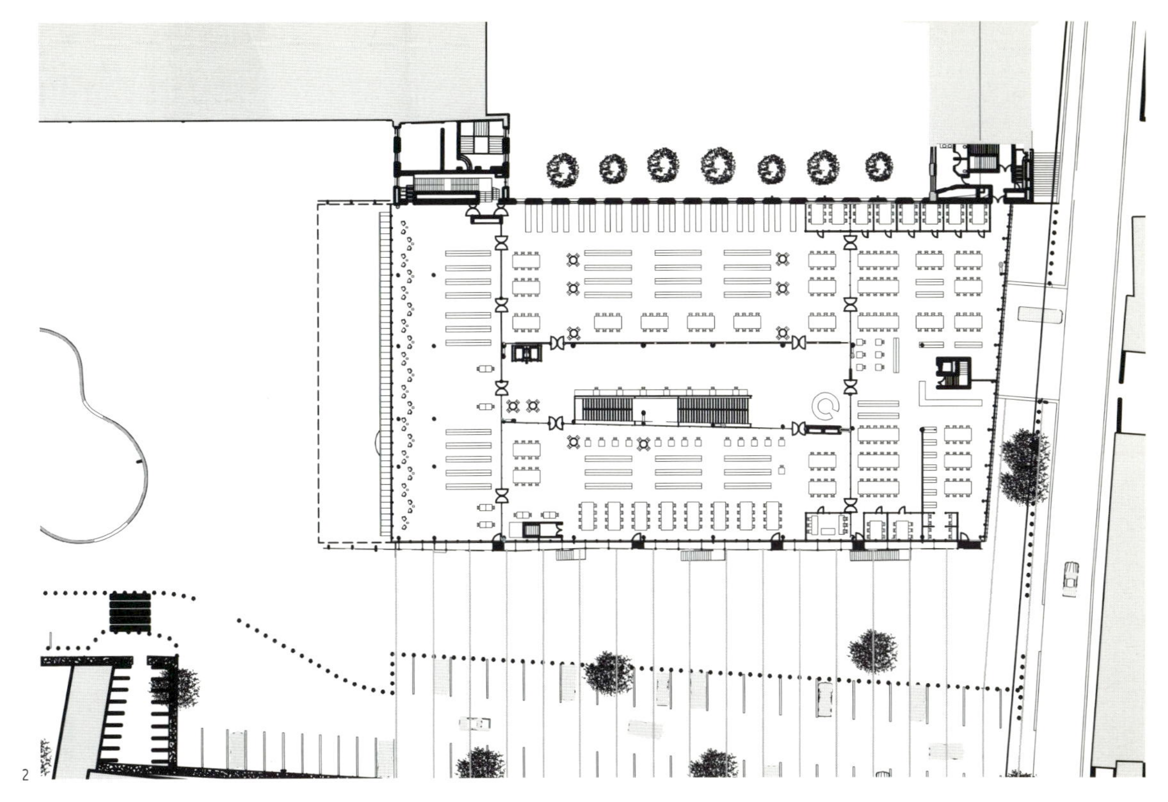

2

Façade principale.
Main façade.

Simulations intérieures et extérieures.
Interior and exterior simulations.

ANNEXES
ANNEXES

Glossaire
Glossary

Ademe

L'Ademe a pour objectif de favoriser, outre la maîtrise de l'énergie, l'emploi d'énergies renouvelables dans le cadre du développement durable. L'agence intervient dans plusieurs secteurs : celui du conseil dans les projets d'utilisation d'énergies renouvelables et leurs réalisations que parfois elle soutient. L'agence s'intéresse en effet aux opérations spécifiques et dans lesquelles elle voit, non seulement des références, mais des modèles à suivre. Elle assure aussi la promotion de programmes techniquement fiables mais trop onéreux pour s'imposer sur un marché encore incertain. Ces aides concernent principalement les énergies issues de la biomasse, des filières bois, de la géothermie et des solaires thermiques décentralisée.

Agenda 21

La conférence de l'ONU, le « Sommet de la Terre » (Rio-de-Janeiro, 1992), s'est terminée sur une déclaration invitant l'ensemble des nations à appliquer le programme de développement durable « Agenda 21 ». Le « Comité 21 », comprenant divers représentants de l'État, des collectivités locales et de certaines entreprises, soutient activement en France ces recommandations, avec – depuis peu – le soutien d'EDF et de plusieurs mouvements associatifs.

Développement durable

Dans son rapport *Our Common Future*, publié en 1987, G.-H. Bruntland avançait que « le développement durable répond aux besoins du présent sans compromettre la capacité des futures générations à répondre aux leurs ». Cinq ans plus tard, la Commission des communautés européennes affinait cet aphorisme en précisant que le développement durable était à la fois « une politique et une stratégie visant à assurer la continuité du développement économique et social, tout en respectant l'environnement, et ne compromettant aucune des ressources naturelles indispensables à l'activité humaine ».

Directives européennes

En 1997, lors de la conférence de Kyoto, certains pays industrialisés ont signé un protocole les engageant à réduire leurs émissions de gaz à effet de serre et à les maintenir au niveau atteint en 1990. Ce document assignait à l'Europe une réduction de – 8 %. Une directive européenne demandait, en 2000, que la part des énergies renouvelables dans la production électrique passe de 13 % à 22 %. L'objectif fixé pour la France est de 21 % de la consommation brute en 2010, produite par les éoliennes (65-70 %), la biomasse (15-20 %), la petite hydraulique (10 %), la géothermie (3 %) et le solaire photovoltaïque (3 %).

Constant que le secteur du bâtiment consomme plus de 40 % des énergies disponibles, la Commission européenne a publié, en 2001, un projet de directive destiné à améliorer l'efficience énergétique des bâtiments neufs et anciens. L'une des mesures de ce projet rendrait obligatoires les certificats et les performances indiquant aux futurs acheteurs et locataires les consommations énergétiques des locaux et leurs écarts, par rapport aux normes réglementaires. Une autre mesure viserait à calculer les performances énergétiques des bâtiments en tenant compte de leurs paramètres climatiques et géographiques, du chauffage, de l'éclairage, de l'isolation

Ademe

The purpose of the Ademe (Agence de l'Environnement et de la maîtrise de l'Énergie: Agency for the Environment and the Control of Energy), in addition to the regulation of energy, is to further the use of renewable forms of energy within the framework of sustainable development. The agency is active in several sectors: it gives advice on projects in renewable energy and their implementation, which it sometimes supports financially. The agency is involved in specific operations that it sees not only as examples but as models to be followed. It also promotes technically viable programmes that are too expensive to place in a market that is not yet fully convinced. This assistance relates mainly to energy obtained from the biomass, the wood industries, geothermal energy and decentralised solar energy.

Agenda 21

The UNO Earth Summit Conference (Rio de Janeiro, 1992) ended with an invitation to all nations to implement the sustainable development programme "Agenda 21". The "Comité 21", which includes various representatives of the State, local authorities and a number of companies, actively supports these recommendations in France, recently with the support of EDF and several associations.

European Directive

In 1997, at the Kyoto Conference, a number of the industrialised countries signed a protocol in which they undertook to reduce the emission of greenhouse gases to the 1990 level. This document required a reduction of – 8 % in Europe. In 2000 a European Directive demanded that the proportion of renewable energy in electricity production should increase from 13 % to 22 %. The objective laid down for France is 21 % of gross consumption, to be produced by wind turbines (65-70 %), the biomass (15-20 %), small-scale hydraulic schemes (10 %), geothermal energy (3 %) and photovoltaic solar energy (3 %).

Having established that buildings consume more than 40 % of available energy, in 2001 the European Commission published a draft Directive aimed at improving the energy efficiency of new and older buildings. One of the measures of this draft would make it compulsory to supply future byers and tenants with certificates and figures indicating the energy consumption of rooms and the extent to which this differed from standards laid down by the regulations. Another measure proposed that the energy performance of buildings should be calculated by taking into account their climatic and geographic parameters, heating, lighting, insulation, and the rates of energy recovery or use of renewable energy.

Heating Regulation

Since June 2001, a heating regulation applicable to new French residential and service-industry buildings aims to reduce energy costs. It requires the energy consumption of residential buildings to be reduced by 20 % and that of service-sector buildings by 40 % ; it also states that from now on no energy source will be given preferential treatment. Calculated in terms of overall costs and based on performance rather than technical arrangements, this regulation requires, for example, that lighting and air-conditioning costs be taken into account.

et des taux de récupération de chaleur ou d'utilisation d'énergies renouvelables.

Éclairage

En France, un dixième de l'énergie consommée sert pour l'éclairage. Les collectivités locales en consomment la moitié, essentiellement pour leur éclairage public ; la consommation du secteur commercial est de 23 % et de 15 % pour l'industrie. Dans le tertiaire, 30 % de l'électricité est utilisée pour l'éclairage – une quantité égale à celle qui est consommée par l'informatique. Plusieurs directives européennes et françaises tendent à réduire ces consommations : la RT 2000 (Réglementation thermique) qui, en France, intègre aux prévisions énergétiques du bâtiment la quantité d'énergie nécessaire à son éclairage, tout en incitant les architectes à mieux utiliser les lumières naturelles. Une directive européenne fait obligation aux producteurs d'indiquer, selon une classification à sept niveaux, la consommation des lampes, leurs puissance et durée de vie. L'utilisation massive d'ampoules de type fluocompact à consommation moindre réduira fortement les dépenses d'éclairage dans une dizaine d'années. De même, les lampes à induction, dont l'efficacité équivaut à celle des lampes à vapeur de sodium avec des durées de vie trois fois supérieures, modifieront radicalement les éclairages publics.

Énergies renouvelables

Les énergies non fossiles sont dites renouvelables. Elles assurent actuellement un cinquième de la production mondiale d'électricité avec une croissance qui, depuis 1993, a été de 2 %, quand celle de la production électrique fut de 2,4 % pour la même période. Les projections actuelles prévoient que l'apport de ces énergies se situera entre 27 et 50 % en 2020.

Les sources d'énergies renouvelables et leurs modes d'exploitation sont très divers : le soleil, le vent, la géothermie, les marées et eaux courantes, la biomasse et autres, encore mal connues.

L'énergie éolienne

Les éoliennes se sont techniquement beaucoup améliorées ces dernières années et leur production pourrait bientôt concurrencer celles des centrales électriques classiques. Cette production augmentant régulièrement de 30 % par an depuis trois ans, l'énergie éolienne assurera en 2020, le dixième de la consommation européenne.

La France possède l'un des meilleurs gisements éoliens d'Europe, un gisement encore inexploité comparativement à ceux du Royaume-Uni, de l'Allemagne (33 % de l'éolien mondial), du Danemark ou de l'Espagne qui prévoient de réaliser 66 % des prévisions européennes pour 2010.

Le solaire thermique

L'héliotechnique a été, suivant les époques, diversement maîtrisée en fonction de différents objectifs : les miroirs paraboliques en bronze poli qu'Archimède utilisa pour brûler les navires romains attaquant Syracuse ; le miroir parabolique auquel Lavoisier ajoute des lentilles focales pour fondre du platine ou les miroirs mobiles avec lesquels Buffon allume un feu de bois à 50 m ; le miroir concave de Mouchot qui, chauffant l'eau d'une machine à vapeur, activait une presse d'imprimerie assez puissante pour imprimer 500 exemplaires d'un journal à l'heure.

Les capteurs solaires contemporains se divisent globalement en trois familles, celle des concentrateurs de flux, celle des insolateurs et celle des convertisseurs. Les premiers captent l'énergie solaire et la concentrent sur des surfaces restreintes avec de très forts taux d'efficacité. Ils sont utilisés à grande échelle pour produire de l'électricité (complexes du désert de Mojave en Californie ou de Tabernas en Espagne) ou pour le dessalement des eaux de mer. Ils servent aussi, dans les pays en voie de développement, à la cuisson des aliments.

Contrairement aux concentrateurs, les insolateurs ou capteurs plans ne rediffusent pas l'énergie captée. Leur fonctionnement est simple : absorbant les rayons solaires, une surface sombre chauffe son matériau porteur et le liquide qui y est contenu. Les insolateurs sont très souvent exploités dans l'habitat sous forme de chauffe-eau solaire, climatiseur, réfrigérateur ou dispositifs séchant les produits agroalimentaires.

La moyenne de vie d'un insolateur est d'une trentaine d'années ; ses composants et mécanismes internes sont relativement élémentaires et ses économies énergétiques plus

High Environmental Quality (HEQ)

Although high environmental quality (HEQ) consists, according to the official definition, in "controlling the impact of buildings on the outside environment, while creating an interior environment that is healthy and comfortable", the expression is more complex and its aims are more precise: they include harmony in the relationships between the project and its immediate context, and this especially implies a reasoned choice of materials and building procedures in terms of their environmental values. For the same purpose, we also have to take into account water, energy, maintenance and waste management. Interior comfort requires attention to all the conditions of the enclosed spaces - the humidity and temperature levels, acoustics, visual effects and odour - and air and water must be of the highest quality.

Housing of the Future

The new requirements resulting from social, technological, economic and political developments involve the transformation of these constraints into innovations that can improve the conditions of the consumers' lives by taking into account their desire for comfort and the simplification of personal and professional life. Housing of the future will be "intelligent", globally linked by its access to the communications networks, with remote control of heating regulation, maintenance and security. Modular, flexible, practical, well air-conditioned, naturally ventilated and easy to supply, it will benefit from the contribution of all the new technologies and renewable energies.

Lighting

In France one tenth of energy consumption is for lighting. Local authorities consume half of this, mainly for public lighting; commercial sector consumption is between 23 % and 15 % for industry. In the service sector 30 % of electricity consumed is for the lighting of offices – equal to that consumed by the electronic technologies. Several European and French directives have tried to reduce this consumption. An example is RT 2000 in France, according to which energy estimates for a building the energy required for lighting it, and which encourages architects to make greater use of natural light. A European Directive requires manufacturers to indicate, using a seven-level classification, the energy consumption of lamps, their power, and their lifetime.

The extensive use of lower-consumption compact fluorescent bulbs will considerably reduce lighting costs over the next ten years. Furthermore, induction lamps, just as efficient as sodium lamps and with a threefold longer life, will radically change public lighting.

Renewable Energies

Non-fossil energies are said to be renewable. At present they supply a fifth of the world's electricity, and an increase of 2 % since 1993, at a time when electricity production has risen by 2.4 %. Present projections estimate that these energies will supply between 27 and 50 % of electricity by 2020.

Renewable energy sources and their methods of exploitation are very varied: they include solar energy, wind, geothermal heat, tides and running water, the biomass, and others still poorly understood.

Wind Power

Wind turbines have been much improved technically in recent years and their production could soon compete with that of traditional power stations. For the last three years production has increased 30 % a year, and in 2020 wind power will supply one tenth of European consumption.

In terms of prevailing winds France is one of the best placed countries in Europe, but this advantage is still under-exploited in comparison with what has been achieved by the UK, Germany (33 % of world wind power), Denmark or Spain, which expect to be providing 66 % of European wind power by 2010.

Solar Heat

Historically, solar technology has been used for a variety of purposes: the parabolic polished bronze mirrors that Archimedes used to set fire to the Roman ships attacking Syracuse; the parabolic mirror to which Lavoisier added lenses for melting platinum; or the adjustable mirrors with which Buffon lit wood fires at a distance of fifty metres; Mouchot's concave mirror that heated the water of a steam engine powering a printing press powerful enough to print 500 copies of a newspaper in an hour.

Overall, contemporary solar collectors

qu'appréciables. Obligatoires en Israël dans les immeubles de moins de huit étages, les insolateurs sont couramment utilisés en Égypte, en Grèce ou en Turquie. Ils sont peu, ou mal, exploités en France où le programme Hélios prévoit 15 000 chauffe-eau supplémentaires (200 000 m² de capteurs solaires) en 2006, avec pour objectif, une diminution de 30 à 50 % de leur prix. La Commission européenne envisage, de son côté, 100 millions de mètres carrés installés en 2010.

Transformant directement l'énergie solaire en énergie électrique, les convertisseurs sont simples d'emploi, de mise en œuvre et demandent fort peu d'entretien. Composés de cellules photovoltaïques ou photopiles au silicium qui, exposées à la lumière, génèrent une tension en courant continu, ces convertisseurs sont généralement utilisables pendant plus de trente ans. Ne nécessitant aucun raccordement, ils rendent autonomes les ensembles qu'ils alimentent sans générer de pollution.

Des crédits d'impôts, que complètent les aides de l'Ademe ou des régions, incitent actuellement les Français à s'équiper en capteurs photovoltaïques. Le parc de convertisseurs français est, en effet, relativement faible comparé à ceux du Japon, de l'Allemagne ou des États-Unis qui, à eux trois, produisent actuellement 77 % de l'énergie solaire photovoltaïque mondiale.

L'amélioration constante des convertisseurs photovoltaïques risque à terme de modifier non seulement ces chiffres, mais aussi les formulations architecturales. Les panneaux solaires qui longtemps s'harmonisèrent mal avec les architectures contemporaines sont actuellement remplacés par des modules photovoltaïques semi-transparents mieux adaptés aux demandes des architectes. En témoigne la façade de la bibliothèque Pompeu Fabra de Matarò à Barcelone qui, tamisant la lumière naturelle, fournit en électricité une partie des besoins de cet équipement.

La géothermie

La géothermie, l'exploitation des poches de chaleurs sèches, des eaux chaudes et des vapeurs souterraines est une ancienne pratique dont l'efficience s'est fortement améliorée depuis un siècle. C'est une source d'énergie renouvelable importante qui se divise, suivant les niveaux de température, en deux grandes catégories : la haute géothermie dont les températures de flux dépassent les 180°C et les moyennes et basses géothermies. L'exploitation des gisements de la première, généralement des sites volcaniques, produit essentiellement de l'électricité par le biais de générateurs thermodynamiques de forte puissance. Les 400 sites de haute géothermie actuellement en activité fournissent 1,42 % des énergies renouvelables, un faible pourcentage qu'expliqueraient les forts coûts d'investissements initiaux nécessaires à toute exploitation géothermique.

Les flux des basses géothermies sont à moins 90°C et ceux des très basses, sous les 30°C. La soixantaine de sites des unes et des autres économisent, en France, 200 000 TEP (Tonne d'équivalent pétrole) par an en assurant les chauffages et climatisations d'habitations, de serres, d'élevages ou d'eaux de pisciculture et le séchage de produits agricoles ou leur réfrigération. La France se place, en effet, au quatrième rang des producteurs d'énergie géothermique européens et au septième rang an niveau mondial.

Construite à Paris en 1963, la Maison de la Radio est aujourd'hui encore climatisée par une puissante centrale géothermique et chauffée par un système récupérant les très importantes quantités de chaleur que génèrent les appareils électriques avec cependant un appoint d'énergie solaire. La performance est, certes, spectaculaire, mais celle de Reykjavik, « la ville sans cheminée », dont 80 % des bâtiments sont chauffés par géothermie, l'est bien davantage.

L'énergie hydraulique

La houille blanche fournit 93,7 % des énergies renouvelables ; c'est donc avec celle que produit le bois, l'énergie non fossile, la plus répandue. Elle se subdivisent en deux catégories selon ses origines : celle des mers et des océans couvrant 71 % de la surface du globe et celle des cours d'eau ne comptant, glaces polaires comprises, que pour 3 % dans l'hydrosphère. Mécanique, thermique ou chimique, l'énergie des océans n'a, jusqu'à présent, été captée qu'au moyen de barrages

fall into three categories, flow concentrators, solar panels and converters. Flow concentrators capture solar energy and concentrate it over limited surfaces with very high efficiencies rates. They are used in quantity to produce electricity (complexes in the Mojave desert in California or Tabernas in Spain) or for the desalination of sea water. They are also used in developing countries for cooking food.

In contrast to concentrators, solar panels do not rediffuse the captured energy. They work very simply: by absorbing the sun's rays, a black surface heats the energy-carrying element and the water contained in it. Solar panels are very often used in residential buildings for solar water-heating, air-conditioning, refrigeration, or for drying in the food-processing sector.

The average life of a solar panel is thirty years; its collectors and internal mechanisms are fairly simple and its energy-saving capability considerable. In Israel they are compulsory for buildings over eight stories high and are currently used in Egypt, Greece and Turkey. They are little, or badly, used in France, where the Hélios programme provides for 15 000 additional water heaters by 2006 (200 000 m² of solar collectors), with the aim of reducing their price by 30 to 50 %. The European Commission has a target of 100 million square metres installed by 2010.

Converters transform solar energy directly into electricity, are simple to use and install, and require very little maintenance. They consist of photovoltaic or silicon photo-electric cells which, when exposed to light, generate direct current power, and they are generally usable for over thirty years. Since they are off-grid, they give independence to the buildings they supply without creating pollution.

Tax credits, supplementing Ademe or regional assistance, now encourage the French to install photovoltaic cells. The total number of converters in France is, in fact, low in comparison with Japan, Germany or the United States, which together account for 77 % of the world's photovoltaic solar energy.

The constant improvement in photovoltaic converters should eventually alter these figures and architectural formulations as well. The solar panels that for a long time have not harmonised with contemporary architecture are now being replaced by semi-transparent photovoltaic modules that are better suited to the needs of architects. As evidence we have the façade of the Pompeu Fabra library by Matarò in Barcelona which, by filtering natural light, supplies part of the electricity needs of the building.

Geothermal Energy

The exploitation of pockets of dry heat, hot water and underground steam is an ancient practice that has been greatly improved in the last century. It is an important renewable energy source that is broadly classified by temperature level: high geothermal energy, having flux temperatures in excess of 180º C, and medium to low energies. Exploitation of the former deposits, usually on volcanic sites, mainly produces electricity by means of high-powered thermodynamic generators. The 400 high geothermal energy sites that are currently active supply 1.42 % of renewable energy, a low percentage that can be explained by the high initial investment costs of geothermal developments.

Low geothermal energy fluxes have a temperature below 90º C, and very low below 30º C. The sixty sites in France of these two types save 200 000 TOE (tonnes of oil equivalent) per year, and provide heating and air-conditioning for houses, greenhouses, animal husbandry, heated water for fish-farming, and energy for the drying or refrigeration of agricultural products. France is fourth among the European producers of geothermal energy, and ranks seventh in the world.

Built in Paris in 1963, the Maison de la Radio is still air-conditioned by a powerful geothermal unit and heated by a system that recovers the very considerable heat generated by electrical equipment, is supplemented by solar energy. The achievement is certainly spectacular, though that of Reykjavik, "the chimney-less city", with 80 % of its buildings heated by geothermal energy, is even more so.

Hydropower

93.7 % of renewable energy is hydroelectric power, which, together with energy obtained from wood, is therefore the most widely used form of non-fossil energy. It is divided into two categories, depending on its source: from the seas and oceans that cover 71 % of the surface of the globe, or from water courses which,

d'estuaires dont les techniques s'apparentent à celles des barrages sur rivière.

Maîtrisées depuis des millénaires, ces techniques de captage énergétique par contrôle des flux d'eau furent purement mécaniques jusqu'à l'invention au XVe siècle, de la turbine hydraulique qui multiplia progressivement la faible puissance des moulins à eau. Ces turbines fournissent aujourd'hui 18 % de l'électricité mondiale, un chiffre légèrement plus fort que celui du nucléaire. La France est actuellement le premier producteur européen d'énergie hydraulique avec un grand potentiel de développement tant dans la grande que dans la petite hydroélectricité. Les mini et micro-centrales, dont les puissances varient de 2 à 10 MW et les techniques de captage, semblables à celles des grandes centrales, permettent, en effet, des délocalisations d'autant plus intéressantes qu'elles économisent les infrastructures de réseau et leur entretien. Cette petite hydroélectricité qui aujourd'hui ne produit que 4 % de l'électricité mondiale, semble cependant prometteuse dans une perspective d'autosuffisance croissante.

La biomasse

Si la biomasse concerne l'ensemble du monde vivant, la houille verte, l'énergie tirée des végétaux provient du bois ou du biogaz. Réduit aux feux de cheminées depuis les développements des chauffages au gaz ou à l'électricité, le chauffage au bois perdure aujourd'hui dans les chaudières à feux continus ; y sont brûlés des combustibles conditionnés, préalablement broyés, et souvent les déchets de menuiseries. 1500 chaufferies industrielles et d'habitats collectifs fonctionnent ainsi en France consommant annuellement l'équivalent de 9 000 000 de TEP (Tonne d'équivalent pétrole). 1400 projets de chaufferies au bois sont actuellement en cours de réalisation.

L'énergie du biogaz est issue de la digestion des matières organiques par les bactéries. C'est donc une énergie renouvelable qui, en France, ne produit que 140 000 TEP (Tonne d'équivalent pétrole) par an. Ses potentialités sont si fortes que la Commission européenne prévoit, en 2010, une production de 75 000 000 de TEP.

Il semble que, malgré les risques aujourd'hui prévisibles de surpopulation, d'épuisement des énergies fossiles et d'augmentation des pollutions atmosphériques, aucun programme viable d'utilisation des énergies renouvelables à court et moyen terme soit aujourd'hui établi. Plusieurs scénarios sont à l'étude qui prévoient dans un proche avenir le développement des énergies issues de la biomasse et de l'hydraulique, et celui du solaire vers 2020.

Fiscalité (en France)
Crédits d'impôt

Un crédit d'impôt est, jusqu'à la fin de 2002, assuré aux équipements qui, utilisant une ou plusieurs sources d'énergies renouvelables, s'intègrent à l'habitation principale du contribuable quelle qu'en soit la date d'achèvement. Les investissements relatifs à ces équipements bénéficient de plus d'un crédit d'impôt de 15 % et du taux de TVA de 5,5 %.

Amortissement dégressif ou exceptionnel

Pour encourager les entreprises à acquérir des matériels susceptibles d'économiser l'énergie et des équipements productifs d'énergies renouvelables, la loi de Finances permet un amortissement de douze mois sur ces matériels et ces équipements.

Haute Qualité Environnementale, (HQE)

Si la Haute Qualité Environnementale (HQE) consiste, selon sa définition officielle, « à maîtriser les impacts de bâtiments sur l'environnement extérieur, tout en créant un environnement intérieur sain et confortable », le qualificatif est, de fait, plus complexe et ses objectifs, plus précis : ils comprennent en effet l'harmonie des relations entre le projet et son contexte immédiat qui notamment implique le choix raisonné des matériaux et des procédés de construction en fonction de leurs valeurs environnementales. Sont prises en compte, pour de mêmes fins, les gestions d'eau et d'énergies, celles des entretiens et des déchets. Les conforts intérieurs attendus sont, de plus, hygrothermiques, acoustiques, visuels, olfactifs et sains, conditions des espaces construits, l'air et l'eau y étant de très bonne qualité.

including the polar ice-caps, account for only 3 % of the hydro-lithisphere. So far the mechanical, thermal or chemical energy of the seas has only been harnessed by estuary barrages, technically similar to river barrages.

Used for thousands of years, these techniques for converting energy by controlling water flow were purely mechanical until the invention in the 15th century of the hydraulic turbine, which gradually improved the low power output of water-mills. Today these turbines supply 18 % of the world's electricity, a figure slightly higher than that for nuclear energy. France is currently the top European producer of hydropower, and there is a considerable potential for further development, both in large and small-scale schemes. The small and very small stations, with output varying between 2 and 10 MW and using techniques similar to those of large power stations, make possible an economically attractive decentralisation, since there is a saving on network infrastructures and their maintenance. Small-scale hydroelectric generation, which today produces only 4 % of the world's electricity, seems promising in the light of the increasing concern for self-sufficiency.

The Biomass

Although the biomass comprises the totality of the living world, 'green' energy drawn from vegetable sources comes from wood or biogas. There has been a reduction in chimney fires since the development of gas and electric central heating, but wood-fired heating is still found today in continually burning boilers; they burn processed, pre-compacted fuel that is often waste from the woodwork sector. There are 1500 such industrial and collective housing boilers in France, consuming 9 000 000 TOE annually. 1400 projects for wood-burning boilers are at present under-way.

Biogas energy is created by the digestion of organic materials by bacteria. It is thus a renewable energy, of which France produces only 140 000 TOE per year. Its potential is such that the European Commission predicts production of 75 000 000 TOE by 2010.

It appears that, despite the foreseeable risks of overpopulation, exhaustion of fossil energy, and increase in atmospheric pollution, there is still no viable programme in place for the short or medium-term use of renewable energy. Several scenarios are being investigated to predict the development of biomass energy and hydropower in the near future, and solar energy by 2020.

Sustainable Development

The Brundtland report *Our Common Future*, published in 1987, put forward the idea that "sustainable development answers to the needs of the present without compromising the ability of future generations to answer to their own". Five years later the EU Commission improved this formulation by stating that sustainable development was "both a policy and a strategy to ensure continuity of economic and social development while respecting the environment and without compromising the natural resources indispensable to human activity".

Tax Incentives in France
Tax Credits

Until the end of 2002 a tax credit is available for equipment using one or more forms of renewable energy, if these are installed at the main residence of the tax-payer, and irrespective of the date of their completion. Investments relating to this equipment also benefit from a 15 % tax credit and a VAT rate of 5.5 %.

Accelerated or Exceptional Depreciation

To encourage companies to acquire energy-saving equipment and equipment for the production of renewable energy, tax law allows a twelve-month depreciation on such equipment.

Units of Energy

The unit of measurement of energy is the joule, but other units are often used: the TOE – tonne of oil equivalent – that is, 3.6 GJ (gigajoules). Power is measured in watts, a watt (W) having the value of 1 joule/second. The kWh (kilowatt-hour) used in electricity has the value of 3.6 MJ (megajoules).

Ventilation

The aim of ventilation is to prevent a space becoming oppressive by maintaining a comfortable temperature and humidity level without creating noise. Ventilation costs are quite high and in a service-sector building may account for 40 % of energy costs. There is consequently a new interest in natural ventilation systems and the

Logement du futur

Les nouvelles exigences consécutives aux évolutions sociologique, technologique, économique et politique impliquent de transformer ces contraintes en facteurs d'innovation susceptibles d'améliorer les conditions de vie de l'usager, en prenant en compte le désir de confort, de simplification de la vie privée et professionnelle. Le logement du futur sera « intelligent », relié au monde entier par son accessibilité aux réseaux de communication, piloté à distance pour la régulation thermique, la maintenance et la sécurité. Modulable, flexible, pratique, bien conditionné, ventilé naturellement et facile d'approvisionnement, il bénéficiera de l'apport de toutes les nouvelles technologies et des énergies renouvelables.

Réglementation thermique

Depuis juin 2001, une nouvelle réglementation thermique applicable en France aux bâtiments neufs résidentiels et tertiaires, vise à réduire leurs coûts énergétiques. Y est notamment précisé que la consommation des immeubles résidentiels doit baisser de 20 % et celle des tertiaires de 40 % et qu'aucune source d'énergie ne sera dorénavant favorisée. Raisonnant en termes de coûts globaux et se basant plus sur la performance que sur des dispositions techniques, cette réglementation demande, par exemple, que les dépenses d'éclairage et de climatisation soient prises en compte.

Unités d'énergie

L'unité de mesure d'énergie est le Joule, mais d'autres unités sont souvent utilisées : le TEP (Tonne d'équivalent pétrole) – la tonne d'équivalent pétrole – soit 3,6 GJ (Gigajoules). La puissance se mesure en Watts, un Watt (W) valant un Joule/seconde. Le kWh (kilowattheure), utilisé en électricité, vaut 3,6 MJ (Mégajoules).

Ventilation

La ventilation a pour objectif de prévenir le confinement d'un espace en y maintenant une température et une hygrométrie confortable, et sans y transmettre de bruit. Assez élevés, les coûts de ventilation peuvent atteindre, dans le tertiaire, plus de 40 % des dépenses énergétiques. En résultent un nouvel intérêt pour les systèmes de ventilation naturelle et la réalisation de projets pilotes, celui notamment du lycée de Caudry dans lequel les jeux de pression/dépression renouvellent constamment l'air qu'un puits canadien réchauffe en hiver et refroidit en été.

Les recherches actuellement conduites sur les ventilations mécaniques portent essentiellement sur la modulation des débits, la dépollution de l'air, l'optimalisation des systèmes à récupération d'énergie et s'acheminent vers de meilleures prises en compte du bâti en fonction de sa perméabilité.

Vitrages

Toute ouverture dans un bâtiment provoque des pertes thermiques. Il convient donc de les prévenir et, si leur orientation le permet, de traiter les baies en surfaces de protection/captage. Plusieurs systèmes sont actuellement utilisés : celui du double vitrage avec, entre les vitres, un gaz lourd (argon ou krypton) à conductivité thermique plus faible que celle de l'air. L'application, sur la vitre intérieure, d'une très légère couche de métal ou d'oxyde qui, réfléchissant vers l'intérieur les rayonnements thermiques infrarouges, limite les effets de serre en été et conserve les températures ambiantes en hiver. Le même système est repris dans les triples vitrages sélectifs à gaz inertes dont les apports énergétiques sont de 20 à 50 % supérieurs.

La fenêtre pariétodynamique est probablement l'un des capteurs les plus efficaces : l'air extérieur froid traverse l'espace entre les vitres avant de s'écouler à l'intérieur du bâtiment en le réchauffant.

implementation of pilot schemes such as that in the Lycée of Caudry, in which the alternation of pressure and vacuum constantly renews the air which a Canadian well heats in winter and cools in summer.

Current research on mechanical ventilation focuses on the adjustment of output, air pollution abatement, and the optimising of energy recovery systems, and is moving towards greater consideration of the permeability of the building's frame.

Windows

Any opening in a building causes heat loss, which must be prevented; and, if their orientation allows, openings should be provided with protective/heat collecting surfaces. At present several systems are used: double glazing in which a heavy gas (argon or krypton) with a lower heat conductivity than that of air is contained between two pans.
The application to the inner pane of a very thin coat of metal or oxide, which reflects the infra-red heat rays inwards, limits the greenhouse effect in summer and maintains ambient temperatures in winter. The same system is used in a number of inert gas triple glazing systems, the energy contributions of which are 20 to 50 % higher.

The "parietodynamic" window is probably one of the most efficient energy collectors: external cold air crosses the space between the panes before flowing into the building to heat it.

Bibliographie
Bibliography

Ouvrages de référence
Reference books

Behling (Sophia & Stefan), *Solar Power. The Evolution of Sustainable Architecture*, Prestel, München, London, New York, 2000.
Brown (G.Z.) & **De Kay** (Marc), *Sun, Wind and Light : Architectural Design Strategies*, John Wiley & Sons, New York, 2001.
Daniels (Klaus), *The Technology of Ecological Building. Basic Principles and Measures, Examples and Ideas*, Birkhäuser - Publishers for Architecture, Basel, Boston, Berlin, 2000.
Dessus (Benjamin) & **Pharabod** (Françoise), « L'Énergie solaire », *Que sais-je ?*, Les Presses Universitaires de France, Paris, 1996.
Edwards (Brian), *Sustainable Architecture. European Directives and Building Design*, Architectural Press, Oxford Press, 1996, 1999.
Edwards (Brian) & **Turrent** (David), *Sustainable Housing : Principles and Practice*, E & FN Spon, London, 2000.
Feist Dr (Wolfgang), *Das Niedrig-Energie-Haus*, C.F. Müller, Karlsruhe, 1996.
Gauzin-Müller (Dominique), *L'Architecture écologique*, Le Moniteur, Paris, 2001 ; *Sustainable Architecture and Urbanism, Concepts, Technologies, Examples*, Birkhäuser-Publishers for Architecture, Basel, Boston, Berlin, 2002.
Graf (Anton), *Das Passivhaus, Wohnen ohne Heizung*, Callwey, München, 2000.
Guzowski (Mary), *Daylighting for Sustainable Design*, Mc Graw-Hill, New York, 2000.
Hastings (S. Robert), *Solar Air Systems. Built Examples*, Solar Heating and Cooling Executive Committee of the International Energy Agency / James & James, London, 1999.
Humm (Othmar) & **Toggweiler** (Peter), *Photovoltaik und Architektur / Photovoltaics in Architecture*, Birkhäuser, Basel, Boston, Berlin, 1993.
Lavigne (Pierre), **Brejon** (Paul) & **Fernández** (Pierre), « Architecture climatique : une contribution au développement durable », *Bases physiques*, vol. 1, Édisud, Aix-en-Provence, 1994.
Lloyd Jones (David), *Architecture and the Environment. Bioclimatic Building Design*, Laurence King, London, 1998.
Margalef (Ramón), *La biosfera entre la termodinámica y el juego*, Omega, Barcelona, 1980.
Melet (Edward), *Sustainable Architecture: Towards a Diverse Built Environment*, NAI, Rotterdam, 1999.
Rano (Miguel), *Ecourbanismo. Entornos humanos sostenibles : 60 proyectos / Ecourbanism. Sustainable Human Settlements : 60 Case Studies*, Gustavo Gili, Barcelona, 1999.
Ray-Jones (Anna), *Sustainable Architecture in Japon, the Green Buildings of Nikken Sekkei*, John Wiley & Sons, New York, 2000.
Schrode (Ansgar), *Niedrigenergiehäuser*, Rudolf Müller, Köln, 1996.
Stitt (Fred A.), *Ecological Design Handbook : Sustainable Strategies for Architecture, Landscape Architecture, Interio Design and Planning*, Mc Graw-Hill, New York, 1999.
Swetchine (Jean), *Ambiances et Équipements, 1re partie : Thermique*, Éditions de la Villette, Paris, 1983.
Van Hal (Anke), **de Vries** (Ger), **Brouwers** (Joost), *Opting for Change : Sustainable Building in the Netherlands*, Aeneas, AJ Best, 2000.
Vernier (Jacques), « Les Énergies renouvelables », *Que sais-je ?*, Les Presses Universitaires de France, Paris, 1997.
Yeang (Ken), *The Green Skyscaper. The Basis for Designing Sustainable Intensive Buildings*, Prestel, München, London, New York, 1999.

Brochures, actes de colloque, recherches
Pamphlets, conference reports, research

• *Bâtiment et Haute Qualité Environnementale*. Mode d'emploi à l'usage des maîtres d'ouvrage, région d'Alsace, Strasbourg.
• *Construire un bâtiment à Haute Qualité Environnementale*, formation de sensibilisation, Gepa, Paris.
• *Pour une meilleure prise en compte de l'environnement dans la construction*, FFB avec le Groupe GTM.
• *Construire avec le climat*, Ministère de l'Environnement et du Cadre de la vie, Paris, 1979.
• Cakir (A.E.), *Licht und Gesundheit*, Institut für Arbeit-und Sozialforschung, Berlin, 1990.
• *Le Bâtiment face aux défis de l'environnement*, actes du colloque du 16 mai 1995, Recherches n°68, Puca, Paris, 1995.
• *Pour un habitat soutenable*, actes du colloque de Stasbourg « Europe et environnement », Paris, 1995.
• *Bauen für eine lebenswerte Zukunft. Niedrigenenregie-Bauweise in Freiburg*, Freiburg in Breisgau, 1996.
• *TriSolar. Leben mit der Sonne*, Installa Totherm GmbH, Bau-und Haustechnik, Issum, 1997.
• « Villes industrielles et développement durable », actes de la rencontre européenne de Dunkerque, 13-14 novembre 1997, in *Économie et humanisme*, dossier n° 342, octobre 1997.
• *Évaluation de la qualité environnementale des bâtiments*, CSTB, PCA, Paris, 1998.
• *Intégrer la qualité environnementale dans les constructions publiques*, CSTB, Paris, 1998.
• *Mémento des règles de l'art pour une bonne qualité environnementale à l'attention des architectes*, Tribu, Paris, 1998.
• *Planen mit der Sonne, « Arbeitshilfen für den Städtebau »*, Köln, Ministerium für Städtebau und Wohnen, Kultur und Sport des Landes Nordrhein-Westfalen, 1998.
• Allard, Blondeau, Tiffonnet, *Qualité de l'air intérieur : état des lieux et bibliographie*, Puca, Paris, 1998.
• *Guide de recommandations pour la conception de logements à hautes performances énergétiques en Île-de-France*, Cler, Montreuil, 1999.
• « Bâtir avec l'environnement », actes du colloque du 9 mars 1999, in *Recherches*, n°111, Puca, Paris, 2000.
• *La HQE dans les bâtiments en 21 questions / réponses*, EDF, 2000.
• *Les Principes d'un urbanisme à Haute Qualité Environnementale*, Agence de développement et d'urbanisme de Lille-Métropole, 2000.
• *Sustainable Buildings 2000, Proceeding*, Maastricht conference reports, 22-25 october 2000.
• *Une charte pour l'environnement*, ville de Rennes, 2000.
• *Weltbericht zur Zukunft der Städte, Urban 21*, Bundesministerium für Verkehr, Bau- und Wohnungswesen, Berlin, 2000.

Revues et magazines
Reviews and magazines

Architecture & Électricité
« La Qualité environnementale », n°6,
janvier 2001.
Les Cahiers de la qualité
environnementale (Alsace Qualité
Environnement, Strasbourg)
« Mieux vivre et mieux bâtir avec
l'environnement », n° 1, 1998.
« Haute Qualité environnementale et
coûts de construction », n° 2, 1999.
« La Haute Qualité environnementale dans
le bâtiment : les enjeux et les acteurs »,
n° 3, 1999.
« Bâtiment et Santé : pour une approche
intégrée en France et en Europe », n° 4,
2000.
« Logement social et Haute Qualité
Environnementale », n° 5, 2001.
Cahiers du CSTB
Charlot-Valdieu (Catherine) & Outrequin
(Philippe), « La Ville et le Développement
durable », n° 3106, mars 1999.
Les Clés de l'info (Clé, Conseil à l'énergie,
ville de Rennes), n° 9, mars 2001.
CSTB Magazine
« La réglementation thermique 2000 »,
n° 132, novembre-décembre 2000.
D'Architectures
« Innovation », hors-série, n° 100, mars
2000.
« Développement durable, un nouvel
esprit de pérennité », n° 101, avril 2000.
Direct Résidentiel
Dossier « Interclimat 2002 », n° 120,
février 2002.
« La Haute Qualité Environnementale »,
n° 107, septembre 2000.
La Lettre de l'éco-consommation
(Bruxelles), n° 25, janvier 2000.
La Lettre du CFE
« Projet d'éoliennes en mer de 150 MW au
Danemark », n° 7, 13 septembre 2001.
« BP équipe ses sites isolés en panneaux
photovoltaïques », n° 8, 27 septembre
2001.
« Efforts de commercialisation de
nouvelles énergies », n° 15, 10 janvier
2002.
« L'énergie éolienne en ville », n° 16,
24 janvier 2002.
« Éoliennes multiaxes », n° 19, 7 mars
2002.
« Photovoltaïque : la production dépasse
les prévisions », n° 20, 21 mars 2002.
Le Figaro
Mennessier (Marc), « Le Tout Éolien sous
le feu des critiques », 16 novembre 2001.

Le Figaro économique
« La France pousse l'éolien contre vents et
marées », 26 février 2002.
Le Monde
Larané (André), « L'offshore donne un
second souffle à l'énergie éolienne »,
3 avril 2002.
Le Monde 2
Reeves (Hubert), « Quatre solutions
alternatives », pp. 94-96, Bouchard
(Jacques), « Cessons les querelles
inutiles, l'énergie nucléaire a-t-elle un
avenir ? », mai 2002.
Le Moniteur des travaux publics
« Façades intelligentes », dossier
technique, 15 octobre 1999.
« Un logiciel pour concevoir les façades
double peau », 21 avril 2000.
« Les façades vont devoir s'adapter à
l'évolution de la réglementation », 26 mai
2000.
« Les façades intelligentes économisent
l'énergie », 3 novembre 2000.
« Aménagement 2001 », numéro spécial,
juin 2001
Le Moniteur, Cahiers de l'environnement
« Haute Qualité Environnementale »,
n° 4968, 12 février 1999.
« Énergies renouvelables », n° 5009,
26 novembre 1999.
« Énergies renouvelables », hors-série,
mars 2001.
Gauzin-Müller (Dominique), « Chantiers
de ville », hors-série, septembre 2001,
« Habitat passif ».
Les Échos
Bauer (Anne), « Le Temps des énergies
"vertes". Le Solaire de l'ombre », 3 avril
2002.
Relation électricité
« Quand le soleil et l'électricité se
complètent », n° 9, février 2002.
Système solaire (revue de l'Observatoire
des énergies renouvelables)
N° 143, mai-juin 2001.
N° 144, juillet-août 2001.
Urbanisme
« L'Usager », n° 307, juillet-août 1999.

Biographies
Biographies

Agences d'architecture

Jean-Yves Barrier

Architecte depuis 1981,
Jean-Yves Barrier, peintre, compositeur
et scénographe, ne renie pas son parcours
artistique qui apporte à son architecture
un sens de l'espace, de l'éclairage et
du détail. Homme de spectacle, son goût
pour l'échange et la concertation le
conduit à développer une pédagogie à
l'usage de l'utilisateur. En 1978,
il remporte avec un projet de maison
solaire, le concours organisé
par le ministère de l'Environnement
et Antenne 2, puis conçoit des prototypes
de maisons biotiques et réalise
une maison domotique. Son intérêt
pour les questions d'environnement,
d'économies énergétiques et le logement
du futur, le mène à construire l'ensemble
des 43 logements « Salvatierra »
à Rennes, réalisation unanimement
acclamée comme l'une des meilleures
en termes d'écodesign ou de Haute
Qualité Environnementale. Pratiquant
à Tours, Barrier a récemment traité divers
programmes de réaménagements urbains,
d'ouvrages d'art et de projets d'art public
pour lesquels il a reçu plusieurs prix.

Pierre du Besset
et Dominique Lyon

Associés depuis 1983, après un
passage chez Jean Nouvel, Pierre
du Besset et Dominique Lyon gagnent
en 1990, le concours du siège social
du journal *Le Monde* avec un projet
audacieux qui, exprimant l'esprit
du quotidien, s'inscrit difficilement
ou magnifiquement suivant
les polémiques du moment,
dans son contexte parisien.
La médiathèque d'Orléans, un autre
concours gagné quelques années plus
tard, ne suscitera guère de controverses.

Cet équipement culturel s'est en effet
imposé en une dizaine d'années
comme l'une des œuvres majeures
de l'architecture française
contemporaine, un succès qui conduira
Lyon et du Besset à réaliser d'autres
médiathèques-bibliothèques :
celles de Lisieux, l'interuniversitaire
de droit et lettres de Grenoble et
celle de Troyes.
Parallèlement à son activité
professionnelle, Dominique Lyon
poursuit une carrière d'enseignant
en France et à l'étranger.

Gilles Bouchez

Diplomé en 1967, Gilles Bouchez s'est
imposé depuis par la rigueur avec laquelle
il traite une grande diversité de
programmes : l'école supérieure
des affaires en banlieue de Grenoble,
l'extension du palais d'Iéna
pour le Conseil Économique et Social
ou le bâtiment des sciences et technique
à l'université de Val-de-Marne
parmi beaucoup d'autres. L'essentiel
de ces projets se distingue autant
par leur intégration aux sites
que par les politiques d'économies
énergétiques que Bouchez applique
dans ses projets puis au cours
de leur réalisation. Cette pratique
architecturale l'a aussi conduit à concevoir
des meubles aujourd'hui produits
par Airborne, Strafor ou CBZ.

François Chochon

Sept années passées dans l'atelier
de Christian de Portzamparc à mettre
au point le projet de Cité de la Musique
et divers autres projets ont conduit
François Chochon à s'intéresser
aux rapports entre l'architecture et les arts
plastiques ; une question rarement
abordée qui l'a poussé à réfléchir
sur les architectures de musées, ceux d'art

Architectural offices

Jean-Yves Barrier

Jean-Yves Barrier, an architect since
1981, is a painter, composer and theatrical
designer who has remained faithful to his
artistic past and who brings to his
architecture a sense of space, lighting
and detail. A man of the theatre, his taste
for interchange of ideas and dialogue has
also led him to develop the teaching skills
that he makes available to the consumer.
In 1978 he won a competition organised
by the Ministry of the Environment and
Channel 2 with a plan for a solar house,
and went on to design prototypes of biotic
houses and built an automated house. His
interest in environmental and energy-
saving issues and in the housing of the
future led to the building of
43 "Salvatierra" houses in Rennes,
an enterprise that was widely recognised
as one of the best in terms of ecodesign
or High Environmental Quality.
He practises in Tours and has recently
been working on various programmes of
urban renewal, construction works and
public projects, for which he has been
awarded several prizes.

Pierre du Besset
and Dominique Lyon

Pierre du Besset and Dominique Lyon
have been partners since 1983, and in
1990 they won the competition for the
head offices of *Le Monde* with a bold
project that expressed the spirit of the
newspaper and that, according to the
arguments at the time, fitted either with
difficulty or magnificently into its Parisian
context. The media centre of Orléans,
another competition won a few years
later, excited almost no controversy.
In fact, this building has since come to be
regarded as one of the major works of
contemporary French architecture,

a success that led Lyon and du Besset to
build other media centres / libraries:
at Lisieux, the Interuniversitaire de Droit
et Lettres at Grenoble, and at Troyes.
In tandem with his professional activity,
Dominique Lyon pursues a teaching career
in France and abroad.

Gilles Bouchez

Qualifying in 1967, Gilles Bouchez
has made his mark through the rigour he
brings to a wide diversity of programmes:
among others, the École Supérieure
des Affaires in the suburbs of Grenoble,
the extension of the Iéna Palace for
the Economic and Social Council, and the
Science and Technology Building of
the University of Val-de-Marne. The
essence of these projects is both their
integration with their sites and the
energy-saving policy that Bouchez
applies during the course of their
construction. His architectural experience
has also led him to design furniture
that is today manufactured by Airborne,
Strafor or CBZ.

François Chochon

Seven years spent in the workshop
of Christian de Portzamparc working on,
among other projects, that for the Cité de
la Musique, aroused François Chochon's
interest in the relationships between
architecture and the plastic arts; a
relationship that is rarely considered
and which led him to think about the
architecture of museums, especially
museums of contemporary art.
The results of this thinking are clearly
visible in the several projects for French
museums at present underway.

Emmanuel Combarel
and Dominique Marrec

Winners in 1996 of the Villa Medicis
extramural prize for their project "Town

contemporain particulièrement. Les conclusions qu'il en a tirées sont clairement perceptibles dans les projets de plusieurs musées français actuellement en cours d'étude.

Emmanuel Combarel et Dominique Marrec

Lauréats, en 1996, de la Villa Médicis hors les murs pour leur projet de « Villes lumineuses », Emmanuel Combarel et Dominique Marrec se sont toujours passionnés pour les questions d'art contemporain ; en témoigne leur projet de bâtiment pour la fondation Marcel Brient, à Montreuil. Leur intérêt va aussi à des programmes plus diversifiés, habitats collectifs, ensembles de bureaux, centres de loisirs qu'ils étudient et réalisent en tenant toujours compte des intégrations paysagères et des questions d'économies d'énergies. Le « logement du futur », une recherche fondamentale qu'ils mènent depuis 1999 en collaboration avec les ingénieurs d'EDF, se termine avec le projet de réaliser la construction d'une quinzaine d'habitations expérimentales HQE.

Adrien Fainsilber

Après son diplôme acquis en 1960, plusieurs séjours professionnels au Danemark et aux États-Unis et une longue prestation à l'institut d'aménagement et d'urbanisme de la région parisienne (IAURP), Adrien Fainsilber gagne un concours de ville universitaire à Villetaneuse. Il ouvre alors son agence, intervient dans le développement de l'université de Villetaneuse et dans celui du pôle central de l'université technologique de Compiègne avant de reconvertir les abattoirs de La Villette en Cité des Sciences et d'y réaliser la Géode et son théâtre Omnimax. Fainsilber réalisera par la suite d'autres grands projets : le musée des Beaux-arts de Clermont-Ferrand, celui d'Art moderne et contemporain de Strasbourg et la bibliothèque municipale à vocation régionale de Marseille, actuellement en cours de finition.

Jacques Ferrier

« Au départ, j'ai une formation scientifique, l'École centrale d'ingénieurs, puis j'ai fait l'architecture » répond Jacques Ferrier lors d'une interview en ajoutant : « ce background… m'a enlevé tout complexe pour prendre à bras le corps cet univers de la technique comme une question centrale de l'architecture notamment ». Un temps dans un bureau d'études techniques puis un autre chez Norman Foster confirment cette approche très personnelle de l'architecture et le conduisent à ouvrir son agence en 1990. Plusieurs projets – un centre de recherches de l'École des Mines (avec François Gruson), un immeuble de bureaux pour Total Energie, l'usine des eaux de la SAGEP à Joinville (avec François Gruson) ou des bureaux pour Renault à Guyancourt – l'imposent rapidement en raison de leur parfaite maîtrise des espaces et des volumes due à une intelligence très fine des techniques et des matériaux de construction.

Manuelle Gautrand

Depuis l'ouverture de son agence en 1991, Manuelle Gautrand a réalisé une série de projets qui tous témoignent d'une lecture très personnelle des programmes, de leur originalité de traitement et, surtout, d'une pensée architecturale très particulière, clairement perceptible dans ses formulations. Son objectif professionnel n'est guère, en effet, le geste spectaculaire ou la performance technique, mais la réalisation du projet en fonction des évidentes possibilités du programme et surtout de celles qui le sont moins. En résultent des volumes, des espaces intérieurs dans lesquels les problématiques sont abordées sans à priori et leurs solutions, innovantes jusqu'au moindre détail. Cette manière d'opérer a logiquement conduit Manuelle Gautrand à tenir compte dans ses projets des questions énergétiques et, donc, à réfléchir sur les surconsommations occasionnelles d'électricité dans les équipements culturels ou sur les gestions d'énergies naturelles dans les logements courants. Les propositions qu'elle fait démontrent par leur intelligence et leur clairvoyance que Manuelle Gautrand s'impose aujourd'hui sur la scène française moins en vedette médiatique qu'en professionnelle avisée dont les projets posent tous d'insidieuses questions.

Christian Hauvette

Après un passage à l'École spéciale des Hautes Études où il fréquente Roland

Lighting", Emmanuel Combarel and Dominique Marrec retain a keen interest in questions of contemporary art; their plan for a building for the Fondation Marcel Brient at Montreuil is clear evidence of this. But their interests also extend to more diversified programmes, collective housing, office complexes, and leisure centres that they design and build, always taking into account integration with the landscape and energy conservation. "Housing of the future", radical research that they have been carrying out since 1999 with the engineers of EDF, will shortly result in fifteen experimental HEQ dwellings.

Adrien Fainsilber

After gaining his diploma in 1960, several professional stays in Denmark and the United States, and a long period with the Paris Regional Institute for Development and Town Planning (IAURP), Adrien Fainsilber won a competition for the university residential accommodation at Villetaneuse. He then opened his agency, worked on the development of the university at Villetaneuse and of the central hub of the technical university of Compiègne, before converting the slaughterhouses of La Villette into the Cité des Sciences and building the Géode and its Omnimax theatre. Fainsilber was to build other large projects: the Musée des Beaux arts of Clermont-Ferrand, the Museum of Modern and Contemporary Art in Strasbourg, and the Municipal Regional Library of Marseilles, which is currently being completed.

Jacques Ferrier

"I started off with scientific training at the École Centrale d'Ingenieurs, then I went into architecture," says Jacques Ferrier in an interview, adding that "this background…relieved me of any worries about embracing this technological world, especially as a central question in architecture". A period in a technical design office and another with Norman Foster confirmed this very personal approach to architecture and led to the opening of his agency in 1990. Several projects – a research centre for the École des Mines (with François Gruson), an office building for Total Energie, a factory for SAGEP water in Joinville (with François Gruson) and offices for Renault in Guyancourt – quickly made his name through their perfect mastery of spaces and volumes, resulting from his very detailed knowledge of building techniques and materials.

Manuelle Gautrand

Since opening her agency in 1991, Manuelle Gautrand has carried out a series of projects all of which evidence a very personal reading of programmes, originality in her treatement of them, and, above all, very special architectural thinking that is fully apparent in the formulations. Her professional aim is not spectacular gesture or technical wizardry, but the implementation of the project in relation to the possibilities of the programme and, importantly, to what is not possible. The result is volumes and interior spaces in which problems are approached without preconceived ideas, and the solutions are innovative down to the last detail. This way of working leads Manuelle Gautrand to take energy questions into account in her projects, and thus to reflect on the casual over-consumption of electricity in cultural buildings or the management of natural energy in current housing. Her proposals are always very interesting, and those that are underway (or will be shortly) show that Manuelle Gautrand is not so much a media star on the contemporary French scene as a shrewd professional whose projects ask searching questions.

Christian Hauvette

After a period spent at the École Spéciale des Hautes Études, where he studied with Roland Barthes and wrote a semiological treatise on space, Christian Hauvette began his professional career in 1969 and was soon noticed both for his very personal and philosophical notion of architecture and his taste for high technology. The subtle sophistication of his works – especially in the UFR de Droit et Sciences Économiques of Brest, the Chambre des Comptes de Bretagne in Rennes, the Lycée Technique La Fayette in Clermont-Ferrand, and the Education Offices of the Antilles and Guyana – essentially comes both from the rules of ideal harmonic and geometrical composition that govern his projects, and his desire to use the most up-to-date technologies as far as is possible. Professor of architecture, Grand Prix d'Architecture in 1991, Hauvette publishes numerous articles and often takes part in exhibitions, both in France and abroad.

Barthes et rédige un traité de sémiologie de l'espace, Christian Hauvette commence sa carrière en 1969 et se fait rapidement remarquer tant par une conception très personnelle et très philosophique de l'architecture que par son goût des performances techniques. Les subtiles sophistications de ses réalisations – l'UFR de droit et sciences économiques de Brest, la Chambre des Comptes de Bretagne, à Rennes, le lycée technique La Fayette à Clermont-Ferrand ou le rectorat des Antilles et Guyane, à Fort-de-France, notamment – tiennent essentiellement, en effet, aux règles de composition harmoniques et géométries platoniciennes qui régissent ses projets, mais aussi à sa volonté d'utiliser, autant que possible, les technologies de pointe. Professeur d'architecture, grand prix national d'Architecture, en 1991, Hauvette a publié de nombreux articles et souvent participé à des expositions tant en France qu'à l'étranger.

Jean-Marc Ibos
et Myrto Vitart

Ensemble, ils ont longtemps travaillé chez Jean Nouvel avec lequel ils furent associés dans les concours de Tête-Défense, le palais des congrès de Tours et le centre de documentation scientifique et technique de Nancy. Myrto Vitart s'est occupé du centre culturel de Saint-Herblain, à Nantes et Jean-Marc Ibos des logements sociaux « Némausus » à Nîmes. Lauréats du concours pour la réhabilitation et l'extension du palais des Beaux-arts de Lille, Ibos et Vitart y réalisent une œuvre exceptionnelle qui les situe d'emblée parmi les meilleurs architectes français actuels. Professeurs invités en France et à l'étranger, ils réalisent actuellement plusieurs projets d'importance et notamment la « Maison des Adolescents » à l'hôpital Cochin de Paris.

Marc Mimram

La passerelle Solferino qu'il termine en 1999, et qui lui vaut un prix national d'architecture, place Marc Mimram parmi les meilleurs architectes français. Il avait cependant déjà beaucoup construit depuis ses études d'ingénieur à l'École nationale des Ponts et Chaussées puis à l'université de Berkeley et après l'obtention de son diplôme d'architecte. Sa position faussement ambiguë d'architecte-ingénieur et une certaine discrétion l'avaient éloigné des médias professionnels et, seuls, quelques initiés appréciaient ses travaux pour leurs qualités esthétiques et techniques. La plastique du projet est chez Mimram essentielle, non qu'il puisse penser que, dans sa pratique, toute forme n'est belle que parce qu'elle est utile, mais parce que chez lui, esthétique et technique sont à l'évidence inséparables, l'une ne saurait être sans l'autre. D'autres sujets le préoccupent beaucoup plus : les inexplicables complexités des modes et moyens de construction où les vraies questions d'énergie ou celles de la lumière sur lesquelles il arrive à des conclusions logiques, mais peu orthodoxes. Mimram est, certes, architecte, ingénieur, ou l'inverse ; il est peut-être, avant tout, un homme qui réfléchit, un philosophe.

Frédérique Paoletti
et Catherine Rouland

Frédérique Paoletti et Catherine Rouland sont architectes depuis 1984 (Paris-Villemin). En 1986, elles créent un atelier de scénographie-muséographie qui les conduit à réaliser des projets personnels ou en collaboration : les salles multimédia et les espaces d'exposition de la Cité des sciences et de l'industrie, une exposition pour le musée de la Corse, à Corte et la restructuration des salles d'expositions permanentes du musée de l'hôtel Sandelin à Saint-Omer. Elles collaborent avec Richard Peduzzi pour le palais de la Découverte, le Futuroscope de Poitiers et le musée du Louvre ; avec Pier Luigi Pizzi pour l'exposition de ses collections particulières, au palais Fesch d'Ajaccio, enfin avec François Chochon, elles travaillent au musée mémorial des enfants d'Izieu sur la problématique de la transformation d'un lieu historique en musée. Leurs recherches de prédilection portent sur la mise en valeur des objets et des volumes par la lumière naturelle et artificielle.

François Roche

Considéré à tort comme l'enfant terrible de l'architecture française, François Roche est plus connu à l'étranger qu'en France pour ses projets truffés de technologies avancées, d'emprunts à l'art contemporain et d'un discours souvent provocateur parce que visionnaire. L'agence R&Sie… qu'il fonde, en 1993, avec Stéphanie Lavaux et Gilles

Jean-Marc Ibos
and Myrto Vitart

Ibos and Vitart worked together for a long time with Jean Nouvel and were associated with him in the competitions for the Tête-Défense, the Palais des Congrès of Tours and the Centre de Documentation Scientifique et Technique of Nancy. Myrto Vitart was long occupied with the Cultural Centre of Saint-Herblain in Nantes and Jean-Marc Ibos with the "Némausus" social housing in Nîmes. Winners of the competition for the rehabilitation and extension of the Palais des Beaux-arts of Lille, Ibos and Vitart built an exceptional work that immediately placed them among the best of current French architects. They are visiting professors in France and abroad, and are at present involved in several large projects, including the "Maison des Adolescents" at the Cochin Hospital, Paris.

Marc Mimram

The Solferino footbridge, which he completed in 1999 and for which he was awarded a French architectural prize, placed Marc Mimram among the leading French architects. However, he had already built a great deal since his engineering studies at the École Nationale des Ponts et Chaussées and at the University of Berkeley, and since obtaining his architectural diploma. His deceptively ambiguous position as an architect/engineer, plus a certain unobtrusiveness, has distanced him from the media professionals. Only those who are in the know appreciate his works for their aesthetic and technical qualities. The plasticity of the project is essential for Mimram, but this does not mean that in his practice a form is only beautiful if it is useful, because for him the aesthetic and the technical are clearly inseparable: one cannot exist without the other. Other subjects concern him more closely: the complexities of the ways and means of construction, or the real questions of energy or lighting to which he finds logical, though hardly orthodox, solutions. Mimram is certainly an architect and engineer, or the reverse; but above all, perhaps, he is a man who thinks, a philosopher.

Frédérique Paoletti
and Catherine Rouland

Frédérique Paoletti and Catherine Rouland have been DPLG architects since 1984 (Paris-Villemin). In 1986 they established a theatre design - museography workshop that enabled them to carry out projects personally or in collaboration: the multimedia rooms and exhibition spaces of the Cité des Sciences et de l'Industrie, an exhibition for the Museum of Corsica in Corte, and the restructuring of the permanent exhibition rooms of the Hôtel Sanderlin in Saint-Omer. They collaborated with Richard Peduzzi on the Palais de la Découverte, the Futuroscope in Poitiers and the Louvre Museum; with Pier Luigi Pizzi on the exhibition of his private collections at the Palais Fesch in Ajaccio; and, finally, with François Chochon, they solved the problem of turning a historic site into the memorial museum to the children of Izieu. Their preferred research field is the enhancement of objects and volumes by means of natural and artificial light.

François Roche

Wrongly considered the enfant terrible of French architecture, François Roche is better known abroad for his projects stuffed with advanced technology, borrowings from contemporary art and a discourse that is often provocative because it is visionary. The R & Sie… Agency, which he founded in 1993 with Stéphanie Lavaux and Gilles Desédedavy, is in reality a tool for provoking criticism. Its propositions, usually based on packaging, outer casing and folding, on the practices of recycling and cross-fertilisation (and thus ephemeral), are regularly exhibited in Europe, the United States and Japan. Roche teaches in France and also in London and Vienna.

François Seigneur
and Sylvie de la Dure

Long associated with Jean Nouvel, then with Viguier & Jodry for the French pavilion of the Universal Exhibition in Seville, François Seigneur and Sylvie de la Dure set up a partnership in 1996. They have made their mark with the distinctiveness of projects that make considerable use of contemporary technology, with their complex initiatives, and with an unconventional view of the social role of the architect. As can be seen from their project for housing with integral garaging, this undertaking often leads them to design proposals whose formal originality is based on infallible technical logic. Seigneur and de la Dure

Desédedavy est, de fait, un outil de production critique dont les propositions généralement basées sur les notions d'emballage, d'habillage et de pliage, sur les pratiques de recyclage et d'hybridation et donc sur l'éphémère, sont régulièrement exposées en Europe, aux États-Unis et au Japon. Enseignant en France, Roche l'est aussi à Londres et à Vienne.

François Seigneur et Sylvie de la Dure

Longtemps associé à Jean Nouvel, puis à Viguier & Jodry pour le pavillon français à l'Exposition universelle de Séville, François Seigneur s'associe à Sylvie de la Dure en 1996. Le couple s'est depuis imposé par la pertinence de projets faisant largement appel aux technologies contemporaines, leurs mises en œuvres complexes et par une conception peu conventionnelle du rôle social de l'architecte. Cet engagement les conduit à souvent concevoir des propositions dont les originalités formelles sont basées sur d'infaillibles logiques techniques comme le montre leur projet d'auto/logement. Seigneur et de la Dure abordent de même manière, les programmes classiques de réaménagements urbains, de musées et médiapôles qui leur sont régulièrement proposés.

François Seigneur est souvent invité à concevoir en scénographe de grandes expositions, celle du « Design, Miroir du siècle » à Paris et « Heavenly Horses » à Pékin et Hong-Kong notamment.

Francis Soler

Diplômé en 1976, Francis Soler a longtemps réalisé des programmes de logements et d'équipements avant de remporter en 1990, le concours du Centre de conférences internationales de Paris, l'un des grands projets du Président, malheureusement resté sans suite. Le grand prix national d'Architecture qu'il reçoit la même année et les nombreux projets qu'il dessine et réalise depuis le situent comme l'un des meilleurs architectes français, mais aussi comme l'un de ceux qui aujourd'hui renouvellent très librement l'appréhension, les formulations et le langage de l'architecture contemporaine sans pour autant céder au spectaculaire et à une démagogie formelle. Aucun de ses projets – « Les Miroirs d'Osaka », le réaménagement des quais de San Francisco, le viaduc de Millau, le Grand Stade de Paris ou, plus récemment, le musée des Arts premiers – n'est passé inaperçu et l'ensemble administratif du ministère de la Culture qu'il réalise actuellement, à Paris, s'annonce comme l'une des prochaines œuvres majeures de la capitale.

Speeg et Michel

Marc Speeg et Philippe Michel, tous les deux architectes, s'intitulent « concepteurs lumières » ou éclairagistes. Pour eux, l'éclairage est une matière à part entière qui donne naissance à des espaces, à des volumes et le travail, ou les études qu'ils pratiquent à partir du point d'éclairage, prolonge les recherches des architectes. Ils estiment travailler la lumière pour la lumière et seulement ensuite chercher – ou inventer – le matériel permettant de réaliser les effets qu'ils veulent créer, en trois dimensions pour que l'œil du visiteur effectue un parcours sensible fait d'ombre et de lumière.

Ingénieurs EDF

Didier Binesti

Didier Binesti appartient, depuis 1989, à la direction Recherche et Développement du groupe EDF où il a successivement occupé la fonction d'expert en matériaux pour l'électronique, puis de chef du projet « Bâtiments et Énergies renouvelables ». En 2001, il est nommé chef de groupe au département Services-Énergies-Espaces de vie de la direction Recherche et Développement.

Christelle Franzetti

Diplômée de l'école supérieure d'ingénieurs de Poitiers où elle avait choisi l'option éclairage, acoustique et climatisation, Christelle Franzetti est, depuis 1997, attachée au centre de recherche d'EDF, « Les Renardières ». Son action se porte sur la simulation du besoin énergétique global des bâtiments, l'interaction de l'éclairage naturel et artificiel et sur la thermique des bâtiments. À ce titre, elle gère l'exploitation de logiciels spécifiques, conçoit un laboratoire dédié à la complémentarité entre les différentes lumières et intervient auprès des clients

use the same approach to the traditional programmes for urban renewal, museums and media centres that are regularly put to them.

François Seigneur is often invited to design the settings for large exhibitions; especially notable were "Design, Miroir du siècle" in Paris and "Heavenly Horses" in Beijing and Hong Kong.

Francis Soler

After gaining his diploma in 1976, Francis Soler carried out housing and building programmes for many years before winning the 1990 competition for the Paris International Conference Centre, one of the President's large projects that unfortunately was not implemented. The French Grand Prix d'Architecture that he received in the same year, and the many projects that he has designed and carried out since, mark him out as one of the best French architects, but one who is renewing the understanding, formulations and language of architecture without, as many do, giving way to the spectacular and to formal demagogy. None of his projects – "Les Miroirs d'Osaka", the refurbishment of the quays of San Francisco, the Viaduct of Millau, the Grande Stade of Paris, or, more recently, the Musée des Arts Premiers – has passed without notice, and the administrative complex for the Ministry of Culture, at present being built in Paris, looks as if it will be one of the next major works in the capital.

Speeg and Michel

Marc Speeg and Philippe Michel, both architects, call themselves "lighting designers" or lighting specialists. For them, light is a material in its own right that gives birth to spaces and volumes. The work or the studies they carry out, starting from a consideration of lighting, are an extension of architectural research. They believe in using light for its own sake, only afterwards looking for – or inventing – the equipment that enables them to create the effect they want in three dimensions, so that the visitor's eye makes a sensory journey through shade and light.

EDF engineers

Didier Binesti

Since 1989 Didier Binesti has worked in the Research and Development Department of the EDF Group, first as a specialist in computer equipment, then as head of the "Buildings and Renewable Energy" project. In 2001 he was appointed head of the Services-Énergie-Espaces de Vie Department of the Research and Development Department.

Christelle Franzetti

Having taken her diploma at the École Supérieure d' Ingenieurs of Poitiers, where she chose the lighting, acoustic and air-conditioning option, since 1997 Christelle Franzetti has been attached to the EDF research centre "Les Renardières". She works on the simulation of the overall heating requirements of buildings, the interaction between natural and artificial light, and the heating of buildings. In relation to this she manages the operation of special software programmes, has designed a laboratory for the study of the complementary aspect of different light sources, and works with clients as a lighting consultant.

Régis Lachiver

Formed very early by the "EDF school", Régis Lachiver quickly climbed the various steps of the hierarchy and was appointed research engineer in the Services-Énergie-Espaces de Vie Department of the EDF Research and Development Department, where he is seen as a man with practical experience and a pragmatic viewpoint. He carries out technical/economic studies, offers technical help, and is particularly interested in the difficult management of energy and the natural and artificial lighting of artworks in museums.

Marie-Hélène Laurent

Marie-Hélène Laurent joined the Research and Development Department of the EDF Group in 1985 as a senior engineer, with the task of promoting the use of membrane separation techniques in industry, especially in food processing. In 1996 she worked on the "Joule effect", in particular on ohmic heating and current-carrying electrical tubes. She then moved to develop an awareness of the sector among market professionals. Since 1999 Marie-Hélène Laurent has been in charge of an exploratory project on the residential and service-sector buildings of the future.

en tant qu'expert en éclairage.

Régis Lachiver

Formé très tôt à « l'école EDF »,
Régis Lachiver gravit rapidement
les différents échelons de la hiérarchie
pour accéder au poste d'ingénieur-
chercheur au sein du département
Services-Énergies-Espaces de vie
de la direction Recherche
et Développement d'EDF où il fait figure
d'homme de terrain à la vision
pragmatique. Il réalise des études
technico-économiques,
offre une assistance technique
et s'intéresse particulièrement
à la difficile gestion des énergies
et des éclairages naturels et artificiels
des œuvres d'art dans les musées.

Marie-Hélène Laurent

Rentrée à la direction Recherche
et Développement du groupe EDF,
en 1985, Marie-Hélène Laurent, ingénieur
senior, a pour fonction de promouvoir
l'utilisation des techniques de séparation
membranaire dans l'industrie et plus
particulièrement dans l'agroalimentaire.
En 1996, elle travaille sur « l'effet Joule »,
en particulier sur le chauffage Ohmique
et les tubes électriques à passage
de courant. Elle se consacre ensuite
au développement de la connaissance
sectorielle sur le marché
des professionnels. Depuis 1999,
Marie-Hélène Laurent est chargée
du projet de prospective sur les bâtiments
résidentiels et tertiaires du futur.

Jean-Pol Machet

Ingénieur en génie physique et diplômé
d'études commerciales, Jean-Pol Machet
s'est toujours intéressé aux
développements énergétiques, à ceux
notamment de l'électricité. Après avoir
occupé plusieurs postes à fortes
responsabilités opérationnelles dans
le département commercial du groupe
EDF, il crée la délégation au Partenariat,
un organisme chargé d'élaborer les
stratégies partenariales du groupe et
d'étudier leurs applications auprès de
partenaires d'importance nationale.
Responsable du service Partenariat,
Environnement et Réglementation d'EDF,
Jean-Pol Machet lance une politique
active de coopération avec les architectes
et bureaux d'études dans divers
domaines, celui notamment des
développements durables. Il a ainsi
organisé plusieurs colloques nationaux

sur les relations entre l'électricité
et la Haute Qualité Environnementale,
la Réglementation Thermique 2000
ou le lancement d'Auxilia, une association
militant pour le développement durable
dont les retombées sont, dans cet
ouvrage, manifestes.

Alain Marti

Ingénieur en Électricité, Alain Marti
entre dans le groupe EDF en 1981 où,
au sein de la direction Recherche
et Développement, il se consacre
à la gestion de l'énergie. Dans ce cadre,
il travaille à l'optimisation des systèmes
de chauffage et conseille activement
les agents commerciaux.
Responsable commercial des grands
comptes au niveau national
dans le secteur de la grande distribution,
il est aujourd'hui chef délégué
du département Services-Énergies-
Espaces de vie de la direction Recherche
et Développement du groupe EDF.

Éric Peltier

Diplômé ingénieur de l'École
nationale supérieure des mines de Paris,
en 1985, Éric Peltier devient chercheur en
hydraulique et dirige, de 1989 à 1996,
plusieurs projets pour EDF et l'Union
européenne. En 1997, il assure, pour la
direction Recherche et Développement,
les fonctions de chef du groupe
« Équipements électriques-Confort-
Environnement » pour l'amélioration
du confort électrique à l'intérieur
des bâtiments tertiaires et résidentiels.
Dans ce cadre, il anime des comités
de réflexions et définit un programme
quinquennal pour le développement
du confort électrique en France
et à l'international. Depuis 2001,
il est attaché au cabinet du Pôle Industrie
qui recouvre les activités de production,
d'ingénierie et commerciales
du groupe EDF.
Éric Peltier a publié de nombreux articles
dans des revues scientifiques et enseigné
dans les grandes écoles d'ingénieurs
comme l'École centrale de Paris.

Luc Tabary

Ingénieur de l'École nationale
supérieure de techniques avancées,
Luc Tabary a tout d'abord travaillé
au Centre d'études terrestres et
planétaires du CNRS pour la télédétection
par satellite, dans le cadre
d'un programme de l'Agence spatiale
européenne. En 1994, il intègre

Jean-Pol Machet

Trained in engineering physics and a
graduate in business studies, Jean-Pol
Machet has always had an interest in
energy development, especially
electricity. After holding several highly
responsible operational posts in the
Business Department of the EDF Group
(Électricité de France), he created the
Délégation au Partenariat, a body
responsible for drawing up the
partnership strategies of the Group
and for studying their implementation
in association with partners of national
importance.
As manager of the Partnership,
Environment and Regulations Department
of EDF, Jean-Pol Machet launched a policy
of active co-operation with architects
and design offices in several fields,
particularly that of sustainable
development. He has organised several
national conferences on the relationship
between electricity and High
Environmental Quality, on Heat
Regulations 2000, and on the launch
of Auxilia, an association campaigning
for sustainable development, the effects
of whose work are clearly apparent in this
book.

Alain Marti

Alain Marti, an electrical engineer,
joined the EDF Group in 1981, when he
worked on energy management in the
Research and Development Department.
Here he was concerned with the
optimisation of heating systems and
actively advised commercial agents. As
business manager for major accounts at
the national level in the large volume
distribution sector, he is today the
Assistant Head of the Services-Énergie-
Espaces de Vie Department of the EDF
Research and Development Department.

Éric Peltier

A qualified engineer from the École
des Mines, Paris, Éric Peltier became a
researcher in hydraulics and from 1989 to
1996 directed several projects for EDF and
the EU. In 1997 he was appointed to the
Research and Development Department
as head of the "Electrical Equipment-
Comfort-Environment" group, the
purpose of which is to improve electricity-
sourced comfort in residential and
service-sector buildings. In this
framework he runs working parties and
has drawn up a five-year plan for the
development of electricity-sourced

comfort in France and internationally.
Since 2001 he has been attached to the
Cabinet Pôle Industrie, which covers the
production, engineering and commercial
activities of the EDF Group.
Éric Peltier has published numerous
articles in scientific journals and taught in
engineering schools including the École
Centrale of Paris.

Luc Tabary

An engineer who graduated at the
École Supérieure de Techniques Avancées,
Luc Tabary worked first at the Centre
d'Études Terrestres et Planétaire of the
CNRS in satellite remote sensing, part of a
European Space Agency programme. In
1994 he joined the Research and
Development Department of the EDF
Group to explore energy and heat
management in buildings, the
improvement of indoor air quality, and
the development of High Environmental
Quality. At the end of 2001 he joined the
Local Action and Environment Department
of the Énergie-France branch of the EDF
Group, where he is concerned with
environmental matters relating to soil and
water pollution.

Ante prima consultants

Marie-Ange Bisseuil

An art historian with a diploma in
paleography, Marie-Ange Bisseuil worked
in several large museums, including the
Louvre, where in 1989 she took part in a
cultural and audio-visual programme for
the launch of the auditorium, having
previously founded a company for cultural
communication that organised
exhibitions, conferences and journeys in
France and abroad. She joined the French
Institute of Architecture in 1990 as a
representative, contributed to the
production of books on town architecture
and then coordinated exhibitions of
contemporary architecture. Finally, from
1996 to 1999, she was responsible for
communication, press relationships and
the monitoring of joint initiatives. Since
then Marie-Ange Bisseuil has been
editing books on the art of architecture.

Marc Emery

Marc Emery began his career with
working drawings for the Couvent de la
Tourette and the Brazilian Pavilion of
Le Corbusier and Wogenscky. In 1962
he left for Philadelphia, where he studied

la direction Recherche et Développement
du groupe EDF pour explorer le domaine
de la gestion énergétique et thermique
des bâtiments, l'amélioration de la qualité
de l'air intérieur, et le développement
de la Haute Qualité Environnementale.
À la fin de l'année 2001, il rejoint
le service Action locale et Environnement
de la branche Énergie-France du groupe
EDF où il est chargé des aspects
environnementaux corrélatifs aux sols
pollués et à l'eau.

Ante prima consultants

Marie-Ange Bisseuil

Historienne de l'art, diplômée
en sciences des textes, Marie-Ange
Bisseuil travaille dans plusieurs grands
musées dont le Louvre où, en 1989,
elle participe au programme culturel
et audiovisuel pour le lancement
de l'auditorium. Auparavant, elle a fondé
une société de communication culturelle
qui la conduite à organiser
des expositions, des conférences
et des voyages en France et à l'étranger.
Entrée en 1990 à l'Institut français
d'architecture, en tant que chargée
de mission, elle contribue à la réalisation
d'ouvrages sur l'architecture des villes,
puis coordonne les expositions
d'architecture contemporaine.
Enfin, de 1996 à 1999,
elle est responsable de la communication,
des relations avec la presse et du suivi
des partenariats de l'Ifa. Aujourd'hui,
Marie-Ange Bisseuil se consacre à des
travaux d'édition d'ouvrages dédiés
à la création architecturale.

Marc Emery

Marc Emery commence sa carrière
en dessinant les plans d'exécution
du couvent de la Tourette et du pavillon
du Brésil de Le Corbusier et Wogenscky.
Il part en 1962 à Philadephie où il étudie
les questions de planification urbaine
et suit l'enseignement de Louis Kahn.
Consultant en urbanisme
et aménagement, il intervient en France
et à l'étranger où il rencontre Oscar
Niemeyer avec qui il développe plusieurs
projets au Brésil. Directeur en 1968
de l'Ecole spéciale d'Architecture,
il dirige la même année, la rédaction
de *L'Architecture d'Aujourd'hui*
qu'il quittera en 1977 pour la reprendre
quatre ans plus tard et de nouveau
la quitter en 1986 pour y avoir trop publié

d'architectes aujourd'hui reconnus
internationalement. Un passage au *Figaro*
où il tient la chronique d'architecture
puis un long enseignement de l'histoire
du design industriel à Nancy et Paris,
un sujet qui aujourd'hui le passionne
et sur lequel il écrit et parfois publie.

Luciana Ravanel

Luciana Ravanel entretient depuis
longtemps des relations privilégiées
avec la création architecturale : chargée
de mission à la Mission interministérielle
pour la qualité architecturale
des constructions publiques (MICQP)
de 1978 à 1986, sa priorité est d'instaurer
un dialogue constant entre la maîtrise
d'ouvrage et la maîtrise d'œuvre.
Dialogue qu'elle poursuivra en tant
que chargée de mission au Cabinet
du ministre de l'Équipement où elle lance,
entre autres, une campagne
de sensibilisation sur la création
architecturale et la profession
d'architectes, grâce à l'établissement
d'une politique de partenariat
avec les organisations professionnelles.
Directeur de l'Institut français
d'architecture, de 1988 à 1998,
elle œuvre au développement
d'une meilleure connaissance
de l'architecture contemporaine à travers
nombres de projets culturels :
expositions, ouvrages, conférences
et colloques. Actions rendues possibles
grâce à une stratégie d'échanges
avec les grandes institutions européennes
et internationales, la Communauté
européenne et des partenaires privés.
En 1998, Luciana Ravanel crée Ante
Prima Consultants.

town planning and was taught by Louis
Kahn. As a town planning and
development consultant he worked in
France and abroad, where he met Oscar
Niemayer, with whom he developed
several projects in Brazil. He became
Director of the École Spéciale
d'Architecture in 1968, and in the same
year editor of *L'Architecture
d'Aujourd'hui*, a post he resigned in 1977,
only to take it up again four years later
and leave again in 1986, because he had
published too many architects who are
now internationally recognised. He spent
a short time with *Le Figaro* as architecture
correspondent, and then taught the
history of industrial design in Nancy and
Paris, a subject that now fascinates him
and on which he writes and sometimes
publishes.

Luciana Ravanel

Luciana Ravanel has for long had a
special relationship with the art of
architecture: working for the Inter-
ministry Initiative for the Architectural
Quality of Public Buildings (MICQP) from
1978 to 1986, her priority was to establish
ongoing dialogue between the client and
the architect. She pursued the same aim
when working for the Office of the
National Public Works and Transport
Department, where she launched an
awareness campaign on architectural
creation and the architectural profession,
as a result of establishing a policy of
partnership with professional
organisations. She was Director of the
French Institute of Architecture from 1988
to 1998, and worked to develop a better
understanding of contemporary
architecture by means of cultural projects:
exhibitions, books, conferences and
seminars. All this was made possible by a
strategy of exchange with the large
European and international institutions,
the European Community, and private
partners. In 1998 Luciana Ravanel set up
Ante Prima Consultants.

Fiches techniques
Project Data

Réaménagement de la base sous-marine de Kéroman, Lorient
Concours international d'idées sous l'égide de l'UIA.
Date : 1999.
Programme : reconversion de la base sous-marine de Kéroman en parc d'activités industrielles, de services, de formation et de recherche, doublé d'activités de loisirs et de tourisme, orientées sur l'interaction de l'homme et de l'océan et la mise en valeur des savoir-faire lorientais.
Maître d'ouvrage : district du pays de Lorient avec le soutien du ministère de la Défense.
Projet : Francis Soler, architecte, Vincent Jacob, Jérôme Lauth.
Intervenant EDF/R & D : Ali Lalireza.
Bureau d'études : Espace Éolien Développement.
Surface : 72 000 m².
Évaluation : 57 300 000 €.
Type de recherche : utilisation de l'énergie éolienne sur un lieu où les vents sont à leur plus forte puissance : 7 m/s.
Équipements spécifiques : 58 éoliennes d'un diamètre développé de 30 m.
Puissance d'une éolienne : 300 kW.
Puissance du site : 17 000 kW, soit l'alimentation de 17 000 foyers.
Prix du kW/h : 0,05 €.

Autosuffisance, une hypothèse : bâtiment du futur
Recherche : réhabilitation.
Programme : réhabilitation dans le résidentiel à horizon 2020.
Étude : Emmanuel Combarel et Dominique Marrec.
Intervenant EDF/R & D : Marie-Hélène Laurent.
Dates : 1999-2000.
Type de recherche : l'évaluation des transformations que subira le parc résidentiel existant à horizon 2020 sur le développement des nouvelles exigences de la société en termes de santé, de confort, de cadre de vie.
Caractéristiques énergétiques :
les dépenses liées au chauffage seront inférieures à celles liées aux usages captifs de l'électricité ; les progrès viendront essentiellement des cycles thermodynamiques réversibles ; les services et les dépenses seront optimisés en fonction du taux d'occupation et des scénarios de vie en cours.
Caractéristiques technologiques :
production d'eau chaude par accumulation de chaleur solaire thermique, isolation thermique par l'extérieur, renforcée avec suppression des ponts thermiques, étanchéité du bâti ; gestion des apports solaires par isolants à inertie variable, murs à stockage de chaleur, vitrages à électrochromes et stores ; vitrage à isolation renforcée à faible émissivité avec aérogel de silice, gaz rare, ou vide.
Équipements spécifiques :
Eau : le projet intègre un système de « potabilisation » des eaux usées et des eaux de pluie par l'utilisation d'un réacteur biologique à membranes. L'affinage de l'eau au dernier robinet permettra de palier aux problèmes inhérents aux réseaux. Les filtres à charbon actif et la membrane à osmose inverse éliminent, selon leur nature, plus de 99 % des éléments nocifs contenus dans l'eau.
Air : le système de ventilation comprendra un système d'extraction et d'insufflation avec filtrage sur l'air entrant pour l'élimination des micro-corps ; traitement aux UV pour l'expulsion des odeurs avec mise en surpression du logement. Cette ventilation sera asservie à des capteurs CO_2 et H_2O pour un traitement spécifique en fonction du taux

Refitting the submarine base of Kéroman, Lorient
International competition for proposals under the auspices of the UIA.
Date: 1999.
Programme: conversion of the submarine base of Kéroman into a site for industrial, service-sector, training and research activities, to be combined with recreational and tourist activities focusing on the interaction between man and the sea and the development of Lorient's savoir-faire.
Client: the Region of Lorient with the backing of the Ministry of Defence.
Project design: Francis Soler, architect - Vincent Jacob and Jérôme Lauth.
EDF/R & D representative: Ali Lalireza.
Design office: Espace Éolien Développement.
Area: 72 000 m².
Cost: 57 300 000 €.
Type of research: use of wind power at a location where winds are at their strongest 7 m/s.
Specific equipment: 58 wind turbines with rotor diameter of 30 m.
Wind turbine power: 300 kW.
Power from the site: 17 000 kW, supply for 17 000 homes.
Price per kW/h: 0.05 €.

Sustainability, a Proposal: a Building of the Future
Research: rehabilitation.
Programme: rehabilitation of domestic housing by 2020.
Project design: Emmanuel Combarel and Dominique Marrec.
EDF/R & D representative: Marie-Hélène Laurent.
Dates: 1999-2000.
Type of research: assessment of the changes to be made to the existing housing complex by 2020, by projection of current social and technical changes and evaluation of different future life-styles. Thus, the study aims to anticipate what will be society's new requirements when the prevailing pattern of housing becomes irrelevant and new demands arise in terms of health, comfort and living environment.
Energy characteristics: costs relating to heating will be lower than those for electricity collectors; progress will be made mainly by the use of reversible thermodynamic cycles; services and costs will be optimised in relation to the occupancy rate and current living patterns.
Technological characteristics: advantage to be taken of solar energy contribution by the production of hot water through solar heat accumulation; thermal insulation on the outside, backed up by the elimination of heat bridges and the airtightness of the casing; management of the solar contribution by variable inertia insulation, heat-storing walls, and electro-chromed windows and blinds; emissivity of insulating glazing reduced by silicon aerogel, inert gas, or vacuum.
Specific equipment:
Water: the project includes a system for making waste water and rain water drinkable by the use of a membrane biological reactor. Filtering of water at the final tap will mitigate the problems inherent in the mains supply. Activated carbon filters and the reverse osmosis membrane will, in their different ways, eliminate more than 99 % of harmful elements from the water.
Air: the ventilation system will include an extraction and intake system that filters the intake air in order to eliminate micro-bodies, ultra-violet treatment for the elimination of smells, and pressurisation of the building. This ventilation will have CO_2 and H_2O collectors specifically adjusted to the nature and rate of

et de la nature de l'occupation des pièces.
Consommation d'énergie : l'eau chaude sanitaire sera produite d'une part par la chaleur générée par une pile à combustible et d'autre part par des capteurs thermiques en toiture. En théorie, les calories produites par la pile à combustible devraient être supérieures aux besoins de consommation du bâtiment. Dans un cas comme dans l'autre l'eau chaude sera produite par échange calorifique au moyen d'un échangeur avec deux circuits indépendants.

[Un]plug building, Paris-la-Défense
Recherche.
Programme : immeuble tertiaire autosuffisant.
Étude : R§Sie… François Roche et Stéphanie Lavaux, architectes.
Maquettiste : U Facto.
Intervenant EDF/R & D : Didier Binesti.
Surface : 10 000 m².
Dates : 2000-2001.
Type de recherche : énergies renouvelables. Une tour de bureaux virtuelle, partiellement déconnectée du réseau électrique, qui traduit dans une vision futuriste ce que serait un immeuble intégrant, de façon optionnelle, différents systèmes d'énergies renouvelables. Les façades à la fois pileuses (capteurs solaires) et boursouflées (cellules photovoltaïques) sont autant de membranes réactives. L'architecture est ainsi à la fois consommatrice et productrice d'énergie à réinjecter sur le réseau.
Caractéristiques énergétiques et technologiques : mutation des façades-rideaux d'un bâtiment pouvant être produite par « Som », par l'implantation d'excroissances, constituant les différentes salles de réunions et incluant 400 m² de cellules photovoltaïques (électricité en extrados et récupération thermique en intrados) ; implantation de 4500 ml de tubes, capteurs solaires (chauffage, eau ECS), par l'intégration dans la structure de la façade de l'ensemble des réseaux (fluides, électricité) permettant les principes d'échanges dans le bâtiment.
Équipements spécifiques : capteurs solaires par tubes sous vide ; capteurs photovoltaïques monocristallins souples ; capteurs photovoltaïques hybrides intégrant la récupération de chaleur.
Consommation d'énergie : des économies annuelles de l'ordre de 50 %.

Discrète autosuffisance
· Siège d'une organisation internationale : l'OMPI, Genève
Concours.
Programme : bureaux, salles de conférences (600 + 180 places), bibliothèque, restaurant, cafétéria.
Maître d'ouvrage : OMPI (Organisation mondiale pour la protection intellectuelle).
Projet : Jean-Marc Ibos et Myrto Vitart.
BET structure : Nicholas Green & Anthony Hunt, associés.
BET fluide : Alto Ingénierie.
Surface : 35 000 m².
Date : janvier 2000.
Type de recherche : inscrire dans le site un bâtiment, siège social d'une organisation internationale, dans le respect de l'environnement et intégrant plusieurs principes de HQE.
Caractéristiques énergétiques : énergie électricité et gaz ; production de chaud : moteur thermique et pile à combustible.
Caractéristiques technologiques et équipements spécifiques : utilisation du puits central pour ventilation naturelle ; planchers actifs ; double façade ventilée.

Sociologie, Architecture et Technologies
· Projet d'auto/logements collectifs
Recherche.
Programme : logements collectifs, création et réhabilitation.
Concepteurs : François Seigneur et Sylvie de la Dure.
Bureaux d'études : OTH Méditerranée.
Intervenant EDF / R&D : Marie-Hélène Laurent.
Réalisation de la maquette : école du théâtre de la rue Blanche (3e année, section scénographie).
Type de recherche : le bâtiment du futur ; l'auto/logement se développe suivant trois axes : des innovations fonctionnelles qui consistent principalement à donner accès aux voitures individuelles à chaque appartement et aux jardins-terrasses ; des innovations énergétiques pour une production par énergies renouvelables et une construction offrant de meilleures performances thermiques pour un cadre de vie clément et confortable. Puis un troisième volet, plus politique et théorique, sur la liberté de l'habitant à agir sur son espace, sur l'appropriation architecturale et les esthétiques aléatoires.

occupancy of the rooms.
Energy consumption: hot water for washing will be produced in part by the heat generated by a fuel cell and in part by heat collectors on the roof. In theory the calories produced by the fuel cell should exceed the consumption needs of the building. In both cases hot water will be produced by calorific exchange via an exchanger with two independent circuits.

[Un]plug building, Paris-La-Défense
Research.
Programme: sustainable office building.
Project design: R§Sie… François Roche and Stéphanie Lavaux, architects.
Model built by: U Facto.
EDF/R & D representative: Didier Binesti.
Area: 10 000 m².
Dates: 2000-2001.
Type of research: renewable energy. A virtual office tower, partially disconnected from the electricity grid, provides a futuristic view of a building that incorporates a choice of various renewable energy systems. The façades, which are both pilous (solar collectors) and blistered (photovoltaic cells), are reactive membranes. Thus the architecture both consumes energy and produces it for re-introduction into the grid.
Energy and technological characteristics: adaptation of the curtain walls of a building by means of "Som", by the building of projections consisting of the various meeting rooms and including 400 m² of photovoltaic cells (electricity on the outer side, heat recovery on the inner); installation of 4500 m of solar collector tubes (heating and water); by building into the façade all electricity and liquid networks, thus making it possible to apply the principles of heat exchange in the building.
Specific equipment: vacuum tube solar collectors; flexible monocrystalline photovoltaic collectors; hybrid photovoltaic collectors incorporating heat recovery elements.
Energy consumption : annual saving of approximately 50 %.

Unobtrusive Sustainability
· The headquaters of an International Organisation: WIPO, Geneva
Competition.
Programme: offices, conference halls (600 + 180 seats), library, restaurant, cafeteria.
Client: WIPO (World Intellectual Property Organisation).
Architects: Jean-Marc Ibos and Myrto Vitart.
Design office - structure: Nicholas Green & Anthony Hunt, partners.
Design office: fluids: Alto Ingénierie.
Area: 35 000 m².
Date: January 2000.
Type of research: to build on the site the head office of an international organisation, while respecting the environment and incorporating several HEQ principles.
Energy characteristics: electricity and gas; heat production: heat engine and fuel cell.
Technological characteristics and specific equipment: use of central wells for natural ventilation; active ceilings; ventilated double façade.

Sociology, Achitecture and Technologies
· Collective housing with integral garaging, Marseille
Research.
Programme: collective housing, creation and rehabilitation.
Project design: François Seigneur and Sylvie de la Dure.
Design office: OTH Méditerranée.
EDF / R&D representative: Marie-Hélène Laurent.
Construction of the model: the Theatre School of the Rue Blanche (3rd year – set-design section).
Type of research: the building of the future; the housing with integral garaging has been developed along three main lines: functional innovations that consist largely of providing private cars with access to each dwelling, to each apartment and to the terrace gardens; energy innovation by the use of renewable energies and construction that make for better heat performance and provide temperate and comfortable living conditions. The third strand, more political and theoretical, concerns the freedom of the occupants to do what they wish with their own space, architectural appropriateness, and random aesthetic effects.

· Rehabilitation of a Haussmann building, Marseille
Studies financed by Euromed.
Project managers: Christian Fares and Antoine Miallon.
Design office: RFR – Paris.
Dates: 2001.

· Réhabilitation d'un immeuble haussmannien, Marseille
Études financées par Euromed.
Chefs de projet : Christian Fares et Antoine Miallon.
Bureaux d'études : RFR - Paris.
Dates : 2001.
· Îlot M5 / ZAC de la Joliette, Marseille
Programme : le bâtiment du futur.
Intervenant EDF/R & D : Marie-Hélène Laurent.
Chefs de projet : Géraldine Monier et Christian Fares.
Dates : 2001-2002.
Surface habitable : 8577 m² + 716 m² niveau éoliennes.
Caractéristiques énergétiques : production d'eau chaude sanitaire, production d'électricité par des éoliennes à axe vertical ; chauffage partiel et rafraîchissement par pompe à chaleur (eau/air) sur nappe phréatique.
Caractéristiques technologiques : libération des planchers par une structure poteau/dalle ; pas de construction en sous-sol ; toiture terrasse recevant un volume de terre d'une profondeur d'au moins 1 m pour des plantations importantes.
Équipements spécifiques : monte-voitures desservant chaque logement et le toit-terrasse.
Consommation d'énergie : production par l'éolien de 20 % des besoins annuels en électricité, ceci pour les 12 logements ; performances thermiques supérieures ; limitation des consommations de chauffage ou de climatisation par un soin apporté aux matériaux et à leur mise en œuvre ; intégration ponctuelles de lampes fluo-compactes.

Nouveaux lieux de production
Recherche. Concours. Réalisation.
Programme : bâtiments tertiaires, culturels et d'activités.
Maître d'œuvre : Jacques Ferrier.
Type de recherche : Analyse, intégration et utilisation maximale des innovations technologiques et énergétiques susceptibles d'optimiser l'intelligence des lieux et des espaces de production, la gestion et la maîtrise des énergies ainsi que l'amélioration des relations internes.
· Total Énergie, La Tour de Salvagny
Maître d'ouvrage : Total Énergie.
Chef de projet : Guillaume Saunier.
Surface : 2200 m².
Évaluation : 1 067 150 €.
Dates : livraison en 1998.

Caractéristiques technologiques, énergétiques, spécifiques : capteurs photovoltaïques, brise soleil.
· Musée des Confluences, Lyon
Concours, recherche.
Programme : Musée des sciences et de la société qui s'inscrit dans la pratique muséologique contemporaine axée sur la diffusion des savoirs.
Maître d'ouvrage : département du Rhône
Projet : Jacques Ferrier
Chef de projet : Cécile Graindorge
Architectes assistants : Stéphanie Bru, Romain Gellusseau, Delphine Migeon, Ludovic Schoepen, Stéphane Vigoureux, Avec Karine Herman et Jérôme Sigwalt, architectes.
Perspectives : K-[images].
Consultants : Anne-Marie Jugnet et Alain Clairet : artistes - Cultura : muséographie - TECHNIP TPS : ingénierie - ADC Structures - Van Santen et Associés : façades - D.A.L : économie - Cassot : sécurité.
Surface : 22 000 m²
Évaluation : 61 millions €.
Dates : Concours 2001, projet non-retenu
Type de recherche : Analyse, intégration et utilisation maximale des innovations technologiques et énergétiques susceptibles d'optimiser l'intelligence des lieux et des espaces de production, la gestion et la maîtrise des énergies ainsi que l'amélioration des relations internes.
Caractéristiques énergétiques : La production mécanisée est réduite au minimum en prenant en compte les énergies gratuites (fleuves, capteurs solaires, ventilations naturelles), et les échanges d'énergies entre l'intérieur et l'extérieur, d'un espace intérieur à un autre, d'une façade à une autre.
Et pour gérer au mieux l'énergie : une gestion des taux d'occupation variables par la modulation des débits de ventilation en fonction des zones et des besoins (capteurs d'humidité et de pollution). La façade vitrée répond à chaque condition climatique par une configuration appropriée.
Caractéristiques technologiques : Compte tenu du potentiel du site, avec la proximité de la Saône et du Rhône, et de l'architecture du bâtiment avec ses façades principales orientées est/ouest, nous avons développé un traitement climatique qui permet de minimiser l'utilisation des énergies mécaniques.
La conception du bâtiment avec ses façades « vivantes » permet une parfaite

· Îlot M5 / local government planning area of la Joliette, Marseille
Programme: the building of the future.
EDF/R & D representative: Marie-Hélène Laurent.
Project managers: Géraldine Monier and Christian Fares.
Dates: 2001-2002.
Habitable surface: 8577 m² + 716 m² of wind turbines.
Energy characteristics: production of hot washing water and electricity by vertical wind turbines; partial heating and cooling by heat pump (water / air) at ground-water level.
Technological characteristics: freeing of ceilings by a pillar / slab structure; no underground construction; terraced roof to be given a depth of earth of at least 1 m for extensive planting.
Specific equipment: car lift serving each dwelling and the roof terrace.
Energy consumption: production by wind turbine of 20 % of the building's annual electricity needs; higher heat performance; limitation of heating and air-conditioning consumption by careful choice and use of materials; installation at intervals of compact fluorescent lamps.

New workplaces
Research. Competition. Construction.
Programme: service-sector buildings.
Architect: Jacques Ferrier.
Type of research: analysis, integration and use of technological and energy innovations that can optimise the intelligence of rooms and production spaces, the management and control of energies and the improvement of internal relations.
· Total Énergie, La Tour de Salvagny
Client: Total Énergie.
Project manager: Guillaume Saunier.
Area: 2 200 m².
Cost: 1 067 150 €.
Dates: delivery: 1998.
Technological and energy characteristics, specific equipment: photovoltaic collectors, sun-breakers.
· Musée des Confluences, Lyon
Competition. Research.
Programme: a museum of the sciences and society based on current museological practice that focuses on the spreading of knowledge.
Client: the Department of the Rhône.
Head of project: Cécile Graindorge.
Assistant architects: Stéphanie Bru, Romain Gellusseau, Delphime Migeon,

Ludovic Schoepen, Stéphane Vigoureux, with Karine Herman and Jérôme Sigwalt, architects.
Perspectives: K-[images].
Consultants: Anne-Marie Jugnet and Alain Clairet: artists - cultura: museography - TECHNIP TPS: engineering - ADC Structures - Van Santen et Associés: façades - D.A.L: economy - Cassot: safety.
Type of research: analysis, integration and use of technological and energy innovations that can optimise the intelligence of rooms and production spaces, the management and control of energies and the improvement of internal relations.
Energy characteristics: Mechanical production is reduced to the minimum by taking into account free energy (rivers, solar collectors, natural ventilation) and energy exchange between the interior and exterior, between one space and another, one façade and another. And to manage energy better: management of the variable occupancy rates by adjustment of ventilation output in accordance with areas and needs (humidity and pollution collectors).
Technological characteristics: taking into account the potential of the site, with its proximity to the Saône and the Rhône, and of the architecture of the building, with its façades oriented east/west, we have developed a form of air-conditioning that minimises the use of mechanical energy. The design of the building, with its "living" façades, allows a perfect balance between the internal air conditions and the external energy potential. The façades, consisting of two glazed partitions separated by a layer of air into which are inserted thick transparent curtains, allow adjustment of their heat factor to the need of the moment.
- Sun-shade is provided by partial closing in summer of the curtains on the façades exposed to the sun, both vertical and horizontal, and this limits the heat of the sun and at the same time provides the spaces with natural light, consequently diminishing the need for artificial light. In addition, the mechanically operated ventilators at the top and bottom of the external partition prevent overheating of the layer of air.
- Total closure of the curtains on all façades in winter during the night diminishes the overall heat coefficient of the building and guarantees heat

adéquation entre les besoins climatiques à l'intérieur et le potentiel d'énergie à l'extérieur.

En effet, les façades, composées de deux parois vitrées séparées par une lame d'air dans laquelle sont insérées des tentures épaisses translucides, permettent une modulation de leur facteur thermique adapté à la nécessité du moment.

– Pare-soleil par une fermeture partielle des tentures, en été, sur les façades exposées au soleil, verticales ou horizontales, limitant les apports solaires tout en préservant la lumière naturelle dans les espaces, et par conséquent diminuant les besoins en éclairage artificiel. De plus les ventilations hautes et basses motorisées de la paroi vitrée extérieure éviteront la surchauffe de la lame d'air.

– Fermeture totale des tentures en hiver, sur l'ensemble des façades, pendant la période nocturne, diminuant de fait le coefficient de transmission thermique global du bâtiment, et garantissant ainsi la conservation de la chaleur à l'intérieur.

– Ouverture totale des tentures, en hiver, sur les façades ensoleillées, permettant de bénéficier des apports solaires gratuits.

Équipements spécifiques :
Enveloppe : façades et couverture au double vitrage isolant (limite de vie 25 ans) est substitué un ensemble de deux vitrages avec une lame d'air ventilée, intégrant une tenture enroulable mécanisée jouant le rôle de store et d'isolant thermique.

Consommation d'énergie : non estimable, projet non-retenu.

· Académie Éric Tabarly, Lorient
Programme : musée+hangar de réparation des Pen Duick+pontons.
Architecte d'opération à Lorient :
AIA architects, Bernard Martineau.
Bureau d'étude : acoustique : ACV Bruno Puges.
Chef de projet : Delphine Migeon.
Surface : 4500 m² + 500 m² dévolus aux activités partenaires.
Évaluation : 6 097 960 €.
Dates : DCE, septembre 2002, livraison, début 2004.
· Une chaîne de télévision, région parisienne
Maître d'ouvrage : une chaîne de télévision.
Chef de projet : Jean-Philippe Doré.
Bureaux d'études : Jacobs Serete.
Surface : 120 000 m².

Dates : concours février 2002.
Caractéristiques technologiques, énergétiques, équipements spécifiques : capteurs photovoltaïques pour les bureaux, climatisation naturelle du hall par « puits canadien », rideaux isolants.

Le système expert
Recherche et applications.
Programme : évaluation préalable des projets, aide à la décision.
Maître d'œuvre : Gilles Bouchez, Laila Belmouaz, assistante.
Type de recherche : Haute Qualité Environnementale.
Intervenant EDF-R & D : Luc Tabary.
· École supérieure des affaires, Saint-Martin-d'Hères
Maître d'ouvrage : département de l'Isère - mandataire : Grenoble Isère Développement.
Chef de projet : Marie-Sylvie Barlatier, architecte.
Bureaux d'études : études : GEC Ingénierie - phase chantier : Betrec et Cet - structure, façades, brise-soleil : Marc Malinovski, Ingénierie Alto.
Entreprises : serrurerie, façades brise soleil : Somer - façades et menuiseries vitrées : serrurerie des Buclos - plomberie, chauffage, ventilation : ITL.
Surface : 4363 m² SHON.
Dates : concours : mars 1994 ; livraison : 1996.
Caractéristiques technologiques, énergétiques, équipements spécifiques : double façade, avec brise-soleil bois (à faible densité et faible émission) à commande centralisée électrique, 3 positions d'ouverture :
hiver : ouverture totale, maximum de lumière,
été : position intermédiaire, semi-ouvert à 30°, vue libre,
demi-saison : position fermée avec occultation maximale. Grande distance entre les deux façades pour favoriser la ventilation naturelle de la façade, effet cheminée. Un volume vitré (une serre) à grande hauteur, orienté est-ouest à simple vitrage et température intermédiaire, sert d'espace tampon pour les volumes adjacents.
· Lycée Nadar, Draveil
Maître d'ouvrage : région Île-de-France ; mandataire : agence foncière et technique de la région parisienne (A.F.T.R.P).
Chefs de projet : Marie-Sylvie Barlattier et Gilles Saintier, architectes.
Bureaux d'études : Ingérop BET / À Ciel

conservation in the interior.
- Full opening of the curtains in winter on the façades that are sunlit allows free solar heating.
Specific equipment: Envelope: façades and roof with insulated double glazing (limited life of 25 years) are replaced by two glass panes with a layer of ventilated air between them, the mechanically windable curtain acting as a blind and as insulation.
Energy consumption: cannot be estimated, project not accepted.
· Éric Tabarly Academy, Lorient
Programme: museum + PenDuick repair hangar + landing stages.
Architect working in Lorient: AIA architects, Bernard Martineau.
Design office: acoustics: ACV Bruno Puges.
Project manager: Delphine Migeon.
Area: 4 500 m² + 500 m² allocated to management activities.
Cost: 6 097 960 €.
Dates: DCE: September 2002, delivery: 2004.
· Television Company, region of the Île-de-France
Client: a television company.
Project manager: Jean-Philippe Doré.
Design office: Jacobs Serete.
Area: 120 000 m².
Dates: competition: February 2002.
Technological and energy characteristics, specific equipment: photovoltaic solar collectors for the offices, natural air-conditioning of the hall by "Canadian wells". Insulating curtains.

The Professional Way
Research and applications.
Programme: advance assessment of projects, assistance in decision-making.
Architect: Gilles Bouchez, Laila Belmouaz, assistant.
Type of research: High Environmental Quality.
EDF-R & D representative: Luc Tabary.
· École supérieure des affaires, Saint-Martin-d'Hères.
Client: Department of the Isère - agent: Grenoble-Isère-Développement.
Project manager: Marie-Sylvie Barlatier, architect.
Design office: studies: GEC Ingénierie - construction phase: Betrec et Cet - structure, façades, sunbreaker: Marc Malinovski, ALTO group.
Companies: metalwork, sun-breaker façades: Somer - façades and glazed fittings: Serrurerie des Buclos - plumbing, heating, ventilation: ITL.

Area: 4 363 m² gross area.
Dates: competition: March 1994 - delivery: 1996.
Technological and energy characteristics, specific equipment: double façade, with wood sun-breaker (low density and low emissivity) with centralised electric control; 3 opening positions.
Winter: fully open, maximum light.
Summer: intermediate position, half open at 30°, unimpeded view.
Spring and autumn: closed with maximum occultation. Considerable distance between the two façades to promote natural ventilation of the façade, chimney effect. A glazed volume (glasshouse) very high up, east-west orientation, with single glazing and intermediate temperature, acts as a buffer space for the adjacent volumes.

Lycée Nadar, Draveil
Client: Region of the Île-de-France.
Agent: agence foncière et technique de la Région parisienne (A.F.T.R.P).
Project managers: Marie-Sylvie Barlattier and Gilles Saintier, architects.
Design offices: Ingérop BET/À Ciel Ouvert, landscapist.
Companies: Léon Grosse, Entreprise générale; metalwork, sun-breaker: Somer.
Area: 11 608 m² gross area.
Dates: competition: February 1997 - delivery: 2002.
Technological and energy characteristics, specific equipment: light wood sun-breaker in front of windows, 3 opening positions, winter: fully open, maximum light, summer: intermediate position, half open at 30°, unimpeded view, spring and autumn: closed with maximum occultation. Large glazed volume oriented north-south, single glazing, on the north: light filtered by a wood screen (hall); on the south, fabric blinds (offices and corridors). The glazed volume is heated by a low-temperature warm water circuit incorporated in the flooring.

Structures, Lighting and other Amazing Topics
Research. Competition. Construction.
Programme: sports facilities, swimming pool and skating rink, recreational areas.
Architect: Marc Mimram, architecture and structure.
EDF/R & D representative: Régis Lachiver and Christelle Franzetti.
Type of research: Consideration of structures and lighting.

Ouvert, paysagiste.
Entreprises : Léon Grosse, Entreprise
générale - serrurerie, brise-soleil :
Somer.
Surface : 11608 m² SHON.
Dates : concours : février 1997 ; livraison :
2002.
**Caractéristiques technologiques,
énergétiques, équipements spécifiques :**
brise-soleil en bois léger devant les
vitrages, 3 positions d'ouverture :
hiver : ouverture totale,
maximum de lumière,
été : position intermédiaire, semi-ouvert
à 30°, vue libre,
demi-saison : position fermée
avec occultation maximale. Grand volume
vitré orienté nord-sud, simple vitrage,
au nord : lumière tamisée par écran bois
(Hall),
au sud : stores de toiles (bureaux
et circulations).
Chauffage du volume vitré assuré par un
circuit d'eau chaude incorporé dans la
dalle, à basse température.

**Les structures, les lumières
et autres sujets d'étonnement**
Recherche. Concours. Réalisations.
Programme : équipements sportifs,
piscine et patinoire, lieux de loisirs.
Maître d'œuvre : Marc Mimram,
architecture et structure.
Intervenants EDF/R & D : Régis Lachiver et
Christelle Franzetti.
Type de recherche : réflexion
sur les structures et les lumières.
**• Piscine patinoire bowling, Le Mesnil-
Amelot.**
Maître d'ouvrage : Ville du Mesnil-Amelot
Chefs de projet : Jean-Luc Calligaro,
assisté de Laurent Baudelot,
Élodie Vadepied et Bertrand Renault.
Ingénieurs structures : Laurent Becker,
Fabrizio Gernei, Francisco Valiente.
Bureaux d'études : structure :
Marc Mimram ingénierie SA - fluides :
Isocrate - acoustique : Peutz -
paysagiste : Franck Neau - scénographie :
Changement à vue.
Surface : 8 600 m² SHON.
Date : livraison 2004.
• Piscine, Viry-Chatillon
Maître d'ouvrage : Ville de Viry-Chatillon.
Chefs de projet : Géraldine Bosly, Jean-
Luc Callligaro.
Ingénieur structure : Laurent Becker.
Bureaux d'études : structure :
Marc Mimram ingénierie SA - fluides :
Isocrate - acoustique : Peutz.
Entreprises : Gros œuvre Outarex -

charpente bois : Mathis.
Surface : bassin couvert 750 m² - bassin
extérieur 300 m².
Date : livraison 2003.
• Les pylônes très haute tension :
Maître d'ouvrage : EDF.
Chefs de projets : Vincent Dominguez,
Bertrand Potel.
Ingénieurs structures : Laurent Becker,
Daniel Vaniche, Francisco Valiente.

Repenser la muséographie
Recherche : l'énergie, la lumière dans les
musées.
Exploration : la façade muséographique ;
façonnage d'une maquette et prises de
vues à différents stades de la
manipulation. Toutes les photographies
ont été réalisées exclusivement en
lumière naturelle.
Conception : François Chochon, architecte
- Frédérique Paoletti et Catherine
Rouland, architectes, muséographes.
Intervenants EDF/RD : Régis Lachiver,
Christelle Franzetti.
Maquette : Dagmar Prasilova, architecte.
Prises de vues : David Joulin, architecte.
Images : Vincent Leprince, architecte.
Dates : séquence de travail : mai 2002 -
début des recherches (enquêtes), octobre
2001.
Type de recherche : prospective.
Caractéristiques énergétiques :
optimisation énergétique de l'éclairage,
évaluation des besoins thermiques.
Caractéristiques technologiques :
performance du système d'éclairage
naturel et artificiel.

Réflexions sur la HQE
• Plate-forme culturelle multimédia, Paris
Concours, Recherche : projet
expérimental HQE. Archilab + Biennale
d'Architecture de Venise.
Programme : centre culturel pour arts
multimédias actuels.
Maître d'œuvre : Manuelle Gautrand
Surface : 10 000 m².
Évaluation :   15 000 000 € HT.
Dates : études : mai 2002.
**• Opération Solaris, construction de 104
logements, Rennes**
Recherche.
Réalisation : bâtiments de logements
HQE.
Programme : habitat collectif
de 104 logements et locaux socio-sportifs
HQE.
Maître d'Ouvrage : Espacil Résidences
Maître d'œuvre : Manuelle Gautrand,
architecte mandataire.

**• Swimming pool, skating rink,
bowling alley, Le Mesnil-Amelot**
Client: Municipality of Mesnil-Amelot
Project managers: Jean-Luc Calligaro,
assisted by Laurent Baudelot, Élodie
Vadepied and Bertrand Renault.
Structural engineers: Laurent Becker,
Fabrizio Gernei, Francisco Valiente.
Design office: structure: Marc Mimram
ingénierie SA - fluids: Isocrate -
acoustics: Peutz - landscapist: Franck
Neau - scenography: Changement à vue.
Area: 8 600 m² gross area.
Date: delivery 2004.
• Swimming pool, Viry-Chatillon
Client: Municipality of Viry-Chatillon.
Project managers: Géraldine Bosly, Jean-
Luc Callligaro.
Structural engineer: Laurent Becker.
Design office: structure: Marc Mimram
ingénierie SA - fluids: Isocrate -
acoustics: Peutz.
Companies: main works: Outarex,
Carpentry: Mathis.
Area: indoor pool 750 m² - outdoor pool
300 m².
Date: delivery 2003.
• Very high voltage pylons
Client: EDF.
Project managers: Vincent Dominguez,
Bertrand Potel.
Structural engineers: Laurent Becker,
Daniel Vaniche, Francisco Valiente.

Rethinking the Museum
Research: energy and lighting in
museums.
Exploration: the façade of the museum;
a model was made and photographs were
taken at various stages of the
construction. All the photographs were
taken in natural light only.
Project design: François Chochon,
architect - Frédérique Paoletti et
Catherine Rouland, architects, museum
specialists.
Model: Dagmar Prasilova, architect.
Photographer: David Joulin, architect.
Images: Vincent Leprince, architect.
Dates: work carried out: May 2002; start
of research (investigations) October
2001.
Type of research: feasibility study.
EDF/RD representative: Régis Lachiver,
Christelle Franzetti.
Energy characteristics: optimisation of
energy used for lighting, assessment of
heating needs.
Technological characteristics: effective
natural and artificial lighting.

Thoughts on High Environmental Quality
• Multimedia cultural platform, Paris
Competition. Research: experimental HEQ
project. Archilab + Venice Biennale.
Programme: cultural centre for present-
day multimedia arts.
Architect: Manuelle Gautrand.
Area: 10 000 m².
Cost: 15 000 000 € excl. taxes.
Dates: design: May 2002.
**• Opération Solaris, construction of
104 dwellings, Rennes**
Research.
Construction: HEQ building for housing.
Programme: collective housing consisting
of 104 HEQ dwellings and recreational /
sports areas.
Client: Espacil Résidences.
Architect: Manuelle Gautrand,
architectural agent.
EDF/RD representative: Alain Marti.
Design offices: I2C (all trades), TRIBU
(HEQ consultants).
Surface: 9 800 m² gross area.
Cost: 8 000 000 € exclusive of taxes.
Dates: design: 2001-2002, construction:
2003-2004.
Type of research: HEQ.
Energy characteristics: minimisation of
heat loss from the envelope of the
building (UBAT: 0.68 w/m2, K– Heat
Regulation 2000). Use of a high-
performance ventilation system (35 %
energy saving). Maximisation of free
contribution: solar energy, energy arising
from occupancy, heat recovery from
hydraulic equipment (54 % of total
energy requirement). Energy
requirements relating to heating and hot
washing water supplied by heat
production of a thermodynamic heating
system consisting of an outside air/water
heating pump.
Specific equipment: oriel windows: south-
facing glazed balconies/verandas acting
as winter gardens; heating by means of
low temperature floor radiation.
Energy consumption: heating, hot water
and ventilation: 29 kwh/m²/year.

**Architectural Expression and
Sustainable Development**
• Social Housing, Rennes
Competition. Research.
Programme: HEQ social housing.
Client: Coop de construction, Rennes.
Architect: Jean-Yves Barrier.
Design office: energy: Oasiis, Aubagne.
Design office: structure: BSO, Saint-
Brieuc.
Companies: GO Beltrame, clay bricks:

Intervenant EDF/RD : Luc Tabary
Bureaux d'études : I2C (tous corps d'états), TRIBU (consultants H.Q.E.).
Surface : 9 800 m² SHON.
Évaluation : 8 000 000 € HT.
Dates : études : 2001-2002, chantier : 2003-2004.
Type de recherche : HQE
Caractéristiques énergétiques : Économie d'énergies : minimisation des déperditions de l'enveloppe du bâtiment (coefficient UBAT : 0,68 w/m². K-RT 2000). Utilisation d'un système de ventilation performant (35 % de gains énergétiques). Maximisation des apports gratuits : solaires, internes liés à l'occupation, récupération sur les équipements hydrauliques (54 % du besoin énergétique total). Besoins énergétiques liés au chauffage et à l'eau chaude sanitaire couverts par une production de chaleur par un système thermodynamique constitué par une pompe à chaleur air/eau extérieur.
Équipements spécifiques : oriels : balcons-vérandas vitrés orientés au sud, faisant office de jardins d'hiver ; système de chauffage par rayonnement basse température par le sol.
Consommation d'énergie : chauffage, eau chaude et ventilation : 29 kwh/m²/an.

Rhétorique et développement durable
· Logements sociaux, Rennes
Concours. Recherche.
Programme : logements sociaux HQE.
Maître d'ouvrage : Coop de construction, Rennes.
Maître d'œuvre : Jean-Yves Barrier.
Bureaux d'études énergie : Oasiis, Aubagne – structure : BSO, Saint-Brieuc.
Entreprises : GO Beltrame – bauge : Guillorel – charpente : CEB 35 – peinture : Goni – plomberie/chauffagiste : Grosdoigt – isolation : Lenain – menuiserie : Février – capteurs solaires : Clipsol.
Surface : 3100 m² habitables.
Dates : début des études 1998 – livraison : mars 2001.
Type de recherche : autosuffisance adaptée à l'habitat collectif.
Caractéristiques énergétiques : celles du programme CEPHEUS : une enveloppe du bâtiment totalement isolée, réduction ou suppression des ponts thermiques, une étanchéité maximale, récupération de chaleur et approvisionnement d'air neuf préchauffé, utilisation passive et active de l'énergie solaire, optimisation des surfaces vitrées, utilisation des équipements ménagers à basse consommation et haute performance.
Caractéristiques technologiques : équipements à basse tension.
Équipements spécifiques : ventilation double flux avec échangeur à récupérateurs de chaleur, chauffage complémentaire de l'air neuf par le réseau urbain, capteurs solaires pour l'eau chaude sanitaire.
Consommation d'énergie : consommation annuelle inférieure à 15 kWh/m², soit 75 % des moyennes actuelles pour des logements neufs.

Architecture et développement durable
· Bureaux Arcilor TI et SI, Grande-Synthe
Recherche et réalisation.
Programme : immeuble de bureaux.
Maître d'Ouvrage : Bail Industrie.
Maître d'ouvrage délégué : Dominique Gonthier, Sogeprom.
Maître d'œuvre : Christian Hauvette, architecte.
Chef de projet : Christian Félix.
Structure métallique : Pierre Engel.
Bureaux d'études : fluides : Louis Choulet ; VRD : Profil Ingénierie.
Entreprises : serrurerie : CIAN, menuiseries : RC3A ; électricité : Eurotélec ; rafraîchissement : Europair.
Surface : 3960 m² SHON.
Coût : 4 070 000 € HT.
Dates : 2001.
Type de recherche : l'architecture comme corps, dont les façades HQE ne sont que la peau. Utilisation des matériaux «secs», acier, tôle inoxydable, bois comprimé, plaques de plâtre. Tirer argument architectural de toute donnée spécifique, programme, climat, construction.
Caractéristiques énergétiques, technologiques, équipements spécifiques : procédé industriel Cibbap pour une meilleure isolation thermique et acoustique ; traitement d'air réalisé par 4 centrales double flux, fonctionnant en pompe à chaleur réversible ; complément de chauffage par convecteurs électriques.

Architecture de lumières
· Bibliothèque municipale à vocation régionale, Marseille
Concours.
Programme : une médiathèque (8000 personnes par jour), 1735 places assises, 368 multimédia.
Maître d'Ouvrage : Ville de Marseille, Guillorel - framework: CEB 35 - painting Goni - plumbing/heating: Grosdoigt - insulation: Lenain - joinery: Février - solar collectors: Clipsol.
Area: 3 100 m² floor area.
Dates: design started 1998; construction: November 1999 - March 2001.
Type of research: sustainability in collective housing.
Energy characteristics: those of the CEPHEUS programme: a building with an entirely insulated envelope, reduction or elimination of heat bridges, maximum air-tightness, heat recovery and supply of pre-heated fresh air, passive and active use of solar energy, optimisation of glazed surfaces, use of low-consumption, high-performance household equipment.
Technological characteristics: low voltage equipment.
Specific equipment: double flux ventilation by means of exchanger with heat recovery devices, additional heating of fresh air from grid energy, solar collectors for hot washing water.
Energy consumption: annual consumption below 15 kWh/m², i.e. 75 % of the present average for new housing.

Architecture and Sustainable Development
· Arcilor TI and SI Offices, Grande-Synthe
Research. Construction.
Programme: office building.
Client: Bail Industrie.
Associated client: Dominique Gonthier, Sogeprom.
Architect: Christian Hauvette.
Project manager: Christian Félix.
Metal structure: Pierre Engel.
Design offices: fluids: Louis Choulet - external works: Profil Ingénierie.
Companies: metalwork: CIAN, joinery: RC3A - electricity: Eurotélec - air conditioning: Europair.
Area: 3 960 m² gross area.
Cost: 4 070 000 € exclusive of taxes.
Dates: 2001.
Type of research: architecture as a body, the HEQ façades of which are only a skin. Use of "dry" materials, steel, stainless steel, compressed wood, plasterboard. The architectural discourse to proceed from all the specific data, programme, climate, construction.
Energy and technological characteristics, and specific equipment: Cibbap industrial procedure for better heat and acoustic insulation; air treated by means of 4 double-flux plants, operating as reversible pumps; additional heating from electric convectors.

Towards an Architecture of Light
· Municipal Library for the region, Marseille
Competition.
Programme: a media centre (8 000 visitors a day), seating for 1 375, 368 multimedia.
Client: Municipality of Marseille, Marseilles Development Corporation.
Architects: Adrien Fainsilber and Didier Rogeon, architectural partnership.
Lighting design: Speeg & Michel.
Design office: Beterem.
Area: 21 000 m².
Cost: 55 643 891 €.
Dates: June 1998 (excavations) - July 2003.
Type of research: management of natural and artificial light; lighting is one of the elements of the spatial layout that may reinforce or counterpoint, and its use must reinforce or counterpoint the natural light.
Technological characteristics: definition of specific light sources.

An Architectural Presence
· Municipal Library for the region, Troyes
Competition: June 1997.
Programme: municipal library for the region.
Client: CAT (Community of the Troyes area).
Architects: Dominique Lyon and Pierre du Besset.
Project managers: Alain Chiffoleau and François Ehouarn.
Artistic adviser: Gary Glaser.
1 % of budget allocated to artwork: Laurence Weiner.
Design offices: structures: Kephren - fluids: Alto - acoustics: Lamoureux - façades: Van Santer.
Construction of the ceiling: Jacqmin & Richter System.
Area: 1 100 m².
Cost: 11 586 125 €.
Dates: 1998-2002.
Type of research: research into management of lighting.
Specific equipment: use of a lit and fluorescent ceiling.

Marseille aménagement.
Maître d'œuvre : Adrien Fainsilber et
Didier Rogeon, architectes associés.
Concepteurs lumière : Speeg & Michel.
Bureau d'études : Beterem.
Surface : 21 000 m^2.
Évaluation : 55 643 891 €.
Dates : juin 1998 (fouilles) - juillet 2003.
Type de recherche : gestion de la lumière
naturelle et artificielle ; la lumière est une
des composantes du dispositif spatial, en
renfort ou en contrepoint, sa mise en
œuvre doit venir en contrepoint ou en
renfort de la lumière naturelle.
Caractéristiques technologiques : gestion
de la lumière et définition de luminaires
spécifiques.

Présence architecturale
· Bibliothèque municipale à vocation
régionale, Troyes
Concours : juin 1997.
Programme : bibliothèque municipale
à vocation régionale.
Maître d'Ouvrage : CAT (communauté
de l'agglomération troyenne).
Maître d'œuvre : Pierre du Besset
et Dominique Lyon.
Chefs de projet : Alain Chiffoleau
et François Ehouarn.
Conseiller artistique : Gary Glaser.
1 % artistique : Laurence Weiner.
Bureaux d'études : structures : Kephren -
fluides : Alto Ingénierie - acoustique :
Lamoureux - façades : Van Santer.
Réalisation du plafond : Jacqmin et Richter
System, Alto Ingéniérie.
Surface : 1 100 m^2.
Évaluation : 11 586 125 €.
Dates : 1998-2002.
Type de recherche : recherche
sur la gestion des lumières.
Équipements spécifiques :
utilisation d'un plafond lumineux
et fluorescence.